美国产业关系领域的起源与演变

THE ORIGINS & EVOLUTION

OF THE FIELD OF

INDUSTRIAL RELATIONS

IN

THE UNITED STATES

[美] 布鲁斯·E. 考夫曼 (Bruce E. Kaufman) 著

于楠 徐扬 于桂兰 译

中国工人出版社

图书在版编目（CIP）数据

美国产业关系领域的起源与演变 /（美）布鲁斯·E. 考夫曼著；
于楠，徐扬，于桂兰译 . — 北京：中国工人出版社，2022.6
书名原文：The Origins & Evolution of the Field
of Industrial Relations in the United States
ISBN 978-7-5008-7930-5

Ⅰ. ①美…　Ⅱ. ①布…②于…③徐…④于…　Ⅲ. ①产业 -
经济关系 - 研究 - 美国　Ⅳ. ① F171.242

中国版本图书馆 CIP 数据核字（2022）第 094678 号

著作权合同登记号：图字 01-2021-3256

The origins & evolution of the field of industrial relations in the United States
Kaufman, Bruce E.
Copyright © 1993 by Cornell University
All rights reserved.Except for brief quotations in a review, this book, or parts thereof, must not be reproduced in any form without permission in writing from the publisher. For information address Cornell University Press, Sage House, 512 East State Street, Ithaca, New York 14850.

美国产业关系领域的起源与演变

出 版 人	董　宽
责任编辑	赵晨羽　周子欣
责任校对	张　彦
责任印制	栾征宇
出版发行	中国工人出版社
地　　址	北京市东城区鼓楼外大街45号　邮编：100120
网　　址	http://www.wp-china.com
电　　话	（010）62005043（总编室）
	（010）62005039（印制管理中心）
	（010）62382916（工会与劳动关系分社）
发行热线	（010）82029051　62383056
经　　销	各地书店
印　　刷	北京华联印刷有限公司
开　　本	880毫米×1230毫米　1/32
印　　张	12
字　　数	250千字
版　　次	2024年3月第1版　2024年3月第1次印刷
定　　价	68.00元

本书如有破损、缺页、装订错误，请与本社印制管理中心联系更换
版权所有　侵权必究

目 录

序言 1

前言 1

第 1 章 产业关系的起源 1
劳动问题 4
产业关系作为一个研究领域的确立 11

第 2 章 产业关系的两大派别 25
人事管理学派 28
制度劳动经济学学派 39
两个学派的共识与分歧 47

第 3 章 两次世界大战之间的产业关系 67
产业关系分部的建立 69
学位课程中的产业关系 71
产业关系研究 74
历史记录的纠正 81

第 4 章　产业关系的学术建制　　93
关键性的经济和政治事件　　95
新的产业关系项目　　100
IRRA 的成立　　107
《ILR 评论》的创刊　　110

第 5 章　产业关系的黄金时代　　121
人际关系运动　　124
劳动经济学：从劳动问题到劳动力市场　　133
黄金时代的研究　　142
人际关系论战　　148
邓洛普的《产业关系系统》　　153

第 6 章　产业关系的空洞化　　179
关于 IR 的理论和学科地位的争论　　183
学术领域的收缩　　193
PM 学派的脱离　　200
劳动经济学与产业关系的疏离　　205
导致空洞化的根源　　209

第 7 章　产业关系的衰落　　229
陷入危机的 IR 新政体系　　232
20 世纪 80 年代的学术项目　　238

  IR 研究　　　　　　　　　　　　　　　　　　244
  IRRA　　　　　　　　　　　　　　　　　　　249

第8章　20世纪90年代及未来的产业关系　　　261
  未来的可能前景　　　　　　　　　　　　　263
  一个生存发展战略　　　　　　　　　　　　274

概要与结论　　　　　　　　　　　　　　　　303
参考文献　　　　　　　　　　　　　　　　　315
后记　　　　　　　　　　　　　　　　　　　364

序　言

当我在三年前开始这项工作时，根本没有想到出书，也没有想到会得出现在的结论。本书的诞生缘于两件事。首先是我所在的佐治亚州立大学安排我讲授一门研究生课程，这门课程刚刚被我们引入教学大纲，授课目标是回顾"雇佣关系"（employment relations）领域内的思想和实践的演变。教授们选用"雇佣关系"一词，是将它作为一个综合性概念，便于在同一门课程中考虑产业关系（industrial relations，IR）和人事管理（personnel management）两方面的内容。另一件事是我在 1989 年，被任命为佐治亚州新成立的毕比人事与雇佣关系研究所（Beebe Institute of Personnel and Employment Relations）的所长。该机构此前一直被称为"产业关系研究所"（Institute of Industrial Relations），但迫于学生和教授对产业关系的兴趣不断下降的趋势，在 1988 年决定将研究重心转到人事及人力资源管理方面。

这些事情激发了我了解产业关系和人事管理领域的历史及其基本理论范式的兴趣。这既因为我必须在课堂上阐述这些问题，而我对此又知之甚少（我学习的是劳动经济学），也因为我在新任毕比人事与雇佣关系研究所所长后不久，就发现产业关系领域和人事管理领域的专家在雇佣关系研究中，使用了不同的概念和方法。为探索究竟，我只好去图书馆寻找答案，但我很快发现，有关产业关系或人事管理历史方面的资料相对极少，尤其是前者。我还发现，现有记载几乎没有提及两个领域之间的关系，特别是两者在思想起源、理论范式、基本哲学和意识形态方面有何差异和共同之处。

本书是我的最终研究成果。它有三个目标：第一，详细阐述产业关系领域的思想史，它与人事管理（以及组织行为学等相关领域）之间的渊源，以及美国产业关系学界包括大学学位项目和专业协会在内的主要机构的发展历史；第二，考察过去二十年来该领域的知识积累和组织运营明显陷入衰退的原因——这种衰退已经发展到许多大学的产业关系项目难以存续的程度；第三，谋划一种变革策略，以挽救和巩固作为一个研究领域的产业关系，即使这个名称本身消亡，也要留住它的思想精髓。

我的发现和结论既是修正性的，也是批判性的。修正性针对的是产业关系作为一个研究领域的学术基础，以及它在早期（20世纪50年代前）与人事管理研究和实践的关系方面的传统观点；而批判性是针对该领域自20世纪50年代末以来遵循的方向和该领域的主要学术团体"产业关系研究协会"（Industrial Relations Research Association, IRRA）在其中扮演的角色。在开始这项工作之前，我心里既没有修正主义（revisionism），也没有批判主义，因为两者攻击的都是产业关系的制度传统（institutional tradition），而我毕业于威斯康星大学的劳动经济学专业，这种传统对我有着巨

序　言

大的吸引。然而，当我进一步深入挖掘该领域的历史，我开始认识到制度主义（institutionalism）仅仅是该领域的两大思想派别之一（而非经常宣称的"主导派别"），而且它的一些主要假设和从中产生的政策结论，也都亟须批判性的评估和修正。有了这些结论，再加上20世纪60年代以后活跃在产业关系领域的大部分学者都与我意见相反，令我责无旁贷地站在修正主义和批判主义的立场。我不惮指出看到的任何问题，但同时也努力对所有派别和观点保持公正和客观。我意在激发建设性的对话，而不是惹人恼火。

本书的一个核心主题是，产业关系研究始终被两种迥然不同的动机驱动，一个是科学建构（science-building，即追求知识本身的进步），另一个是解决问题（problem-solving，即运用知识解决实际问题）。这两种动机的存在导致了产业关系领域的分裂性——热衷于科学建构的学者力图使该领域成为一个鲜明独立的学科，具备自身独有的概括性理论框架；而致力解决问题的人们发现该领域的多学科性质是一个丰富的源泉，可从中汲取特定的理论和概念进行组合搭配，以解决实践和政策性的问题。

本书也表现出同样的分裂性。在某种意义上，它是一项历史分析手法的科学建构工作（尽管是解释性质的），从中我试图追溯产业关系领域中机构和思想的起源与演变。但本书还有解决问题的一面，因为我不仅对记录该领域的发展感兴趣，还志在提供一个改革愿景，以扭转该领域学术生命力日渐衰弱的局面。与IR研究一样，混合两种动机具有风险，它可能会使本书的目标和预期读者的性质模糊不清。例如，想直截了当阅读思想史的读者，会觉得有关课程和专业的变迁、产业关系研究协会的发展和组织细节的篇幅都属多余。但是，从我的观点看，要为产业关系的未来独辟蹊径，就必须考虑这些机构建制的细节。这就是"科学建构"与"解决问题"之间的矛盾！

本书得益于很多人的贡献，尤其是克拉克·克尔（Clark Kerr）、理查德·莱斯特（Richard Lester）和乔治·施特劳斯（George Strauss）。在这项研究的整个过程中，他们每个人都付出了大量时间和精力，与我讨论从20世纪40年代他们初涉产业关系领域直到今天的重大事件、人物和思想。在我完成初稿之后，他们也给予了细致的评论和建议。他们的努力让这部书稿受益良多。

在本书的研究阶段，我还通过书信或电话的方式，得到了领域内其他许多学者的帮助。下面是一份部分人员名单：克里斯·阿吉里斯（Chris Argyris）、杰克·巴巴什（Jack Barbash）、唐·卡伦（Don Cullen）、米尔顿·德伯（Milton Derber）、威廉·佛姆（William Form）、约翰·福萨姆（John Fossum）、达拉斯·琼斯（Dallas Jones）、罗伯特·兰普曼（Robert Lampman）、大卫·勒温（David Lewin）、格雷格·刘易斯（H. Gregg Lewis）、查尔斯·迈尔斯（Charles Myers）、莫里斯·纽菲尔德（Maurice Neufeld）、劳埃德·雷诺兹（Lloyd Reynolds）、理查德·罗恩（Richard Rowan）、托尼·悉尼克劳皮（Tony Sinicropi）、菲利普·维（Philip Way）、霍特·惠勒（Hoyt Wheeler）、威廉·富特·怀特（William Foote Whyte）。产业关系研究协会的工作人员也向我提供了宝贵的协助。此外，完成初稿以后，我寄给很多人征求意见，并收到了以下人士的书面或电话反馈：杰克·巴巴什、唐·卡伦、约翰·德莱尼（John Delaney）、约翰·邓洛普（John Dunlop）、约翰·福萨姆、桑福德·雅各比（Sanford Jacoby）、托马斯·寇肯（Thomas Kochan）、莫里斯·克莱纳（Morris Kleiner）、迈克尔·李（Michael Lee）、罗伯特·麦克西（Robert McKersie）、彼得·谢尔（Peter Sherer）、詹姆斯·斯特恩（James Stern）、霍特·惠勒、威廉·富特·怀特、丹尼尔·雷恩（Daniel Wren）。我向他们表达诚挚的谢意。当然，上述所有的贡献者和评论者都无须对事实或解读之误负责。

我还要感谢弗兰·本森（Fran Benson）、埃丽卡·福克斯（Erica Fox）、安德烈娅·弗莱克·克拉迪（Andrea Fleck Clardy）、帕特里夏·佩尔特考斯（Patricia Peltekos）、ILR 出版社（ILR Press）全体同仁和唐娜·史密斯（Donna Smith），他们帮助我准备了送交出版社的书稿，为本书做出了有意义的贡献。本书的完成还得到了佐治亚州立大学商学院的资助。最后应该感谢的人，是我的妻子黛博拉（Deborah），在我利用夜晚和周末时间写作时，是她勉力兼顾着自己的全职工作和两个年幼的孩子。

前　言

在 20 世纪 20 年代，产业关系（IR）发展成为一个独特的学科和研究领域。本书将回顾该领域在美国起源和发展的历史，并分析是哪些因素造就了它"二战"后的十年辉煌和导致它 20 世纪 80 年代的急剧衰落[1]。

本书的写作有三个动机。第一，迄今为止还没有人全面阐述过美国产业关系领域学术发展的历史。这一遗漏与和它密切相关的劳动经济学领域（McNulty，1980）和人事管理领域（Ling，1965；Wren，1987）的详细历史形成鲜明对照。下面是仅有的几个涉及该领域历史发展的研究：米尔顿·德伯关于 20 世纪 60 年代以前的劳动问题研究一书（1967）、托马斯·寇肯关于集体谈判的教科书中叙述美国产业关系体系演变的一章（1980）、乔治·施特劳斯与彼得·弗耶（Peter Feuille）回顾"二战"后 IR 研究趋势的文章（1981）以及罗伊·亚当斯（Roy Adams）即将发表的一篇文章（1992）。其他还有詹姆斯·科克伦（James Cochrane，1979）、乔治·施特劳斯（1989，1990）、杰克·巴巴什（1991a）和罗纳德·沙茨（Ronald Schatz，1993），也提供了有益但较为限于局部的介绍。所有这些研究都是关于产业关系领域的思想演变。据我所知，还没有一项研究试图阐述该领域的学术建制和组织发展，包括第一批 IR 学术项目在何时何地创立，以及 IR 课程体系的结构和历史演变。

第二，该领域在学术边界和核心问题领域方面，存在着大量的争议（Begin，1987；Boivin，1989；Strauss，1989，1990）。例如，有些 IR 学者将该领域宽泛界定为包括雇佣关系所有方面的研究（Heneman，1969；Fossum，1987）。从这个观点看，IR 包含与雇佣关系相关的所有分支领域，如人力资源管理、集体谈判、工业心理学（industrial psychology）和劳工法（labor law），其课程和研究涵盖"工作"的所有方面，包括工会和非工会两种环境（union and nonunion situations）的雇佣关系实践。

另一些人则采用较为狭义的解释，将产业关系定义为组织化（organized）雇佣关系的研究，重点关注工会和集体谈判（参见 Behrend，1963；Strauss，1990）。在这种观点中，人力资源（HR）是独立分开的领域，与 IR 并列，主要运用行为科学的方法研究非工会的工作环境（nonunion work situations），尤其关注管理的实践和组织。雇佣关系研究的这种分化，在下面的名称或标题中都有体现，如"产业关系与人力资源项目大学评议会"（University Council of Industrial Relations and Human Resource Programs）、托马斯·寇肯和托马斯·巴洛西（Thomas Barocci）合著的教科书《人力资源管理与产业关系》（*Human Resource Management and Industrial Relations*，1985）。

上述对产业关系截然不同的看法，给该领域造成了重大的身份问题,而IR学者试图两全其美的做法,让情况变得更为严重。他们在讨论该领域的性质时,为它划定一个全面广泛、包罗万象的管辖范围,但在做研究时,却主要致力于集体谈判。我希望本书有助于解决这一学术悖论,即使做不到,至少也要明确它的起源和根本原因所在。

促使我写作本书的第三个动机,是产业关系作为一个研究领域的活力和学术地位,近年来呈下降趋势,未来的生存与发展前景堪忧。各种迹象表明,产业关系作为雇佣关系教学和研究的核心,在20世纪80年代经历了明显的衰退(W. Franke,1987;Begin,1987;Strauss,1990)。例如,大量的IR学术项目被废除、合并或大规模压缩;"产业关系"一词从学术机构的名称中消失;学生从IR专业大幅转向HR专业;核心专业组织"产业关系研究协会"的学界会员人数下降。产业关系面临的困境让许多学者都开始怀疑它的长期生存前景。阿诺德·韦伯(Arnold Weber,1987b:9)提出了疑问:"产业关系研究所和产业关系研究将重蹈家政经济学的覆辙吗?"乔治·施特劳斯(1989:257)的话也同样具有代表性:"如果工会不会意外地东山再起,IR学界将不得不做出重大调整。否则,它可能会重蹈国际雪茄制造商联盟(Cigar Makers' International Union)和卧车列车员兄弟会(Brotherhood of Sleeping Car Porters)的覆辙,两者可都曾是那个时代的弄潮儿。"

IR领域为何陷入困境?IR研究所和IR项目会重整旗鼓,还是最终从学术舞台中消失?怎样才能改善它的前景?我相信,要圆满回答这些问题,必须彻底了解该领域的历史,特别是导致产

3

业关系处于当前状态的事件和决策。本书接下来将讲述这一来龙去脉。

注 释

1. 尽管"二战"以后,全世界都普遍对产业关系予以关注,但它作为一个概念和研究领域,在很大程度上源于英美。以后的各章将主要阐述它在美国的发展,偶尔涉及它在加拿大和英国的情况和研究。将阐述对象限于美国,除行文方便外,也较为合理,因为产业关系作为一个正式概念和研究领域,不仅首先诞生于美国,而且该领域许多最具影响力的机构和学术成果,也都在这里产生。这样做的不利之处是,该领域在美国的发展,以及美国研究人员由此形成的概念和意识形态观点,在某些方面是美国特有的,所以会限制本研究结果的普适性。

加拿大产业关系思想与实践的概述,可参阅 Herbert, Jain and Meltz (1988);加拿大 IR 学术项目的概况可参阅 Boivin (1991)。英国的情况可参阅 Roberts (1972)、Berridge and Goodman (1988) 和 P. Beaumont (1990)。全球 IR 发展情况的概述,可参阅 Adams (1992)。

| 第 1 章 |

产业关系的起源

第1章
产业关系的起源

1912年，经威廉·霍华德·塔夫特（William Howard Taft）总统提议和国会批准，在美国成立了一个名为"产业关系委员会"（Commission on Industrial Relations）的9人调查委员会，"产业关系"一词就此进入美国的词典[1]。1910年，"结构钢铁工人工会"（Structural Ironworkers Union）的2名领导人制造的《洛杉矶时报》大楼炸药爆炸事件致20人丧生，引发了公众的强烈抗议（Harter，1962：131-59）。这件事直接促成了委员会的成立。委员会的职责是查明劳资之间产生冲突的原因，并决定可能的解决手段。委员会召开了154天的听证会，并于1916年将调查结果和结论整理成11卷报告公之于世[2]。产业关系这一新问题的重要性，在报告的开首语（U.S. Congress，1916：1）中得到了证实："本委员会受国会指派调查的产业关系问题，对国家的福祉而言，要比我们的政体之外的其他任何问题都更为根本和重要。"

"产业关系"一词在最初的使用中，不过是对1912年之前的一个常见说法"产业中的劳资关系"（the relations between labor and capital in industry）的简称。但它的含义很快就大大扩展，到1920年，它已经开始代表一个学术研究领域、一场产业界的改革运动和一种专门的职业了。

"产业关系"一词的诞生，以及它嬗变为一个学术研究的问题，受到前半个世纪的若干事件和思想的重大影响。要理解产业关系领域的起源和发展，需要简单回顾一下这些事件和思想。

劳动问题

学术概念"产业关系"的前身是"劳动问题"（labor problem）。"劳动问题"一词流行于19世纪后半期，用来指代劳动和资本围绕生产控制和收入分配的总斗争以及这种斗争导致的冲突（参见 Barnes，1886；Olson，1894）。这一概念的发展分成两个阶段。

第一个阶段是在进入20世纪后不久，劳动问题从单数（problem）的一元概念向复数（problems）的多元概念转变（Adams and Sumner，1905；Watkins，1922）[3]。劳动问题的多元化代表了一种知识的进步，因为它认识到劳动问题除了劳资冲突以外，还有许多其他的形式；劳动问题给雇主和工人双方造成痛苦；资本主义经济和社会主义经济都存在劳动问题。雇主面临的劳动问题当中，常见的有雇员高流动率、工人消极怠工（懒惰）、生产大量浪费和效率低下等；而工人遭遇的劳动问题则包括不稳定就业、低工资、雇用童工和不安全的工作条件等。

第二个阶段在"一战"之后逐渐显现，"劳动问题"在不同领域被更恰当的术语取代。也就是说，尽管它继续用于劳动经济学领域，但在人事管理领域，它渐渐被"人事问题"（personnel problems）所代替，在社会学领域，它又被"社会问题"（social problems）所代替，诸如此类[4]。直到20世纪40年代末至50年代初，这个"问题"视角才开始在社会科学领域失宠，个中原因将在本书第 6 章探讨。

"劳动问题"的概念，对产业关系领域的发展起到了关键作用。这是由于它既为该领域提供了学术存在价值，也为教学和研究提供了焦点（Derber，1967）。"劳动问题"视角，最初是为了反对古典经济学和社会达尔文主义等学术思想衍生出来的政策结论。正如我将在第 2 章详细阐述的那样，古典经济学旨在表明，在自由的、不加管制的劳动力市场上，竞争会促进生产效率和劳资双方的利益和谐。而社会达尔文主义主张，竞争性博弈会淘汰社会的弱者，让最强大的成员攀升到社会顶层，占据一国商界和政界领袖的位置，因此，不受制约的竞争将最大限度地推动经济和社会进步。这两种学说都被保守派所用，支持现行的自由放任资本主义制度、商界和政界在任精英的支配地位、立法机构和法院对工会活动及保护性劳工立法的敌对态度（Bendix，1956；Dorfman，1959）[5]。

因此，社会改革者和社会主义革命者都提出了"劳动问题"的概念，作为抨击产业界现状的一种武器，因为如果能够借此证明雇佣关系存在严重的失调和缺陷，就会削弱自由放任并增强改革（或革命）的理由。然而，改革者和革命者在解决这些劳动问题的最佳手段上却出现了分歧。

改革者接受资本主义制度，但寻求通过更加科学和人性化的管理方法，工人与雇主之间谈判力量的平衡，以及在工作场所中引入民主和正当程序（due process），以改善资本主义运行的效率和公平。这种思维方法后来成为产业关系新领域的学术和政策核心。在改革者看来，劳动问题和产业关系是同一枚硬币的正反两面——劳动问题是雇佣关系内在缺陷和调节失灵引发的不良行为表现，而产业关系则是解决或改善这些问题的一整套理论和方法（Watkins，1922）。

马克思主义者和社会主义者则反对新兴的产业关系领域，因为它寻求通过改革来挽救他们希望以革命推翻的东西[6]。这个群体基本远离产业关系领域，而赞许马克思主义经济学、社会主义政党领导的政治行动和世界产业工人联合会（Industrial Workers of the World：IWW）等工会组织下的罢工行动。

劳动问题的根源

正如劳动问题的概念为产业关系研究提供了学术理由，人们对劳动问题起源的认知，也极大地影响了它的理论、实践和哲学。劳资冲突、不稳定就业、工人消极怠工等劳动问题，并不是在19世纪末突然出现的。早在几百年前，随着自由劳动力市场和工资劳动力阶层的出现，这些问题就或多或少地显现。与过去不同的是很多这类问题的规模和激烈程度。19世纪末的霍姆斯特德罢工（Homestead strike）、普尔曼罢工（Pullman strike）和无烟煤矿工人的罢工等劳资争端，都表现出前所未有的暴力和激进情绪，即这种变化的最为逼真的写照。

劳动问题的早期作者对这一变化趋势，特别指出了三个原因（Adams and Sumner，1905；Commons，1911；Watkins，1922；Furniss，1925）。第一个原因，是资本密集型的大规模官僚制工商企业的兴起。在 19 世纪末以前，美国大部分的就业都集中在农业部门。制造业、采矿业和建筑业等非农业部门普遍为小规模经营，雇佣手工操作的熟练技术工人，并由企业主自行管理。但在 1870 年以后，产业部门经历了根本的转型（Nelson，1975）。1870 年到 1920 年，大多数行业的工厂平均雇佣人数都增加了 1—2 倍。同样，生产过程也发生了变化——机器代替了手工工具，半技术性、非技术性的操作工和组装工代替了技术工人，互换的标准零部件代替了特殊定制件。此外，商业组织的公司化转型也得到普及，领薪水的经理担负起公司日常经营的重任，所有权与经营权就此分离。这些变化拉开了工人和雇主之间的物理及社会距离，使工人"无产阶级化"，变成一群规模庞大、毫无个性的体力劳动者，曾经属于技术工人的较高地位、谈判力和高收入遭到剥夺，从而增加了工作场所发生冲突和其他形式的劳动问题的可能性（参见 Peterson，1987：9-70）。

第二个原因是在 19 世纪的最后 30 年，劳动力市场长期存在的失业对货币工资和工作条件造成了向下的压力。供求两方面因素导致这一时期大量工人失业。在需求方面，1870 年到 1900 年的大约一半时间里，经济都处于萧条或衰退状态。需求不足引起的工作短缺，供给方面由于数百万移民涌入美国而进一步加剧。在许多城市地区，失业工人的存量长时间内未有消减，人们为争夺工作而投入惨烈的竞争。面对众多的求职者（其中很多人出生于国外或不具备任何技能）和产品市场价格的持续下行压力（1870 年到 1900 年之间几乎下降了三分之一），维护生存的竞争迫使雇主采取一切可能的方式降低生产成本,包括压低工资、提高工作节奏,甚至削减最为基本的安全防范措施。因此,这一时期绝大部分体力劳动者的职业生活,都打上了极度不安和艰难的烙印(Lescohier,1935)。而上层阶级却更加富有,收入和财富分配不公日趋明显,这进一步加剧了本已存在的社会紧张局势(Williamson and Lindert,1980)。

劳资冲突升级的第三个原因,是独断、无序、威权的人事管理方式(Jacoby,1985)。雇主们普遍视工人为商品,试图以最小成本榨取最大产出,然后在不需要时弃如敝屣。在"一战"以前,没有企业设人事部门,也不存在任何书面的人事管理政策。在大多数的工厂,高层管理人员都把招工、解雇、薪酬、晋升和分配等所有的人事工作,交给掌管一个部门或车间的工长。工长对这些问题的决定,通常就是最终决定。他的任务,就是以最小的单位成本创造出最大的产量。为完成这一任务,公认的手段就是所谓的"压力驱动机制"(drive system)。这一机制要求工长不断监控工人,并使用侮辱谩骂性的语言督促工人卖力工作。它之所以能够成为榨取工人劳力的有效手段,是因为失业威胁的存在——工厂大门外的无数求职者,让这种威胁显得真实无比。雇主们普遍发现,这种"工长负责制"的人事管理方法和负激励的"驱动机制"有效且成本低廉。但是,它们导致了从事类似工作的工人之间存在大量的工资差异,工长在招工和解雇决定中经常徇私,工厂内部缺乏申诉程序和正当程序的管理机制,各级管理者都是专制和漠然的态度,从而在工人当中制造了相当多的紧张和不满(参见 Williams,1920)。

改革运动

自 19 世纪 80 年代中期起，改革雇佣关系的呼声开始风潮涌动。这场运动从 1900 年到 1914 年，也就是众所周知的"进步时代"（Progressive era），获得加速发展（Hoffstadter, 1963）。

改革运动的兴起有多个源头。弗雷德里克·泰勒（Frederick Taylor）等工业工程师推行科学管理作为解决劳动问题的方法[7]，而雨果·明斯特伯格（Hugo Münsterberg）和沃尔特·迪尔·斯科特（Walter Dill Scott）等工业心理学者寻求以新的心理学概念和方法，来提高生产效率和工人的工作满意度。约翰·康芒斯（John R. Commons）和罗伯特·霍克西（Robert Hoxie）等制度劳动经济学者，则分析劳动问题产生的经济根源，将工会和政府管制作为解决问题的手段。开明的商业领袖们自愿建立了很多雇员福利制度（如设置公司午餐厅、安全负责人），或者引进某种形式的雇员代表计划，他们的行动也大大增强了改革运动的力量，正如工会活动家及其支持者们起到的作用，后者视工会和集体谈判为最有效手段，以铲除低工资、危险的工作条件等产业界的万般罪恶。持进步思想的市民及宗教团体也加入改革的支持行列，如市民联盟（Civic Federation）和贵格会（the Quakers），更不用说社会主义者和其他左翼的政治及经济团体，他们本来就一直呼吁关注产业界的恶劣状况和工商阶层的巧取豪夺。最后还要提到几个政府委员会，他们将工人遭受的无数伤痛公之于众，从而实质性地推动了改革进程，这其中就包括美国产业委员会（the United States Industrial Commission，1898—1902）和产业关系委员会（the Commission on Industrial Relations，1913—1915）。

"一战"：改革的催化剂

"一战"之前，大多数雇主都对改革运动漠不关心，甚至充满敌意。原因是多方面的，如拒绝变化，传统的招工和管理手段继续有效，工会的威胁在1904年以后逐渐减退等。在只有进步主义者和自由主义者支持改革，政府又缺乏实际行动的情况下，改革是不太可能取得任何进展的。

然而，"一战"时期的经济和政治状况让局面有所改变（Slichter，1919a；Douglas，1919，1922；Jaclby，1985）。军需生产很快造成劳动力的短缺，1917年的征兵令更是雪上加霜。这些都导致传统的人事管理方式土崩瓦解。在遍地都是工作机会的情况下，工人的流动率急剧上升（本来就已经很高）。而且工人的努力程度和生产效率都明显下降。"压力驱动机制"在失业恐惧的支撑下还算有效运转，但是当工人不再害怕失去工作的时候，这个法宝就不灵了。最后，受通货膨胀率飙升和低失业率的影响，组建工会、要求加薪和罢工的浪潮重新抬头。

"一战"也促使联邦政府更加关注改革。产业关系委员会曾被授权调查劳动问题的根源，但其自由主义倾向导致国会对其意见充耳不闻（Hatrer，1962）。然而，"一战"期间的严重局势让劳动问题得到了更多的关注。在威尔逊（Wilson）执政期间，尤其是"战时劳工局"（War Labor Board）颁布了多项支持工会的政策，敦促军工企业主动承认工会并与之签订集体合同。这些"亲劳方"(pro-labor)政策的产生,部分是由思想信念推动,部分出于政府官员的实用主义动机,他们希望尽可能地减少罢工和对生产的干扰(这一目标仅收到部分成效)。

在上述因素的作用下,到"一战"结束之际,雇佣关系的所有主体都一致认为工作场所的改革符合自身的利益,尽管他们对改革的确切性质还保留着重大分歧。正是出于这种推动改革的力量,新的产业关系领域应运而生。

产业关系作为一个研究领域的确立

"一战"期间,随着市民、实务界人士和政策制定者围绕雇佣关系的崩溃原因和解救方案展开辩论,"产业关系"一词开始更为频繁地出现在大众及行业媒体视野[8]。由于劳动问题的严重性和对雇佣关系改革的广泛关注,并且在雇佣关系问题上还缺乏系统的教学和研究,这个词很快就开始代表一个新的问题领域或研究领域。这个新领域的焦点即雇佣关系,具体来说,就是劳动问题的起源,以及通过改善管理和组织的方法解决劳动问题。

1920年,由约翰·康芒斯主持,在威斯康星大学的一个分校区成立了"商业与产业关系部"(Bureau of Commercial and Industrial Relations),并在经济学系设置了一个产业关系方面的"专业"(course,专业领域),这标志着产业关系作为一个独立学术研究领域的诞生(U. S. Department of Labor,1921)。据我所知,后者是美国大学中成立的第一个产业关系方面的学术研究项目。该专业的学生主修4门课程：劳工立法（labor legislation）、劳工史与产业治理（labor history and industrial government）、劳工管理（labor management）、失业的原因与解决（causes and remedies of unemployment）。

新的产业关系领域很快就引入其他名校。1921年，宾夕法尼亚大学的沃顿商学院成立了"产业研究分部"（Industrial Research Unit），以推动产业问题的研究（Wharton School，1989）。产业研究分部前10年的研究几乎完全由产业关系的课题垄断。在后来的阶段，也发表了一些关于采矿、金属和纺织工业的经济学研究。

普林斯顿大学于1922年在经济学系创办了一个"产业关系分部"（Industrial Relations Section），这是第一个专门致力于产业关系研究的学术机构（Industrial Relations Section，1986）。该分部的宗旨是，主要通过分部所属的研究人员发表报告和专题论文，建立一个收藏产业关系文献的综合性图书馆等方式，促进产业关系领域的研究。1923年，哈佛大学设立了"雅各布·韦特海姆改善产业关系研究员"（Jacob Wertheim Research Fellowship for the Betterment of Industrial relations）一职，产业关系领域在哈佛大学正式起步。最后值得一提的是，1925年，芝加哥大学将保罗·道格拉斯（Paul H. Douglas）从经济学副教授（associate professor of economics）晋升为产业关系教授（professor of industrial relations）（Douglas, Hitchcock and Atkins, 1925：扉页）[9]。

对实务界人士来说，有三件事帮助产业关系领域获得了独立地位。第一件事是 1919 年 10 月，《产业关系：布鲁菲尔德劳动文摘》（*Industrial Relations: Bloomfield's Labor Digest*）月刊出版发行，创办人丹尼尔·布鲁菲尔德和迈耶·布鲁菲尔德（Daniel and Meyer Bloomfield），都是雇佣管理方面杰出的作者和商务顾问。

第二件事是美国产业关系协会（Industrial Relations Association of America：IRAA）于 1920 年成立。它的前身为"雇佣管理者协会"（Employment Managers' Association），大部分成员是对人事管理感兴趣的商务人士。协会成立的第一年，会员人数就超过 2000 人，并拥有几十个地方分会[10]。该协会的活动之一是出版了一份刊名为《人事》（*Personnel*）的月刊。1922 年初，协会因 1920—1921 年的严重萧条导致的财政危机而被迫解散，其原有活动由一个新建的组织"全国人事协会"（National Personnel Association）接收，该组织于 1923 年又更名为美国管理协会（American Management Association）（Lange，1928）。

第三件事是"1920 年堪萨斯州产业法院法案"（Kansas Industrial Court Act of 1920）的通过。堪萨斯州产业关系法院为此成立，它是美国第一家这类的法院。该法院被授权以具有约束力的仲裁手段解决州内的劳资纠纷（参见 Feis，1923）。

产业关系的定义

突然之间，新的"产业关系"领域分别在产业界和学术界催生出一个新的专业组织和一个新的专业及研究方向。那么，何谓

"产业关系"呢？回顾该领域的早期文献，会发现答案包括几个部分。

任何一个知识领域，都以研究某些特定形式的关键行为为导向。比方说，经济学聚焦于市场运作，研究市场如何决定工资率、就业水平等结果；社会学考察社会群体和社会行为，如社会地位分化和社会阶层之间的流动。产业关系则被认为侧重于雇佣关系研究，尤其是雇主与工人的关系，以及从这种关系中产生的劳动问题[11]。

社会科学研究委员会提出的一份名为"产业关系领域研究回顾"的内部研究报告（Social Science Research Council，1928），对"产业关系"的概念有一个最清晰不过的表述。这份报告由达特茅斯学院的产业关系教授赫尔曼·费尔德曼（Herman Feldman）执笔，在一个十二人顾问委员会的协助下完成。委员会的成员包括约翰·康芒斯、乔治·巴奈特（George Barnett）、约瑟夫·维力茨（Joseph Willits）等学者，以及商界人士、工会活动家和政府官员。报告称（p.22）："将一种知识区别于另一种知识的唯一合理依据，在于各自研究的问题不同。"报告指出，劳动问题为产业关系提供了研究焦点，并将产业关系领域具体界定为"涵盖工人与以下四个方面互动时产生的人类行为问题，即他的工作、他的同事、他的雇主以及社会公众"。

当时，产业关系还被视为一个多学科的研究领域，而不是一个独立的学科[12]。一个学术领域称得上独立学科的标准，是它专门研究一种具有独特或特殊概念的行为，并拥有一个梳理和研究相关问题领域中的活动的理论框架。基于这个标准，人们认为产业关系不具备作为一门学科的资格，因为它对于雇佣关系和劳动问题的研究，主要是建立在现有其他学科的理论和知识之上，而非自身特有的知识基础和理论框架。

20世纪20年代的学术领袖们对产业关系领域多学科性质的看法，在社会科学研究委员会报告里的一份有关该领域的学科"分布图"（见表1.1）中得到生动的体现[13]。该图的整个上端，代表产业关系领域的核心问题，即雇佣关系的四个方面，下面纵向列出十几个学科或研究领域，它们都以某种方式贡献于雇佣关系的研究。图中的每个单元格中列出了各个学科与雇佣关系各方面相关的研究课题。如表1.1所示，20世纪20年代对产业关系的定义极为宽泛，这可以从两方面来看，一个是雇佣关系研究课题的广泛性（例如企业内部"老板与手下"之间的垂直关系、企业内部或跨企业的工人之间的水平关系），另一个是该领域涉及学科的广泛性。

表 1.1 产业关系研究领域分布图

I 与人类行为相关因素研究最为相关的科学	II 人类行为因素（与产业相关）	III 产业中影响关系之间工作条件、工作的个体对待工作的态度（多项工作条件、状况、对待工作的态度）	IV 产业中影响工人与工人之间关系的具体问题（工人身边、工厂内、工会内、社区内或整个世界范围内）	V 产业中影响关系的舆论之间关系的具体问题（工长、管理者、所有者、雇佣阶层、投资者、资本家、银行家）	VI 产业中影响工人与公众之间关系的具体问题（顾客、半公共机关、警察、政府、立法机关、法院、委员会）
地理学 人类一地理学 人类学 物理学与工厂工程学 化学 照明工程学 农业经济学 采矿学与冶金学 运输工程学 机械工程学 安全工工程学 工业工程学	外部物理环境 A. 一般气候（气温、日照、湿度和振动） B. 自然资源与食物供应的便利性 C. 外部的物理危害	(1) A. 工作环境对人的影响 1. 季节因素对人的影响 2. 工作环境外部因素的改善（纯技术方面的通风、照明、噪声和振动） B. 可耕地的多少 C. 到达工厂的距离和上班的困难程度（也讨论放在第13项或第16项中） 1. 工作中的偶然危险 2. 人为——爆炸、塌陷倒塌等	(2) A. 主要由天气变化引起的工厂内打架斗殴、不满，易感情绪	(3) A. 在某些特定季节维持纪律的难度 B. 雇主对于保持良好物理环境的责任 1. 厂房 2. 采矿营地的物理布局 C. 雇主对应负之负责安全方面的机械工程安全问题	(4) A. 卫生法规和行业率 B. 居住地问题 1. 一般居住问题 2. 居住地距离工厂较远工人的一般交通问题 C. 有关建筑和机械设备方面的安全个整体规律和法律
生物学、生物物理学与生物化学 解剖学 生理学 内分泌学 微生物学 神经学 人类学	身体能力 A. 身体特征 1. 体格 2. 生理功能（脑活动、耐力等） 3. 神经天赋或缺陷（天才、意志薄弱） 4. 遗传性的种族特征（不包括民族性） B. 遗传性的性别特征	(5) A. 工人从事某个岗位的医学问题 1. 岗位需要的身体条件 2. 姿势、工作效率、身体被动与相关的身体变化 3. 与年龄有关的身体变化 4. 职业病与身体感染 B. 影响工作的同种族特质（假似存在），即所谓的黑人懒惰说 C. 性无力（生理、心理） 女性工人的特殊问题	(6) A. 传染性疾病 B. 工人（？）之间的种族冲突见下面第14项 C.	(7) A. 雇主的医务保健工作 1. 急救、保健活动等 2. 工作时长和休息时间 3. 为年龄偏大的员工寻找工作 4. 消除职业病 5. 在相对种族问题上调整处理方式的可能性 C. 作为企业中私人关系因素之一的性关系	(8) A. 社区总体的保健负担 1. 工作时间的规定 2. 社区总体的老龄化问题 3. 某些行业的特殊条例 B. C. 对女性工人的保护性立法

16

续表

I 与人类行为及其原因研究最为相关的科学	II 人类行为的线索（与产业相关）	III 产业当中影响工人及其工作之间关系的具体问题（客观工作条件，对待工作的态度状况，工人的个人状况，对待工作的态度）	IV 产业当中影响工人与其同事之间关系的具体问题（工人之间关系的具体问题（工厂内，班组内，工会内，社区内或整个世界范围内）	V 产业当中影响工人与其雇主之间关系的具体问题（工长、管理者、所有者、雇佣阶层、投资者、资本家、银行家）	VI 产业当中影响工人与公众之间关系的具体问题（顾客，半公共机关，警察、贸易机关、政府，立法机关，法院，委员会）
心理学 编拥心理学 "工业心理学"	个人的心理反应 A. "心理"特质 1. 本性和冲动 2. 心理能力（警觉、聪敏、智力等） 3. 特殊才能 B. "人格"特质 1. 情绪偏差 2. 习惯 3. "驱动力"（勇气、抱负、毅力、主动精神、意志力） C. 心理冲突和紧张的反应 D. 对环境的适应性 神经敏感性 社会敏感性	(9) A. 职业指导与雇员甄选 1. 心理测试 2. 工作洞察、培训、晋升方向的潜能 B. 人本特质的检测与评价 1. 发掘潜在的领导者 2. 晋升问题、企业中的大学生 C. 工作上的心理和精神问题 如： 1. 乏味、疲劳、休息时间和工作时长 2. 工作的兴趣、激励、工资支付方法 3. 工作不稳定的反应 4. 代偿、情结、储蓄计划、科学管理等 5. 事故和效率低下的心理反应 6. 对产品的有意限制 7. 士气、神经症及其他心理保健问题 D. 1. 出于假想的不公平等产生的不满	(10) A. 任命效率及向技能工人和普通工人之间非技术工人之间情感冲突 B. 利用流动性对其他工人进行"剥削"、"编动者"和"挑毛刺者"的作为 C. 工人领袖的个人特质（相当于优秀心理经理的素质？） D. 1. 团队薪酬计划对工人相互关系的影响，尤其是不等级薪酬对工人的低效率等人事关系问题 2. 工会和福利计划对人的影响 3. 从个体行为的观点看雇员工和工会中的工人间关系	(11) A. 从以下方面来工人不称职或成个人特征造成的不满，工人之间造成问题和冲突 1. 甄选程序 2. 考核、指导、晋升 B. 下列因素导致的分歧： 1. 工长、经理学术不审领导 2. 应级经理的神经质（"高级经理病"） C. 对工资激励机制的滥用、时间研究等 4. 对厂内事务处理，总体采用"非心理学方式"前老健心理，工长、工人、行家等不同行为方式导致的问题和误解	(12) A. 公共服务问题（甄选，培训，晋升） B. 选派具有各种个性特征的一般公司机、出纳员机构前造成的事故和损害 C. 强加于公共社区的心理卫生负担

续表

I 与人类行为因素研究均为相关的科学	II 人类行为因素（与产业相关）	III 产业当中影响工人及其工作之间关系的具体问题（客观工作条件，对待工作的状况，对待工作的个人的态度）	IV 产业当中影响工人与工人之间关系的具体问题（工人身份，工厂内，工会内，社区内或整个世界范围内）	V 产业当中影响工人与其雇主之间关系的具体问题（工人，所有者，管理者，雇佣阶层，投资者，银行家）	VI 产业当中影响工人与公众之间关系的具体问题（顾客，半公共机关，警察，政府，立法机关，法院，委员会）
社会学 人种学 文化人类学 历史学	群体文化与组织（生理，个人和社会状况的结合，即"环境"） A. 信仰，习俗，传统，结构或方面的观念，国民性（宗教，伦理，社会） B. 经济组织 1. 产业的所有权和控制 2. 工业技术 3. 财富分配 C. 一般经济环境 D. 政治组织 1. 立法机关和委员会 2. 法律机关和法院 3. 警察和保安部队 D. 学术组织 1. 教育休整 2. 艺术，文学等 3. 有意义的研究	(13) A. 影响工人工作态度的群体观念的性质，偏见等 1. 气的衡量标准等 B. 不同的经济体系和行业组织对工资收入者的影响，包括以下要素： 1. 工业人口和劳动力市场 2. 机械化，工作速率，带视工作 3. "老了前" 4. 竞争和摩擦 5. 工资不稳定，失业 6. 工资体制和工资等级 7. 工伤事故，对年龄偏大工人的态度 8. 厂房的股票所有权或对工人的控制权 C. 工人的责任和权利 1. 强制劳动，陷役劳动等 D. 法律教育对工人休整的约制 2. 损害赔偿责任，个人类别 3. 学校教育对工人值员工作能力和态度等的影响	(14) A. 1. 产业当中工人之间的种族隔离势力和冲突 2. 宗教歧视 3. 对"破坏工资工作者"的蔑视等 B. 1. 一般性的休假文娱活动 2. 具体的休假文娱活动 b. 具体的工会行动组织 c. 同业工会行动的问题 d. 工会内部的宗派法律纷争 e. 罪犯的偏见，领导权欲和权力等 f. 乐观。会的其他问题 g. 工人银行及其他商业组织，以及它们对工会会员的影响 C. 1. 国际劳工组织 2. 商员代表计划下工人的关系 D. 1. 工会组建的权利 2. 禁止抵制行为 3. 工会的文化活动 4. 工会领导的研究工作	(15) A. 1. 雇主利益原员受制于固定观念、马克思主义对共产主义的态度。在消费者对工资增长、工时对记录长等问题的偏见等 2. 编工会的伦理等态度 B. 具体的管理方法 1. 缺席所有的金融交易（所雇用的动机等）2. 劳工行政活动 a. 工联会权、行使权威的方式 b. 技术组织措施 c. 人事管理相关问题 d. 资格处罚，行政评定 e. 任前认为 f. 科学管理问题 g. 报酬制度 h. 促进人事变动，科学变动的相应力量 B. 1. 工人群体和雇主集体的关系 2. 集体协议问题等 3. 临时性和隐密集体的发展 C. 对罢工之类、整个个人行动的态度 D. 1. 有关劳动立法 2. 法院判决 3. 雇主的联合组织的工作	(16) A. 公众意见对工人劳动条件及劳资争端的影响 1. 反对在大地实际资分长工时的消费者对下资增长、工时对记录 2. 公众对于童工的态度 B. 经济体系对社会问题的影响 1. 共工种的长远观点 2. 犯罪，社会病 3. 失业，社会不满，移民负担 4. 住房和交通 5. 公共卫生 6. 对于立法律师的谢尔曼法（Sherman Act），个人劳动合同强制性特殊，克莱顿法（Clayton Act） a. 保障的权利 b. 投保险和上级法院批准工厂章程、最低工资标准 C. 1. 眼家部门的工作场所 2. 禁止一般医学服务 3. 工人学校工作 D. 1. 研究对劳工关系有影响的公共机构

（译者注：表中的问号、缺失均系1928年原书中所标，读者若无知，意不详而成知，读者若无知。）

来源：社会科学研究委员会，1928。

在产业关系的早期文献中，人们还形容它是一项在"科学建构"（science-building）和"解决问题"（problem-solving）两个领域从事的活动[14]。"科学建构"关心的是知识进步本身。理论的发展对"科学建构"至关重要。因为无论是构思研究设计，推导假设，还是为正在研究的行为提供连贯统一的解释，都少不了一个理论框架。与之不同的是，"解决问题"则具有更为应用性、经验性和规范性的导向。其目标是明确问题的根源所在，以及如何最好地解决它们。尽管早期的产业关系学者也把"科学建构"作为其部分目标，但激发他们投身于该领域的主要动力，却是渴望通过进步性的劳工立法和改善实业界的雇佣管理方法，让雇佣行为更加科学、公平和人性化（Derber, 1967）。约翰·考尔德（John Calder, 1924：vii）的说法表达了这种应用导向："'产业关系'一词……现在指的是主要涉及雇主与雇员共同经济利益的一整套明确的、开明的政策与实践。"类似地，戈登·沃特金斯（Gordon S. Watkins, 1928：5）也说："产业冲突经常被称为工业文明的最大问题，而科学管理产业关系则是工业文明最为迫切的需要。"

最后一点是，任何学术领域的学者都希望运用他们所发现的理论和事实，来促进或提高国家的经济和社会利益。在这方面，早期的产业关系作者们认为，发现和实施有效的产业关系方法，将带来以下三种利益：提高生产效率；在工作场所的经济报酬分配、劳动力使用和雇佣管理政策上更加公平；个人幸福和个人成长及发展的机会更多（Tead and Metcalf, 1920：2-3；Watkins, 1922：5-6；Scott and Clothier, 1923；Furniss, 1925：534-35）[15]。

产业关系通过生产方法、激励、监督以及管理者与工人的合作等方式提高生产效率；通过薪酬制度的改进、劳动者补偿法、工人委员会或行业工会等手段，实现更为公平的报酬、工作条件和权力分配；而让工人和管理者达到更大的个体幸福感，是通过促进工厂管理的正当程序建设，在工作场所增强个人尊严和尊重，赋予更多提高工作技能和领导才干的机会。

基于这些考虑，可以将人们在20世纪20年代对该领域的认识总结如下：

产业关系是关于雇佣关系的一个多学科研究领域，重点研究雇主与工人之间的关系。它主要研究影响雇佣关系的经济、社会、政治、心理和组织性质等因素的力量；雇主和工人各自的目标、行为、实践和组织；雇佣关系中不利于经济效率、工作场所公平和个人福利的缺陷与失调产生的原因及后果；以及能够解决这些问题的方法和政策。

注　释

1. "产业关系"（industrial relations）一词来源不明。理查德·莫里斯（Richard Morris，1987）认为该词早在1885年就诞生于英国，而托马斯·斯贝茨（Thomas Spates，1944：6）则宣称它诞生在美国，"源于1894年工人间产生的纷争、骚乱和经济困难"。斯贝茨说的也许是普尔曼罢工（Pullman strike），但并没有具体指明。产业关系委员会（Commission on Industrial Relations）的名称，源自1911年12月30日呈送给塔夫特总统的一封请愿书，标题即为"为设立联邦产业关系委员会一事致总统请愿书"（Petition to the President for a Federal Commission on Industrial Relations）。请愿书由 28 位社会改革派的知名人士署名。这封请愿书也同时发表于《观察》（*Survey*）杂志［27（December 30，1911）：1430-31］。根据莫里斯（p. 535）的叙述，英国第一次正式使用"产业关系"一词，是 1924 年在劳工部成立了一个"产业关系部门"（Industrial Relations Department）。

2. 该委员会的重大影响，不仅在于催生出产业关系一词，还在于促进了该领域早期的学术研究。后来被许多人（如 Kochan，1980；Barbash，1991b）推举为产业关系之父的约翰·康芒斯，就是该委员会 9 名委员之一。据小拉菲耶特·哈特（LaFayette G. Harter, Jr.，1962：131-59）介绍，康芒斯在委员会听证过程中进行的实地调研和与企业管理者及工人的访谈，都为其后来撰写劳动问题著述提供了丰富的灵感和素材。产业关系的另一位重要人物罗伯特·霍克西，也曾经被任命为该委员会的研究人员，并根据其实地工作出版了一部科学管理方面的权威著作（Hoxie，1915）。此外，很多在产业关系领域发表了重要学术成果的学者，如塞利格·珀尔曼（Selig Perlman）、威廉·莱塞森（William Leiserson）、萨姆纳·斯利切特（Sumner Slichter）、利奥·沃尔曼（Leo Wolman）、戴维·麦卡贝（David McCabe）和埃德温·威特（Edwin Witte）也都在研究生阶段担任过该委员会工作人员的研究助手，并有机会进入劳动问题的真实世界。

3. 在这个问题上，莱塞森（1929：127-28）写道："一代人之前，谈论'劳动问题'是很普遍的现象。……在提及雇主和他们的雇员时，最常见的方式是使用抽象的术语，即资本（Capital）和劳动（Labor）；而两者之间的关系则被认为是提出了一个或多或少的机械问题，即消除这两种对立力量的摩擦……之后，单一劳动问题的概念……让位于多种问题或'邪恶'的概念，对每一种问题或'邪恶'都要制定单独的、实际的解救方法。但进一步的研究表明，从一个角度看是邪恶的东西，从另一个角度看却是解救措施。因此，罢工、抵制和工会对雇主来说可能是'邪恶'，但对工资劳动者来说，它们是解救方法。"

4. 从"劳动问题"向"人事问题"的过渡，在迈耶·布鲁菲尔德（Meyer Bloomfield，1923：3-4）对两者替换性的使用中可见一斑。他说："所有的新国家都面临两个典型的人事问题（personnel problems）。一是劳工的短缺，二是劳工的不稳定性。它们是两个最为古老的所谓劳动问题（labor problems）。"尽管"劳动问题"一词逐渐从人事文献中消失，但直到20世纪40年代末仍然有作者在使用它（参见Jucius，1948）。

5. 约瑟夫·道夫曼（Joseph Dorfman，1963：15-16）提到了社会达尔文主义和古典经济学之间的联系："斯宾塞（即赫伯特·斯宾塞，社会达尔文主义在英国的主要倡导者）在《社会静力学》（*Social Statics*，1872年版）中断言，'无能者的贫困、鲁莽者的不幸、怠惰者的饥饿和强者挤开弱者……都是一种富有远见的大慈悲的判罚'。极端放任主义的主流经济学的最忠诚捍卫者抓住这个结论来巩固他们的立场。"

6. 早期美国社会主义者和马克思主义者对"产业关系"的厌恶，在现代体现为该领域很少有激进或马克思主义倾向的学者活跃其中。相反，英国学术界倒是有一支相对较强的队伍从激进或马克思主义的观点研究这个问题（如Hyman，1975）。这在某种程度上反映了一个事实，即美国是经济学者一直控制着IR的学术研究，而英国则是社会学者和历史学者发挥着更为重要的角色。

7. 泰勒的第一篇有关科学管理的文章（1895）题为"计件制——迈向部分解决劳动问题的一步"（*A Piece Rate System, Being a Step Toward a Partial Solution of the Labor Problem*）。

8. 罗素塞奇基金会图书馆（Russell Sage Foundation Library）在1919年出版的《产业关系精选书目》（*Industrial Relations: A Selected Bibliogra-*

phy），是该术语使用日益增多的标志。这部书目分两个副标题，即雇佣管理（employment management）和参与管理（participation in management）。

9. 据我所知，第一篇标题含有"产业关系"一词的学术文章，是1921年版《工会运动与劳动问题》（*Trade Unionism and Labor Problems*，一部关于劳工的读物合集）中的第1章"产业关系"（*Industrial Relations*），由约翰·康芒斯撰写。而第一篇标题含有"产业关系"的博士论文是克劳伊斯·郝武德（Cloice Howd，加利福尼亚大学伯克利分校）在1923年撰写的《西海岸木材业的产业关系》（*Industrial Relations in the West Coast Lumber Industry*）。

10. 《人事》杂志第17期的《地方产业关系协会之间》（1940年秋，79—83页）一文中，载有一份比较完整的地方协会名单（截至1940年）。文中说（79页）："美国的几乎每一个重要城市和所有重要的工业区都有自己的地方产业关系协会，会员由周边工厂的人事经理组成。"芝加哥和费城等地的一些地方协会依旧活跃。（芝加哥分会在几年前更名为"人力资源管理协会"，而费城分会仍然称自己为产业关系协会。）

11. 在这方面，德尔·约达（Dale Yoder，1931：123）说："产业关系研究中最广为接受的方法，是伴有考察通常被称为劳动问题的现象的方法。"

12. 1926年至1954年担任普林斯顿大学IR分部主任的道格拉斯·布朗（J. Douglas Brown，1976：5）说："（该分部的）创始者们意在将IR领域的研究范围扩展到工会化生产或服务中雇佣人力资源所涉及的所有因素、条件、问题和政策。它不限于任何的单一学科，'产业关系'一词也不限于私营企业内的活动，而被认为涵盖政府及所有其他机构与那些构成该国劳动大军的民众之间的关系。"类似观点还可参见沃特金斯（Watkins，1922：5）。

13. 本图重新刊载于1929年的《人事》杂志（Vol. 7, No. 5, P. 391）。

该杂志还在第 390—393 页简要叙述了作为该图制作者的委员会的工作。

14. 斯利切特（Slichter, 1928: 287-88）在这方面说："看待劳动问题有两种方法。一是从科学的观点……它是研究行业工会、童工、失业的科学家们所向往的，为的是发现'是什么'，或者'也许是什么'，而不去想'应该是什么'……但是，对于绝大多数人，甚至是对于经济学者和社会学者来说，劳动问题都不止于此。它也是一个伦理问题，不仅涉及'是什么'或'也许是什么'，还涉及'应该是什么'。因此，从伦理的角度来看，劳动问题关系到两件大事：一是现行经济体制……对生活与工作冲突的影响；二是为协调人们作为劳动者的活动与其作为人的利益之间的关系而需要的制度变革。""科学建构"和"解决问题"这两个词出自巴巴什（Barbash, 1991a）。

15. 如第 2 章将详细阐述的那样，早期的产业关系文献主要由两类人撰写，即经济学者和实际的管理者（工业心理学者也有少许贡献）。尽管两类文献都会提到效率、公平和提升个人福利等目标，但经济学者更倾向于强调效率和公平，而管理者和心理学者更倾向于强调效率和个人福利或幸福的提升。这种差别也许反映了学科角度的不同：经济学者接受的训练是从市场以及生产和分配的过程来思考，而管理者和心理学者则一般关注管理者和工人在企业内部的互动，且往往是从个人主义的、心理学的参考框架出发。上述侧重点的差别，还反映出经济学者更为重视雇佣关系的对抗性，即关注分配或公平问题的角度，而管理者和心理学者则强调雇佣关系中存在的利益一致性，即小看公平问题重要性的倾向。这种视角的差异在 IR 和 HR 的文献中延续至今。例如，诺亚·梅尔茨（Noah Meltz, 1989: 109）说"产业关系重在平衡效率和公平"，而理查德·沃尔顿（Richard Walton, 1985: 36）说"该理论（新的人力资源管理模型）认为，互利互惠的原则将唤起员工承诺，这反过来将产生更好的经济业绩和人力资源的更大发展"。

| 第 2 章 |

产业关系的两大派别

第 2 章
产业关系的两大派别

1920 年是产业关系作为专业研究和实践领域的诞生元年,因为正是在这一年,一个以产业关系为核心的专业组织机构首次出现在学术界(威斯康星大学)和产业界(美国产业关系协会,IRAA)。然而,比诞生年份更为重要的是,IRAA 和威斯康星大学经济学系都积极投身于这个领域。

尽管也有一些学者加入了 IRAA,但该组织的大部分成员都是从事综合管理或人事工作的专业人士。这些专业人士特别关注新的人事管理领域,很多人为此撰稿或演讲。相反,热心参与威斯康星大学产业关系项目的人们,都是制度劳动经济学者。尽管他们的学术兴趣几乎遍及雇佣关系的各个方面,但研究和教学的焦点主要还是在劳工史、集体谈判实践、劳工立法、失业的原因及后果等领域。他们大多赞成干预性的公共政策,以此保护和鼓励集体谈判,建立最低工资和雇佣标准,通过社会保险制度为劳动者及其家庭提供收入保障。

是什么原因促使这两个不同的群体对产业关系产生了共同的兴趣呢?其中一个原因可能是他们有同样的学术志趣,愿意推动雇佣关系各方面的知识进步。但事实上,"科学建构"的目标显然是次要的。相反,这两个群体都主要对"解决问题"更感兴趣,即通过改善工作场所的组织和管理方法,倡导进步的公共政策,在商业行为中贯彻伦理和道德价值,来解决劳动问题[1]。

无论是专业的人事管理者，还是做学术的经济学者，都握有大量有关美国产业界当时普遍存在的商业惯例和工作条件的第一手信息，对这种体制引起的巨大浪费、效率低下以及体制下人的痛苦和冲突了如指掌。因此，他们对产业关系的兴趣来自一个共同的愿望，即通过发现和实施现代的、先进的生产和雇佣方法，消灭上述的种种恶果。

两个群体虽然目标一致，但很快就在解决劳动问题的最有效方法，尤其是在工会和集体谈判应当扮演的角色方面，暴露出根本的、水火不容的分歧[2]。从这种分歧之中，衍生出了两个思想派别或学派，它们自产业关系领域诞生之初直至今日，都始终在争夺该领域的控制权和主导权。鉴于这两个思想学派在20世纪20年代初分别重点研究人事管理（Personnel Management）和制度劳动经济学（Institutional Labor Economics），我将它们命名为"PM学派"和"ILE学派"。两个学派在后来的岁月里都发展壮大，涵盖了来自其他各种学科和研究领域的学者，并在"二战"以后逐渐演变成今天称为"HR"和"IR"的两个分支[3]。尽管名称和相关研究领域发生了变化，但两派对于劳动问题的根源和解决方法的基本观点，在历经70年后依旧极为相似[4]。

接下来，本章将继续阐述各思想学派的知识来源，以及它们对于劳动问题的根源和解决方法的早期理论观点。之后各章将阐述这些派别从20世纪30年代直到今天的演变和发展历程。

人事管理学派

人事管理（或最初所称的雇佣管理）的实践与学术研究，与产业关系大约同时出现[5]。例如，大学使用的第一部人事管理教材出版于 1920 年，作者是奥德威·狄德（Ordway Tead）和亨利·梅特卡夫（Henry C. Metcalf）。一般认为，产业关系的范围大于人事管理，这是因为 IR 包括整个雇佣关系，对雇主与雇员双方的活动和组织给予同等重视；而 PM 则主要着眼于雇佣关系当中的管理一方，尤其是用于招募、甄选、培训、薪酬、激励和员工沟通的实践和程序。因此，人事管理被视为产业关系的一个分支领域，正如人们对于劳工关系（labor relations，即工会为一方的"劳资关系"：union-management relations）的看法[6]。

由于人事管理仅代表产业关系领域的一部分，它就没有什么学术依据去申领该领域的"主权"。但是，如前所述，推动产业关系在"一战"之后迅速扩张和普及的力量，与 IR 在学术上的概念并无多大关系，更重要的是，人们将它作为改善雇主和雇员关系的手段。PM 的倡导者和实践者相信自己是产业关系领域的主要权利人，因为在他们眼中，人事管理为实现产业关系的终极目标，即改善工作场所的效率、公平和个人福祉，提供了最佳的方法。

PM 要如何实现这一目标，将在本章的后面阐述。为此，首先需要简短地回顾一下人事管理在其形成时期（1930 年以前）的思想和实践演变。

人事管理的演变

人事管理始于"一战"期间在产业界分别兴起的两项运动，即"科学管理"（scientific management）和"福利工作"（welfare work）的结合（Lescohier，1935；Eilbirt，1959；Ling，1965；Wren，1987）。20世纪20年代，该领域随着人际关系运动（产生于实务界人士之间、霍桑试验之前的"版本"）的出现，又得到进一步的发展。先简略介绍一下这些理论进展，对于认清和了解PM关于劳动问题的根源及解决方案的观点是有必要的。

临近20世纪时，科学管理诞生。它最重要的倡导者是弗雷德里克·泰勒，尽管其他学者，如亨利·甘特（Henry Gantt）和哈灵顿·埃默森（Harrington Emerson）也有所贡献（Hoxie，1915；Haber，1964）。泰勒关注的是工厂管理。他认为，劳动问题和劳动与资本之间的对立关系，产生于工作场所错误的组织方式和不当的生产及分配方法。他坚决主张，生产与分配应该置于永恒不变的、独立于人类判断力的自然规律控制之下。科学管理的目标就是要发现这些规律，在招聘、晋升、薪酬、培训和生产中应用"唯一最佳的方式"（one best way）。

泰勒倡导运用时间和动作研究来决定执行每项工作任务最有效率的方法，并使用计件薪酬方式促使工人付出最大的努力，在彻底调查天赋和技能的基础之上进行雇员的甄选和培训。泰勒还提倡变革企业的组织结构，例如在一个既定的部门中任命若干个工长，他们每一个都需要接受专门的知识和技能培训，以管理某个特定的职能（如生产、机器修理等），代替以往掌管生产和人事所有活动的单个工长。泰勒认为，这些组织和方法上的变革，会让劳动问题和劳动与资本的对立最终消失，因为所有关于生产和分配的事情都是按照自然规律和"唯一最佳的方式"安排的，所以会消除由人类的判断失误和偏差导致的争端。生产效率的提升，将带来更高的利润和更高的工资，令工人和雇主都认识到，雇佣关系内在包含的是利益一致，而非利益冲突。

工业福利工作在世纪之交前引入企业，第一次世界大战之前热度不断上升，之后则逐渐失去了作为独立雇佣实践的地位（Ling，1965：80）。福利工作包括一系列的活动，由各个企业单方面出资支持，目的是改善雇员的家庭生活和工作条件。企业修建员工洗手间、午餐厅，提供内部医护服务，兴建各种娱乐设施，发放购房资金补助，派企业福利代表到雇员家中查看病人情况或给予营养、卫生方面的建议。有些企业是出于慈善目的，也有些企业将其作为阻止工会的手段，或者代替直接的现金报酬。但是，多数场合下都是因为企业相信福利工作是一笔"好买卖"，可借此培养雇员的忠诚，提高雇员的士气。

到"一战"之初，已有极少数的企业至少部分引入了与科学管理和福利工作相关的活动或原则（Jacoby，1985）。但即使是这类企业（更不用说业界的绝大多数企业），在多数情况下，雇员的招募、雇佣、薪酬、培训和解雇等主要人事职能，仍然掌握在工长或其他直线管理者手中，并且工长依旧使用"压力驱动机制"作为激励工人的主要机制。在 PM 学派看来，战时劳动问题的发生，就是因为传统的人事管理制度既不科学，也不人道。因此，要解决这一问题，就应该剥夺部门管理者的人事功能，将其交给一个称为"人事管理"的新职能部门，经过训练的专家能够在此设计并实施一套整合的、进步的政策和措施。

在这些新的人事政策和实践中，部分是属于科学管理的"直系后裔"。也就是说，企业剥夺单个工长在工厂大门口雇人的权利，将这些权利集中到人事部门，由该部门设计开发正规的甄选程序，包括使用书面工作经历和资质测试。还有部分新措施是福利工作的"后代"，例如提供各种服务或福利，满足雇员在私人生活和工作方面的需求。因此，餐厅管理或家访等原本属于公司福利工作者的职责，也集中到人事部门，并从一项具有浓厚家长制味道的边缘活动，变成一种劳工管理中不可分割的现代企业行为。

20世纪20年代，出于对科学管理和福利工作若干缺陷的反思，一些新的人事原则和实践方式出现了（Milton，1960）。统领它们的最重要的两个概念，就是"人际关系"（human relations）和"工业民主"（industrial democracy）。

在"一战"爆发之际，泰勒的科学管理体制已经暴露出若干缺陷（Hoxie，1915）。第一，该体制试图按照工作的需要去塑造工人，而不是按照工人的需要去塑造工作，这让它的反对者批评说，工人作为商品的概念，被换成了作为机器的概念。工人承受的后果，是单调乏味的专业化，以及创造性和熟练技能的丧失。第二，科学管理被雇主利用，成为提高作业速度的一种策略。第三，事实证明，薪酬、晋升等决定不可能存在唯一的、客观的最佳方式。第四，也是最后一点，工人认为科学管理并不民主，因为它是由管理方单方面实施和控制的。

批评者们主张，所有这些缺陷的根本原因，在于泰勒及其同伴忽视了"人的因素"（human factor）。戈登·沃特金斯（1922：

476-77）写道："传统的科学管理之所以失败，是因为它不是基于对'人的因素'的重要性的充分认识。发现和评价生产及分配过程中的'人的因素'，是留给人事管理这一新的科学领域的任务。""人的因素"与科学管理的结合，很快就与"人际关系"一词同义了。

尽管人们普遍认为"人际关系"一词来源于20世纪20年代末美国西部电力公司的霍桑实验，或者更确切地说，来源于埃尔顿·梅奥（Elton Mayo）与其哈佛大学同事的著述，但其实早在10年前，非学界的作者们就已经相当频繁地使用该词了[7]。例如，蒂德和梅特卡夫在他们撰写的人事管理教材的第一版（1920）前言中说："本书的宗旨是对产业界人际关系管理领域的原则和当前的最佳实践进行阐述。"[8] 除了"人际关系"一词，霍桑学派的许多基本观点，也都能在20年代早期实务人士的文章和书籍中找到踪迹，尽管这些书和文章带有某种"印象派"的痕迹（参见 Williams，1920；Lewisohn，1926；Houser，1927）[9]。总体而言，后来的学术作者很大程度上忽略了这些著述（Wren 1985年曾提到这一点）[10]。

"霍桑实验"之前，人际关系的核心观点，是通过工作场所有效的激励、沟通和领导方式，有可能创造一种良好的组织氛围，它将促进管理方和劳方之间的共同利益，使雇员的工作满意度和生产效率保持在较高水平。和泰勒一样，20世纪20年代的PM及人际关系一派主张，劳动问题和劳资对立产生的根源，不在于资本主义的任何内在缺陷，而在于管理的组织和经营实践（Lewisohn，1926）[11]。因此，劳动问题是一个管理问题，改善产业关系也是管理应尽的职责。PM 学派的管理专业人士常常强调，只有好的管理，才能防止劳动问题的产生，而解决劳动问题的其他建议（比如集体谈判），至多只是权宜之计（Bloomfield，1931）。不过，PM 学派在消除管理缺陷的最佳方式上，与泰勒有着根本的分歧。双方都同意组织和经营的完善需要在管理中运用科学的原则，但泰勒依靠工学领域求得答案，而人际关系则寄希望于心理学的新知[12]。

根据人际关系的观点，良好的产业关系依赖于在雇主和工人之间建立一致的利益。这一派主张，双方想从工作中获取的东西并无二致，都是最大限度的满意和金钱报酬，但他们都觉得在实现这些目标的过程中陷入了冲突（Filene，1919）。因此，产业关系成功的关键，在于经营企业的方式，在达到组织目标的同时，也实现工人的目标，从而建立一种伙伴意识，营造一个有益于合作、信任、忠诚和努力工作的环境（Follett，1925；Tead，1929，1931）[13]。但是，工人的需求、渴望和态度并非不言自明，必须通过心理学的研究去发现。因此，成功人事管理的第一步，是运用心理调查发现工人想从工作中得到的东西，下一步则是以满足这些需求的方式，去经营企业和设计人事方案。

在整个 20 世纪 20 年代，心理学者、商界人士和咨询顾问撰写了大量有关"工人想要什么"的书籍和文章（Williams，1920；Thorndike，1922；Tead，1929）。在这些著述中，人们普遍认为，工人想要的是经济安全、主管的尊重和公平对待、晋升机会以及管理层的有效领导。尽管很多论述都相对缺乏科学方法的支撑，但也提出了一些后来对人事管理产生重要影响的命题。

其中一个命题关注的是雇员工作行为的决定因素：经济和非经济因素。古典经济学和科学管理思想都采用"经济人"（economic man）的模型，因为他们假设雇员主要受经济因素驱动[14]。20世纪 20 年代管理领域的作者们，则迈出了以"社会人"（social man）代替"经济人"的第一步。许多作者（如 Thorndike, 1922; Lewisohn, 1926）都主张，工人同样看重地位、公正、安全和升迁等非金钱的报酬。奥德威·狄德（1929：132）则更进一步，他指出虽然经济需求必须首先得到满足，但要获得雇员的忠诚度和满意度，最终还是要依靠安全、公正、自我价值等非经济需求的圆满。这条理论先于亚伯拉罕·马斯洛（Abraham H. Maslow）和弗雷德里克·赫兹伯格（Frederick Herzberg）在后来提出的激励理论。经济人被 PM 文献中的社会人所取代这一点非常重要，因为它为废除以恐惧和威胁驱动工人的负激励手段，转而采纳正面激励的管理方式（例如主管培训、工作保障、利润分享等），提供了一个学理上的依据，后者不仅通过将个人利益与企业利益相联结鼓励雇员努力工作，还有利于营造一种公平待遇和个人成长的氛围。

管理者的领导角色，也成为一个重要的命题。PM 作者们写道，企业的管理者容易把大部分精力都投入企业"经营"当中，而往往忽视"人"的因素（例如，人事部门是在企业建立了金融、生产、会计等职能部门之后很久才出现的）。他们声言，利润率的最重要决定因素，是企业对待其雇员的方式（Lewisohn,

1926；Spates，1937；Hicks，1941）。因此，无论是为了改善产业关系，还是提升企业绩效，管理者都应该采取进步的、有远见的方式对待雇员，这一点至关重要。为此，20世纪20年代的PM文献反复宣扬进步的、人性化的人事政策将为管理者和组织带来的好处，并明确了成功领导者的素质特征，以便管理者更为有效地对待雇员，赢得他们的忠诚和支持（Craig and Charters，1925）。管理者的工作已经从向雇员发号施令，向获取他们的合作转变，而只有运用良好的沟通技能和正确认识工作激励的要素，才能成功地实现这一转变。因此，对于领导力的注重，也促进了PM的重心转移，使它进一步脱离早前将劳动力作为商品或机器的观点，而转向工人是"人"的概念。而作为"人"，如果管理方法和工作环境适当，就有可能成为心满意足、卓有成效的企业团队的一员。强调管理者的领导角色，也为PM领域带来一种单向的、父爱主义的色彩，因为它倾向于将改善产业关系的所有责任都放到管理者身上。

企业的组织目标也是另一个重要命题。PM学派主张，企业只有在追求对雇员也具有意义的目标时，才能实现企业与雇员的利益一致（Tead，1931：33-36；Hicks，1941：167-69）。如果企业固守利润最大化的目标，就很可能导致企业与雇员相互冲突、缺乏信任的局面，这是因为该目标突出了工人作为生产成本的角色，让工人的利益屈从于挂名股东的利益。所以产业关系的成功，需要管理者追求多元目标，满足包括工人在内的不同利益相关者的需求。尽管这种策略或许在短期内会减少利润，但PM学派认为，它会在长期内使旷工率下降、工人更加努力、减少冲突从而增加利润。

人际关系的观点构成20世纪20年代PM领域的一个基本思想支柱，另一个支柱则是工业民主的概念。"工业民主"一词因英国的韦伯夫妇（Sidney and Beatrice Webb）撰写的里程碑式著作《工业民主》（*Industrial Democracy*，1897）而闻名于世。韦伯夫妇是费边社会主义者，也是狂热的工会支持者。他们以大量的篇幅论证说，产业界横行的传统"主仆"关系与民主原则格格不入，因为工人既没有在工资等雇佣条件的决策中拥有正式的发言权，也没有在处罚、解雇等事务的处理中，得到免遭随意性和（或）歧视性决定的保护。在韦伯夫妇看来，工会是将民主引入产业界的主要手段，因为它赋予工人相对于雇主的独立代表权。

20世纪20年代的PM学派在大多数情况下，都实际坚决反对工会和集体谈判，即使不是在原则上如此。某些PM作者承认，工会在企业独断专行、剥削成性的情形中有理由存在。还有些作者同意，工会可能在劳工关系中扮演建设性的角色，企业实际上可能从工会组织工人中受益（Tead and Metcalf，1920：446-80）。但是，大多数的PM作者还是在事实上坚定不移地反对工会和集体谈判（McCone，1920；Catchings，1923；Follett，1926）。在他们看来，工会领导人有强烈的动机挑起对抗和冲突，以证明工会的存在价值，因此要想获得所期待的劳资之间利益互惠，工会有害无利。PM学派还以效率为由反对工会，他们认为工会把无数的限制性工作安排强加给管理方，并迫使雇主支付过高的工资，还以罢工或怠工方式破坏生产，保护游手好闲者和反叛分子免于解雇。最后，他们还宣称工会是"真正的工业民主"的敌人，因为它压制个人主义，并由专制独裁的工会领导人操控，在很大程度上不对会员负责。

尽管 PM 学派反对工会和集体谈判，但他们相信工业民主的其他形式或"联合代表制"（joint representation），可以真正促进雇主和雇员双方的利益（Rockefeller, 1923; Lewisohn, 1926; Tead and Metcalf, 1933; Holliday, 1934）。他们说，只要工人的权力和地位明显低于管理者，就无法依靠人际关系的实践达到劳资互惠。因此，他们将联合代表制视为平衡组织内部各方力量，培养雇员的忠诚、承诺及主动精神等建设性态度的方式。它还有助于提高生产效率，因为它将鼓舞员工的士气和干劲，释放员工的失望和不满，并且促进将车间基层的情况和问题等反映到管理上层的信息流动。此外，联合代表制也会迫使管理者更加关注雇员的利益和担忧，从而促成更多的劳资合作。最后一个好处是，它还可能阻止工会的产生。

鉴于这诸多的好处，"雇员代表计划"（employee representation plan）作为良好产业关系的必要成分，成为 20 世纪 20 年代进步管理思想的一个公认准则。尽管这类非工会的计划在组成和功能方面各具差异，但基本特征相似：它们都仅仅覆盖某一个工厂或企业的雇员；由工人选出的代表与企业管理者商谈共同关心的事情；大多数计划只授权雇员代表与管理层会面和磋商；禁止罢工；由企业支付与计划运行和管理有关的费用（Carpenter, 1926; Tead and Metcalf，1933；Nelson，1982）。

总之，20世纪20年代的PM学派对劳动问题的起源和最佳解决方法，提出了一个尽管带有某种探索性但逻辑一贯的说明。其主要目标，是实现雇主与工人之间的利益一致，因为只有一致，才是效率上升和工人幸福的源泉。产业关系的改善，需要在组织和管理中科学运用工学和管理的原则，以及在工人的管理和使用中结合人际关系和工业民主的理念。PM学派注重将科学管理的原则与人际关系整合起来，因此它必然从工学、管理学和心理学等领域（工业社会学在当时还不是一个公认的学术领域）吸取大部分的思维灵感，从内部的或"组织内"（intraorganizational）的视角研究产业关系，即瞄准企业内部个体的工人与管理者之间的互动[15]。从意识形态上看，PM学派在人的管理方面持进步态度（相对于当时流行的管理行为），在财产权和政府的企业管制方面持保守态度，而在工会方面，则是敌对态度。

制度劳动经济学学派

同人事管理一样，制度劳动经济学的学术领域也不涵盖雇佣关系的所有方面，而是侧重于研究组织或"制度"的力量（如工会、政府、家庭、社会习俗、法律）对雇佣关系和劳动力市场的运行产生的影响（Commons，1934b）。但是，ILE的拥护者与PM一样，也相信自己对劳动问题的根源做了最准确的诊断，开出了最有效的药方。

起源和理论观点

在详细分析 ILE 关于劳动问题及其解决方案的看法之前，简明介绍一下制度劳动经济学的起源和理论观点会很有帮助。

制度经济学（IE）在即将进入 20 世纪时诞生于美国。它的思想基础主要来自经济学的德国历史学派，尽管卡尔·马克思和韦伯夫妇的著作也不无影响（Dorfman，1959，1963；McNulty，1980；Jacoby，1990）。托斯丹·凡勃伦（Thorstein Veblen）、约翰·康芒斯和卫斯理·米契尔（Wesley C. Mitchell）是众所公认的制度经济学创始人，但康芒斯在劳工领域具有绝对的最大影响力，事实上，他的观点也足够与其他人形成显著差别，因此将他的这一支命名为制度劳动经济学（institutional labor economics），会很有益处。

在 19 世纪后半期，美国的主流经济学思想都是基于英国的古典和新古典经济学者的著述，如亚当·斯密（Adam Smith）、大卫·李嘉图（David Ricardo）、约翰·斯多尔德·米尔（John Stuart Mill）和阿尔弗莱德·马歇尔（Alfred Marshall）（Ross，1991）。

在亚当·斯密的《国富论》（1776）及后来的古典和新古典经济学著作中，都较为周密地阐述了产品市场和劳动力市场上自由竞争给经济及社会带来的好处。斯密断言说，自由交易制度为雇主和雇员提供了最大的个人自由，将相互冲突的利益统一起来，以最有效率的方式组织生产，形成对劳动和资本的公平的收入分配。例如，一个自由的劳动力市场可以最大限度地提高雇员的自由度，因为它允许他们对雇主、职业和工作地点拥有最大的选择权，在任何时候，只要雇员认为雇佣条款和条件不合己意，他就可以自由退出，另寻他路。同样，尽管雇主与雇员在劳动力市场中是名义上的竞争对手，但讨价还价和自由交易的过程，会引导他们寻求并自愿达成双方互利的交易，并带来长期的"双赢"结果和利益和谐。竞争性市场还会成就最有效率的产品和服务生产，因为价格（包括工资、利率等）会准确反映稀缺资源的机会成本，而盈利动机会和竞争一起，促使企业只有在商品和服务的生产给社会提供的边际经济价值超出经济成本时，才会投入更多的稀缺资源。以此类推，竞争还会形成劳动力市场的充分就业，因为工资率会上下调整，直到劳动力的需求等于供给。最后，一个竞争性的市场体制还将促成收入的公平分配，因为雇员拿到的报酬将等同于他们为生产所做的贡献（意味着对劳动力的零剥削）。

19世纪70年代，美国的经济学者开始对古典和新古典学派产生失望，并逐渐在制度经济学的名义下掀起全面的反叛（Dorfman, 1959; McNulty, 1980）。反叛的领导者是一群在19世纪70年代中期前往德国留学的研究生，包括理查德·埃雷（Richard Ely）、约翰·贝茨·克拉克（John Bates Clark）、亨利·卡特·亚当斯（Henry Carter Adams）、西蒙·帕登（Simon Patten）、埃德温·赛里格曼（Edwin Seligman）等人，他们几位的老师都是德国历史学派的杰出经济学者（Ely, 1938）。这些经济学者严厉批判英美的古典和新古典理论，因为在他们看来，它所代表的是一种没有意义的、以所谓的"自然法则"（natural laws）为基础的演绎逻辑活动，这些"法则"不是出自人们的臆想，就是与观察到的事实相去甚远。他们据此倡议，经济学应该建设为一门归纳性科学，从对于经济行为的小心翼翼的历史研究中引出假设和公理。并且，他们也更为强调国家对市场进行管制和管理的积极作用，以及工会对改善劳动条件的建设性角色。

这群美国经济学者回国以后，开始着手创造一种崭新的或至少是大幅改造的经济学。它在很大程度上借鉴了来自德国老师的教诲[16]，之后又经过凡勃伦、康芒斯和米契尔等人的提炼和发展，最终形成了制度经济学。

20世纪20年代的制度经济学包含若干区别于古典和新古典理论的核心命题（Dorfman，1959；Dickman，1987；Ross，1991）。IE学派主张，古典和新古典理论的致命缺陷，在于它假设商品市场和劳动力市场是高度竞争的（即消费者和工人面临商品和工作来源的无数选择）。以实证和历史研究为基础，这些制度主义者下结论说，现实中的商品市场和劳动力市场并不完善，企业因此拥有了某种垄断权力，可借此从顾客和工人身上榨取利益。

鉴于竞争的不公平性，制度主义者认为自由市场和自由放任会损害个人的自由，并制造利益的冲突。他们说，自由原本意味着可以自由自在地选择雇主，并随心所欲地放弃为之工作。然而，自由的市场却将暴政强加给工人，工作机会的缺乏（出于当地企业稀少、存在大量失业等因素）和劳动力流动的相关成本（如先任权的丧失、找到新工作之前的收入损失等），迫使工人接受在他们有别的出路时就不会自愿选择的工资和工作条件。同样，当经济环境允许雇主对工人进行不正当的剥削时，冲突的发生就不可避免。

制度主义者还主张，自由的市场体制不仅戕害个人自由，也有损于经济效率和经济增长。例如，伴随商业垄断产生的低工资和高物价，会导致收入和消费支出不足，进而带来经济停滞和失业的倾向，而一个竞争性市场的工资和物价波动，又会加剧经济繁荣和经济萧条的周期性变动。

劳动问题的根源

埃雷（Ely，1886：100）主张，劳工的三个"特点"决定了他们在劳动力市场上的弱势地位，它们分别是劳工的不平等谈判权、产业界的管理独裁主义和工人的经济不稳定性。后来的制度主义作者详细阐述了这些问题[17]。下面分别简要地说明。

制度思想的一个核心理念，是大量的工人会在非工会的个体谈判制度下，因为不平等的谈判权而受到伤害（Webb and Webb，1897；Commons and Andrews，1916；S. Perlman，1928；Slichter，1931）。由此产生的劳动问题包括剥削性工资、低于正常标准的工作条件、劳工骚乱和冲突。这个思想的精髓，在于绝大多数的劳动力市场都包含缺陷，它会扭曲工资的决定过程而不利于工人。在一个完全竞争的劳动力市场中，单个工人将与雇主以同等的权力面对工资谈判，因为在工人拥有无数其他工作机会的假设下，雇主不能强迫工人接受低于现行市场价格的工资，同时在雇主可以找到无数替代者的假设下，工人也不能强迫雇主支付高于现行市场价格的工资。因此，工人将获得竞争性的工资，与其对生产的贡献等价。

制度学者从自身的案例研究和调查中却得出了以下的结论：在许多劳动力市场上，工人在与雇主的谈判能力方面都处于明显的劣势。他们找出了劣势产生的若干原因，其中包括惯常存在的大量非自愿失业；劳动力市场的垄断及寡头局面（只存在一个或少数几个雇主）；雇主之间的合谋协议（经常通过雇主联合会等组织实施）；对少数群体、移民和女性的歧视；工人的流动因先任权或其他权利的丧失而受到限制（参见 Kaufman，1989a，1991a）。在这些因素的作用下，雇主就可以提供低于竞争性价格的工资和工作条件，因为在缺少其他工作机会、面临雇主的歧视或合谋行为时，工人会被迫陷入"要就拿着，不要就走人"（take it or leave it）的困境[18]。

埃雷指出的引起雇佣问题的第二个原因，是产业界的管理独裁主义。尽管工人在19世纪已赢得完全的政治权利，但雇主与雇员之间却依旧保持着主仆关系的模式。这种状况在企业内部制造了政治权力和正当程序方面的不平等，与外部劳动力市场上不平等的经济权力相呼应。埃雷认为，产业民主的这种缺失会引发若干的劳动问题，包括工人干劲不足、频繁离职、罢工和其他形式的冲突。

埃雷指出的第三个原因，是工人的经济不稳定性，这一点后来也受到了康芒斯（1926：263-72）和塞利格·珀尔曼（Selig Perlman，1928）的重视。埃雷称，只要一个人的劳动力被视为商品，这个人的生活，就与劳动力市场的变幻莫测、雇主的善意、疾病和事故的不确定性等因素息息相关。因此，工人的生存就时常充满了压力和焦虑，因为他挣钱养家，为家人提供衣食住的条件，在很大程度上是依赖于他掌控之外的因素。作为反应，工人也采取各种措施保护自己，比如限制产出水平和雇主雇佣非工会成员的能力等，这些都对生产效率有害，并成为与雇主发生冲突的催化剂。

从这些经济和社会恶疾的诊断中，学者们也得出了解决的药方。制度主义者称，解决劳工不平等谈判权的方法，就是通过平整竞争的格局彻底消灭这个问题。这将通过韦伯夫妇（1897）命名的"共同规则策略"（Device of the Common Rule）来完成。韦伯夫妇强调，不管雇主本身可能多么富有善意，经济萧条期间或者劳动成本更低（如因为使用童工）的竞争者产生的压力，将不可避免地迫使企业削减工资，延长工作时间，提高工作节奏。韦伯夫妇主张，要抵消这种压低工资和劳动标准的力量，就需要设立一个任何雇主都不得突破的最低劳动标准，这就是"共同规则"，它既可以通过"集体谈判的方法"，也可以通过"制定法律的方法"（即保护性劳工立法）来实现。

根据韦伯夫妇的观点，集体谈判通过两种途径稳定工资和工作条件：第一，工会作为一种制衡力量，会抵消工人在个体谈判中的弱势；第二，工会通过组织产品市场上的所有雇主，并在他们之间建立统一的劳动成本，就使工资从竞争中剥离出来。最低工资法或最长劳动时间法等政府立法也发挥大体类似的作用。韦伯夫妇主张应将"共同规则"设定在劳动力市场处于竞争和充分就业状况下会发生的水平,从而促进效率和公平的提升。

制度主义者宣称,解决管理独裁主义的方法是工业民主,或者说劳资共同决定雇佣条款和条件,以及提供解决权利争端的正当程序。他们认为非工会的雇员代表计划是一个进步,特别是如果它能够赋予雇员独立的决策权和保护雇员免于任意的处罚和解雇时,就更是如此。然而,这类计划的根本弱点,在于它们由管理层单方面设立,这导致它们很容易被废除或忽视(Douglas,1921)。因此,制度主义者力挺工会作为雇员代表计划的补充,并认为工会是解决工业民主问题的长远之计。他们表示,工会的谈判权为工人提供了不必仰仗雇主善意的发言权和保护伞(Commons,1920;Leiserson,1923,1929)。

消除工人的经济不稳定性,需要微观和宏观两个层面的改变(Commons,1921,1926:263-72)。在企业的微观层面,它要求管理层在理念上承诺提供工作保障;为降低雇佣的季节性和周期性波动而改善生产和销售方式;建立雇员代表制度以保护工人免遭随意的处罚和解雇。在经济的宏观层面,它要求联邦储备银行稳定货币流通;通过集体谈判或立法确定最低工资和工作条件,以便在发生经济衰退和萧条时,不会导致劳动标准的全面崩溃;建立社会保险制度(如工伤保险、失业保险和社会保障),它们既为企业规范长期用工制度提供税收激励,也向因意外失去工作能力的工人提供收入补偿[19]。

两个学派的共识与分歧

共识之处

雇佣改革的需要，是让 PM 学派（人事管理学派）和 ILE 学派（制度劳动经济学学派）团结起来的首要问题。美国产业界管理工人的传统方式，导致了令人无法接受的浪费、低效和痛苦。约翰·康芒斯和克莱伦斯·希克斯（Clarence J. Hicks）都是进步主义者，他们都寻求减少乃至消灭这些现象。这两个人和他们分别代表的学派，对改革的基本要素也持有相似的看法。

双方一致同意，在生产的组织和工作的管理中需要运用科学的原则。虽然科学管理并非像弗雷德里克·泰勒坚信的那样，是消灭劳动问题的"唯一"答案，但也是其中的一个重要部分。双方还一致肯定"人的因素"在工作安排和管理中的重大意义。很多劳动问题的出现，都来自管理者视雇员为商品的倾向，而事实上，这些"商品"在步入工作场所时，带着人类的所有感情和需要。因此，PM 学派和 ILE 学派都倡导新的人事政策及实践方式，让工人得到工作保障、工作尊严和公正待遇。双方达成共识的另一个领域，是他们都注重在工作场所为雇员提供代表权和正当程序，以取代专制的、主命仆从式的雇佣关系模式。最后，双方还一致认同维护包括私有权、自由劳动力市场在内的资本主义基本制度的重要性和恰当性。

分歧之处

总体来说，ILE 学派的信奉者都是受过学术训练的经济学者，而 PM 学派的早期作者多来自实业界的管理阶层（20 世纪 20 年代商学院的许多人事课程教师也是如此）。两个群体必然从不同的角度看待劳动问题的根源和解决方式[20]。很显然，对任何一方而言，企业组织都是研究劳动问题的起点，因为生产效率的低下、工作士气的低落和冲突，正是由此发生。但是，当涉及确定劳动问题的根源时，双方却出现了分歧。经济学者远比对方更倾向于重视外部的经济、法律和技术环境，如商业周期、劳动力市场的缺陷以及法律赋予雇主和雇员的权利和保护。相反，管理界人士则往往关注企业内部的组织、社会和心理环境（包括领导风格、薪酬方式和其他激励机制），以及管理所营造的组织氛围（例如，企业与其雇员之间的信任度和好感度）。双方对劳动问题根源及解决方法的很多根本分歧，都产生于这一差别。

其中的一个分歧，涉及利益的冲突是不是雇佣关系固有矛盾的问题。如前所述，PM 学派愿意承认冲突普遍存在于很多雇佣关系的事实，但否认冲突的不可避免性。例如，希克斯（Hicks，1941：65-79）将雇佣关系分成三种类型，即"专制型"（autocratic）、"双方对立型"（two antagonistic parties）和"利益一致型"（unity of interests）。由于前两种类型的雇佣关系在结构上是一种"零和"博弈（一方的利益以另一方的损失为代价），它们（分别为传统的主仆关系和工会对抗企业的关系）就必然表现出很大的对抗性。但是，如果引入人际关系和工业民主，就可能实现第三种类型的雇佣关系。在这种关系中，雇主和雇员都把自己视为一个共同事业的合作伙伴，从而形成利益共享和目标共有的连带感。由于企业的成功会惠及双方，雇佣关系就成为正和博弈，激励员工为企业的发展而勤奋工作。

制度主义者的观点则极为不同。在他们看来，雇佣关系从根本上具有混合动机的性质，因为它同时包含合作和冲突两大要素。双方存在合作的动机，因为没有双方对雇佣关系的参与，企业将无法生存，无论是利润还是工资都无法实现。所以，工人和企业对于工资、工作条件、工作投入的各自期望，并非无休无止没有边界。但是在边界之内，存在着对立的关系。首先是经济维度的对立：雇主通过压低工资、削减工作条件的支出或加快工作节奏获取的额外利润，必然以牺牲工人为代价，反之亦然（Hansen, 1922）。另一个维度是社会性的，包含发号施令者（管理者）和俯首听命者（雇员）之间必然产生的矛盾和不满（参见 Douglas, 1921）。尽管雇主可以试图通过人际关系方法减少这种内在雇佣关系的冲突，但总是会有一定数量的核心冲突存在。这是因为雇主要控制工作场所，要追求更大的效率和利润，而工人则希望从管理的从属地位中获得解放，拥有工作保障和更高的生活水平，两者的欲求必然产生碰撞。

关于雇佣关系对抗性的不同认识，引发对冲突效用的不同看法。在制度主义者看来，一定数量的冲突是雇佣关系的正常副产品，事实上，冲突会释放被压抑的沮丧、不满和诉求，从这个意义上说,它经常扮演建设性的角色。因此,良好的产业关系不等于没有冲突,因为没有冲突,常常是意味着雇主正在绝对控制雇佣关系。相反,良好的产业关系需要在企业内外平衡劳方和资方的谈判权力,允许他们自愿谈出一个双方满意的结果[21]。因此,制度主义者的标志性口号是"折中"(compromise)。

但在 PM 学派看来,持续的、实质性的冲突不可接受,因为它会破坏信任和目标的一致性,而这些是赢得雇员承诺和敬业的必要条件。冲突的存在就是一个信号,表明工作的管理和组织正持续受到根本缺陷的侵害,需要采取新的管理措施予以补救。因此,终极目标应该是雇主与雇员在利益上的同化和冲突的消失(Follett, 1926; Hicks, 1941)。PM 学派认为,"折中"意味着不采取任何行动从源头上解决冲突,所以他们的口号是"合作"(cooperation),而反对"折中"。

PM 学派和 ILE 学派的另一个分歧,是关于怎样最好地引导企业在管理中采纳和谐关系所必需的改革措施。康芒斯(1926:263)估计,20 世纪 20 年代有 10% 到 25% 的企业采用了"最佳"的劳工关系措施,PM 学派对此并无异议。那么,雇佣关系改革的问题,就在于如何使余下的 75% 到 90% 的企业(落后企业)付诸同样的行动。

PM 学派赞成的基本方式是教育、劝说和耐心。如前所述,他们相信如果采用进步的人事政策,尤其是人际关系和工业民主,即可实现互惠和双赢。难就难在如何说服企业采纳这些方法。PM 学派坚信双管齐下的策略最为有效(Milton, 1960:129-40)。一方面，诉诸雇主的良心和身为基督徒的责任，即劝谕那些落后的企业，他们在道义上有责任去改善雇员待遇；另一方面则需要商学教育，即劝谕雇主，管理方法的改善对他们自己的利益也有好处。

早期的 PM 成员相信，如果雇主认识到进步的人事制度将带来大于成本的收益，他们就会去采纳这些制度。因此，PM 有一个基本的公理，即进步的人事制度不仅在道德和伦理上正确，还会以利润增加的形式获得超值（Tead and Metcalf，1920：9）。但问题在于，很多雇主难以领会这一命题的合理性。一方面，人事制度的成本往往容易计量，并且即刻发生（如人事专员的工资、与工作保障相关的额外工资成本）；而另一方面，收益通常却难以衡量，并且非长期不能体现（例如，由士气提高带来的增效，降低组建工会的可能性）。这导致许多雇主错误地认为，先进的雇佣关系制度是一种"奢侈品"，只有效益好的企业才能负担，因此不肯采纳。PM 学派认为应对这种观点的唯一方式就是教育，不仅向企业传授人事管理的新方法（如招聘测试、雇员代表计划），同时传达这些新方法给他们自身带来的利益（Kennedy，1920；Tead and Metcalf，1920：15-16；Houser，1927：202-18）。

在 ILE 学派看来，这些观点不算错，但远不够完全。例如，康芒斯同意进步的人事政策可以减少劳动问题的发生，教育活动也非常有助于促进企业采纳这些政策。拿他的《产业界的善意》(*Industrial Goodwill*，1919) 一书来说，其主题就是培育雇员的善意会给企业带来回报。即便如此，他仍然认为，相信教育和道德说教能敦促绝大多数企业自愿采纳最佳的人事政策，只是一种希望而已。

PM 学派的观点有两个致命缺陷。第一，人际关系和工业民主都需要管理者放弃一部分原本独享的权力和控制，很多管理者都对此深恶痛绝，而不顾其对利润的积极效果。第二，PM 学派没有充分认识到，企业采纳进步人事政策的意愿会受经济状况的左右[22]。

根据康芒斯（1921）的主张，充分就业，而非教育，才是推动企业将进步的人事政策纳入产业界最有效的方式。理由是充分就业会制造出劳动力市场和工作场所中的种种状况（如劳动力短缺、工人离职、工作懒散、罢工增加），这些状况让雇主一望便知，实施更优的劳工关系政策对自己有利。康芒斯说，其实只有在劳动力短缺时，雇主才会把劳动力视为人力资源，而不是商品。当经济运行处于不充分就业状态时，充裕的劳动力会大大削弱雇主采纳进步措施的意愿，因为雇主可以轻易找到其他愿意为他工作的人，换掉那些心怀不满、不配合或受了工伤的人。并且，在一个萧条的市场中，削减成本的竞争压力会首先迫使那些财力薄弱的企业降低劳动报酬，提高劳动强度，然后轮到那些较强的同行做出同样的事情（参见 Douglas，1921，1922）。因此，从 ILE 学派的观点看，劳动问题的根本来源不是在于个别企业的非人道和（或）非科学的管理做法本身，而是在于工业和经济的层面，非自愿失业和企业的闲置能力使这些做法既有利可图又有必要（Commons，1921：4；1934a：190）。因此，反过来说，要刺激雇主采取进步的人事政策，最有效的途径莫过于由美国联邦储备银行实施充分就业的货币政策[23]。

PM 学派和 ILE 学派的另一个分歧，是关于工会和集体谈判对促进产业关系改善的作用。如前所述，大多数的 PM 成员都对工会不以为然。尽管他们愿意承认工人常常是因为不堪忍受雇主的专制和剥削，才被迫寻求工会的力量，但同时也认为，工会不仅不能解决根本性的问题（管理不善），还经常以限制性的工作规则或惯例（restrictive work rules or practices）、过分的加薪要求、罢工和内部的政治阴谋等绑住企业和工人的手脚。更重要的是，几乎所有的 PM 成员都强烈反对工会提出的"工人限期加入工会"（a union shop）或"只雇用工会会员"（a closed shop）的要求，理由是任何人都不应该因为是否具有会员身份而被剥夺工作的权利。他们还认为，工会由局外人所把持，他们通过煽动对立来满足私利，因为只有当工人不满于雇佣条款和条件时，才想要工会和支付会费（Catchings，1923：486）。

ILE 学派对工会则持有不同的看法。他们承认，有些企业确实管理得很好，给的工资也足够高，所以工人没有建立工会的需求。但是，大多数的企业都因为不擅管理，或者利润太低，而导致人事管理工作的落后。对于这类企业，工会可以发挥建设性的作用，公共政策应予以鼓励[24]。的确，工会的存在往往会提高雇主的劳动力成本。工人的加薪要求直接提高了劳动成本，限制性的工作惯例、罢工和其他类似的行为则间接导致劳动成本的上升。因此，不难理解雇主为何抵制工会。但是，ILE 学派坚持认为，从整个社会的角度来看，工会带来的收益显然大于其成本。例如，工会确保得到的工资收益就对社会有益，因为它们消灭了劳方不平等的谈判权强加给工人的低薪；工会工资收益激励管理方更为有效地经营企业，带来生产率的提高以抵消工资成本的上升（"冲击效应"）；工会工资收益会增加家庭收入，有助于促进总需求和充分就业。

关于限制性的工作惯例，制度主义者认为，必须将雇主付出的明显成本与工人和社会得到的利益进行权衡[25]。他们说，工会天生具有限制性，因为工会的目的就是阻止雇主迫于竞争压力而采取某些雇佣方式。许多这类雇佣方式（如十二小时工作日、超负荷的生产节奏、基本安全设备的缺失）显然对工人和社会有害，因此有待通过集体谈判去铲除它们。可能会有个别的企业因为限制性规则的存在只提高这部分企业的劳动力成本，而被置于竞争的不利地位，但解决这一问题的最好方式，也是通过在相关产品市场的所有企业组织起工会，施加统一的劳动标准，使劳动力成本脱离竞争。

制度主义者还赞成将工会作为实现工业民主的基本手段。他们认为，企业工会（company union）、工人委员会（works council）和其他由雇主出资的雇员代表方式，并没有提供真正意义上的工业民主，因为它们都是由管理方建立，极少或根本没有赋予工人独立的权力就雇佣条件的改善或保护自身免于管理层任意的处罚和解雇决定而进行交涉。在真正的工业民主下，决策只有在被管理方同意之后方能做出，这意味着工人必须能够根据自身的意愿选举代表，就工资和其他雇佣条件从事集体谈判，在无法达成协议时举行罢工。工业民主还意味着工会有正当权利提出"工人限期加入工会"或"只雇用工会会员"的要求。正如一个国家的所有公民都有义务遵守由多数人选择的法律一样，如果一个工厂的大多数雇员都自愿选择了工会，那么所有的雇员就应该属于并支持这个工会。

最后，制度主义者是经济和政治"多元主义"的坚决拥护者，并将工会视为这一体制的重要组成部分。他们认为，企业对工人和消费者具有权力优势，因为后者没有组织，不能有效代表自己的利益。解决这一问题的方法，是建立一个由有组织的利益团体构成的多元网络，如工会、政治党派、教会团体、市民协会等。每个团体都代表各自成员的利益。这种社会的概念让制度主义者注重以"三方"（tripartite）的方法解决劳资纠纷，这里的"三方"指的是劳方、资方和公众三方代表之间的合作、协商和妥协[26]。

综上所述，ILE 学派认为工会虽不完美，却是促进产业关系改善的一个可取的手段。相反，PM 学派认为工会是效率的绊脚石和个人自由的侵犯者，因而强烈抵制工会。接下来的几章将清楚说明，PM 学派和 ILE 学派在工会问题上的分歧，构成产业关系领域的一个持久特征，并具有极其深远的影响。

注 释

1. 康芒斯在自传（1934a：170）中解释了自己进入产业关系领域的动机是："我一直想通过学术做到的事情，是避免威斯康星州及国家在处理资本和劳动的巨大冲突时，陷入政治、社会主义和无政府主义。"他还在另一处（p. 143）说："我正在试图通过改善资本主义来挽救它的命运。"类似地，迈克尔·埃斯纳（J. Michael Eisner, 1967：5）提到康芒斯的一个学生，后来在产业关系领域也颇有建树的威廉·莱塞森时说："尽管莱塞森的根基是新经济学和制度主义，但他不是一个'制度主义者'或任何一个正式思想学派的成员。他是一个讲求实际的改革派经济学者，关心的是个人和他们所面临的问题，而不是经济理论。"

克莱伦斯·希克斯和托马斯·斯贝茨是"二战"之前产业关系业界中持管理取向的两个最有名的作者，他们也都写过自传。希克斯曾经想成为一名律师，但还是选择了产业关系的职业生涯，理由是"法律离人们和他们的日常问题太远，而不能满足仁慈的上帝赋予我的强烈欲望。后来的一步让我接近了自己的目标，即把生命用在与人一起工作，帮助他们以工作谋生和获得工作价值"（Hicks, 1941：15）。斯贝茨（1960：50）说："在'一战'从军之前，我的大部分工作经历都遵循着一个模式，那就是不信任、偷懒、怠工、小偷小摸和严重的经济浪费，这些都是反抗粗暴式管理的表现……正是在那时，当我回想起这些经历，就决心将余生奉献给改善我的同胞的工作境遇。"

2. 这种意见分歧在威尔逊总统于 1919 年秋召集的两次工业会议上暴露无遗。会议成员包括雇主、雇员和社区的重要代表，他们聚在一起，是为了就工业界应采取之策达成共识，以消除雇佣关系中最严重的浪费、效率低下和冲突的根源。两次会议都以陷入僵局告终：雇主一方坚持"自由雇佣"（open shop）的原则，而雇员一方则坚持工人要限期加入工会（union shop），以及用真正的集体谈判取代非工会的员工代表计划。在 IRRA 的 1920 年全国年会上，"自由雇佣"原则的忠诚捍卫者、报纸发行商约翰·麦科恩（John McCone, 1920）的发言，以及约翰·康芒斯（1920）对他的回应也体现了工会问题引起的分歧。

3. 罗伊·亚当斯（1983）区分了产业关系中四种相互竞争的范式：劳动力市场学派、政治学派（马克思主义）、管理学派和制度学派。本章所划分的 PM 学派和 ILE 学派分别相当于后面两个范式。前两个在我看来，至少在美国不是产业关系的实际组成部分，因为它们设想的雇佣关系制度（自由放任资本主义与社会主义/工团主义），正是美国产业关系领域的缔造者们试图回避的对象。如果按照政治经济形态对这些不同的雇佣关系制度排序，最右端将是劳动力市场学派，最左端将是政治学派，而管理学派和制度学派位于中间（制度学派将位于管理学派的左方）。如第 1 章所述，产业关系的创始人期望在两个极端之间走一条中间路线，因此推动变革，而不是反叛或革命。而且很显然的是，产业关系的早期成员认为该领域分为两个相互竞争的思想流派，而不是四个。例如，保罗·布列森顿（Paul Brissenden, 1926：444）曾提到产业关系的两条"思想路线"，即经济学者的"学术路线"（academic line）和人事管理者的"劳资路线"（labor-management line）。威廉·莱塞森（1929：126）、詹姆斯·博萨德和弗雷德里克·杜赫斯特（James Bossard and J. Frederic Dewhurst, 1931：430）以及马丁·艾斯提（Martin Estey, 1960：93）也表达了类似的观点。

4. 值得反复强调的是，PM 和 ILE 代表的是产业关系解决问题的两个思想流派或方法，而不是与科学建构有关的特定研究领域。因此，"PM"指的不是人事管理领域本身，而是代表人事管理者对劳动问题的根源和解决方法的基本观点。如下面的章节所述，PM 学派在发展过程中吸纳了包括人际关系、组织行为和人力资源管理在内的多个领域的学者。尽管这些学者在理论建构中使用的概念和研究方法相差悬殊，但对于如何更好推进工作场所产业关系的改善，他们拥有共同的一套核心理念。这就是 PM 所代表的含义。同样的道理也适用于 ILE，它是一个总的概念，包括那些对劳动问题的根源和解决方法有着同一信念的人们，即使他们在劳动力市场的研究方法上也许极为不同。因此，从解决问题的角度来说，将威斯康星学派的制度主义者和 20 世纪 50 年代的"新古典修正主义者"（neoclassical revisionists）（Kerr, 1983）归为一类是恰当的，尽管两者在理论建构上没有多少共同点。

5. 雇佣关系运动在 1913 年初始于波士顿，以"波士顿雇佣管理者协会"（Boston Employment Manager's Association）的创立为标志，迈耶·布鲁菲尔德（Mayer Bloomfield）和丹尼尔·布鲁菲尔德（Daniel Bloomfield）在其中发挥了重要作用（Lange, 1928）。随着 1919 年"全国雇佣管理者协会"（National Association of Employment Managers）的成立，其他地方也很快兴起了分会。这个团体随后在 1920 年更名为"美国产业关系协会"（Industrial Relations Association of America），1922 年和 1923 年又相继改称为"全国人事协会"（National Personnel Association）和"美国管理协会"（American Management Association）。第一门雇佣管理的大学课程在 1915 年设于达特茅斯学院。到 20 世纪 20 年代初，"雇佣管理"一词基本由"人事管理"所取代。

6. PM 学派在实业界的带头人克莱伦斯·希克斯，为斯克瑞卜那出版社（Scribner）的《美国历史词典》（*Dictionary of American History*）的"产业关系"词条做了如下定义："'产业关系'一词……已经发展到包括劳工与各级管理者之间、所有与雇佣相关或产生于雇佣的联系。具体来说，它包括通常列为人事工作的事项。"（Hicks, 1941：X）

与此类似，威廉·莱塞森（1929：126）表示："人事管理关注的是站在企业利益的角度对雇员进行管理，它必须与产业关系的科学研究区分开来，正如它与劳动经济学（对工资劳动者及行业工会为应对雇主而建立的原则、方法和政策的研究）之间的区分。如果不做这种区分，将产生无可救药的混乱。"

第 2 章
产业关系的两大派别

在这方面，同一时期的劳动问题教科书（如 Warkins，1922；Furniss，1925）也提供了相关证据。这些教科书包含了 20 世纪 20 年代的产业关系理论和实践的概述，而这些概述又涵盖了人事管理（personnel management）和劳资关系（labor-management relations）两方面的内容。

最后的证据来自工业界。在一份典型的企业组织结构图上，人事管理（personnel management）职能和劳工关系（labor relations）职能都在产业关系（industrial relations）副总裁的管辖之下（Roethlisberger and Dickson，1939；Aspley and Whitmore，1943）。

7. 凯斯·戴维斯（Keith Davis，1957：5）的表述代表了人们的这种传统看法："人际关系一词在 1940 年以前极少在实业界使用。"而事实上，可以找到数十个使用的例子。

8. 全国人事协会在 1923 年制定的宪章中声明，该组织的宗旨是"增进对于在工商业建立和维护良好人际关系的原则、政策和方法的理解。"怀廷·威廉斯（Whiting Williams）在 1918 年撰写的《产业人际关系》（*Human Relations in Industry*）也使用了这一术语。

9. 霍桑实验最为重要的一个发现，是非正式工作群体既能鼓励也能阻碍个人的努力和产出。在这个问题上，大卫·豪泽（J. David Houser，1927：140）写道："像他们的雇主一样，工人也会行使控制，尽管程度和类型极为不同……不管他们的监工是什么类型，个体的雇员都可以在工作中'偷懒'，以各种方式偷工减料，制约工作的绩效。通过群体行动，他们可以反复多次地摆出这些抗议姿态……他们也拥有巨大的、相对没有得到发掘的能量和兴趣储备，可以用来为工业服务……"在后面的几页中，豪泽还阐述了另外两个后来由梅奥及其同事提出来的问题，即工厂社会体系的平衡概念，以及人们对金钱作为工作激励手段的过分重视。

10. 尽管 20 世纪 20 年代 PM 学派大部分有影响的作者都是管理者或

咨询顾问，但其中很多人都与大学联系密切，并积极参与学术研究。例如，山姆·勒威森（Sam Lewisohn）是迈阿密铜业公司的副总裁，又同时和约翰·康芒斯等人一起合著了《企业能否防止失业？》（1925），他还是《产业界的新型领导》（1926）的作者，并担任过美国管理协会的主席和政治学学会产业关系研究委员会的主席。PM学派中其他与大学往来密切，或发表过学术性研究的成员还有奥德威·狄德、亨利·梅特卡夫、玛丽·派克·福莱特（Mary Parker Follett）、亨利·丹尼森（Henry Dennison）、克莱伦斯·希克斯、切斯特·巴纳德（Chester Barnard）和亚瑟·扬（Arthur Young）。这些人物及20世纪20年代PM学派其他知名作者的简要生平可参阅斯贝茨（Spates，1960）。

11. 关于这个问题，勒威森说（pp. 48-49）："将工潮产生的原因主要归结为资本主义的特殊缺陷，是一个重大错误……因此，我们应当暂时去关注一下单个的工厂，雇主和雇员的接触每天都在那里发生，而这正是改善产业关系的任何努力的起点。"他接着说（p. 202）："不言而喻，管理才是获得健全产业关系的最重要因素。"

12. 心理学从两条途径影响了人事管理的发展：一是通过它在人际关系方面的动机、群体动力学、领导及其他类似因素的理论发展；二是通过它对具体人事方法和技巧的影响，如应聘面试、雇佣测试、工作分析和培训等。后者主要来自军队在"一战"期间实施的一系列心理实验，包括态度测试和评价体系。战后，这些实验成果很快就实际运用于私营企业的人事实践（Ling，1965）。人际关系方面的心理学成果对产业关系领域影响重大，所以我进行了详细阐述；而有关具体人事方法的心理学成果尽管对人事管理本身具有重要意义，但对于更为宏观的产业关系问题仅有次要影响，因此没有深入探讨。本章对PM学派的大部分阐述都是基于管理者和咨询专家的著述，而不是工业心理学的研究，原因在于后者往往关注的是与具体人事方法相关的"细节问题",而人际关系的问题,至少在 20 世纪 20 年代多半是由管理者和咨询专家所把握。

13. 玛丽·派克·福莱特(1925:82)对这个思想阐述如下:"当你让员工感觉到自己是某种意义上的商业伙伴时,他们提高工作质量,减少时间和原材料浪费的行为,并非出于'道德黄金律'(Golden Rule),而是因为他们的利益与你一致。"

14. 人们在 20 世纪 20 年代使用的"经济人"概念,指的是人类行为只受金钱因素驱动的假设。经济学者在很久以前就已经放弃了这个概念(如果说大多数人都确曾相信过的话)。"经济人"一词现在用来指代一种模型,它假设人的行为由追求个人满足最大化的欲望所指引,不管它来自金钱还是非金钱,并假设选择的偏好序位满足传递性(transitivity)、完备性(completeness)和非饱和性(nonsatiation)等条件(参见 Kaufman,1989b)。

15. 如作者所述,PM 文献倾向于关注"微观"层面,即工厂内部的劳工管理和其中工人与管理者的关系。而涉及组织结构和管理功能的更为"宏观"的问题,则是在另一支基本独立的管理学流派中研究,亨利·法约尔(Henri Fayol)、马克斯·韦伯(Max Weber)、切斯特·巴纳德、詹姆斯·穆尼(James Mooney)和拉尔夫·戴维斯(Ralph Davis)等人都属于这一流派。20 世纪 50 年代末,在人际关系和组织理论融合产生组织行为学的新领域时,上述两个研究角度也由此统合在一起(Wren, 1987)。

16. 1886 年,埃雷、克拉克、赛里格曼和其他几个同在德国学习过的经济学者创立了美国经济学会(American Economic Association)。据埃雷(1938:132-64)叙述,学会的创立是为了给业内的"年轻叛逆者"提供一个论坛,这些人的特征是反对自由放任主义,赞成使用归纳的、历史的和统计的研究方法。

17. 从本论述目的的出发，制度学派包括所有同意这些论点的劳动经济学者。因此，乔治·巴奈特、萨姆纳·斯利切特、保罗·道格拉斯（Paul Douglas）和海瑞·米雷斯（Harry A. Millis）等经济学者都名列其中，即使他们本身并不是"制度主义者"。实际上，劳动经济学领域在"二战"之前分化成了几个群体（Dorman，1959；McNulty，1980）。最初的分化，产生于约翰·霍普金斯大学的巴奈特和雅各布·霍兰德（Jacob Hollander）等劳动经济学者，与威斯康星大学的埃雷和康芒斯之间。两个群体都以工会研究闻名，但埃雷和康芒斯更多采用规范性而不是分析性的方法。康芒斯的方法在 20 世纪 30 年代由赛里格曼、唐·莱斯科希尔（Don D. Leschoier）、埃德温·威特、伊丽莎白·布兰代斯（Elizabeth Brandeis）、戴维·萨波斯（David Saposs）等组成的"威斯康星学派"发扬光大，而分析性的方法则由萨姆纳·斯利切特、保罗·道格拉斯和海瑞·米雷斯所继承。但是，细读米雷斯和罗尤·蒙哥马利（Royal E. Montgomery）编著的三卷本劳工教材（第一卷：《劳工进步与一些基本的劳动问题》，1938 年；第二卷：《劳工风险与社会保障》，1938 年；第三卷：《组织化劳工》，1945 年），就可以清楚地发现，甚至是这些相对走"中间路线"的劳动经济学者，也支持制度主义有关劳动力市场和工会的基本观点。

18. 韦伯夫妇（1897：658）的下面这段话为本观点提供了佐证："当失业者每天早晨蜂拥在工厂门口，每个人都很清楚，除非他能吸引工头选择自己而不是别人，否则他可能就会无可挽回地失去未来几个星期的生计。在这种情况下，谈判对孤立的个体工人来说绝无可能。工头要做的只是挑出自己的手下，告诉他条件就行。一旦进入工厂大门，这个幸运的工人就会明白，不管多么难以忍受，如果对周围口吐怨言，或者抗议任何工作提速、工时延长和工资克扣，或者不愿服从指令（不论它多么不合理），他都会让自己重回半饥饿和失业的悲惨状态。而工头只需从饥渴的人群中再挑一个人就行了,对雇主来说,差别是微乎其微的。"

19. 康芒斯始终坚持倡导工人补偿和失业保险等保护性劳工立法,并对威斯康星州最终采纳这些立法起到了重要作用。制度主义看待劳动问题的经典论述,是他支持这类立法的理由。康芒斯主张,失业率和事故率都远远高于社会能够接受的程度,是因为市场机制对造成大量裁员或工人伤亡的雇主几乎没有任何惩罚。(在一个竞争的劳动力市场上,提供不稳定就业或不安全工作条件的企业必须相应支付更高的工资吸引工人,从而促使他们稳定就业水平,减少事故的发生。但是,外部性、公共物品等市场缺陷的存在,会降低或消除这些工资溢价,也就同向影响企业减少裁员和事故的动机。)康芒斯提倡使用一种制度工具(此处指社会保障计划)创造一个非市场的激励机制,弥补市场供求力量的作用。具体来说,雇主对保障基金的出资要与他们裁员及事故的数量成正比,这样,保障计划的税率就对稳定就业和提升安全起到额外的刺激作用,最终达到改善效率和个人福利的双重效果。

20. 堪萨斯大学商学院院长弗兰克·斯托克顿(Frank Stockton)的表述(1932:224),明确体现了这种观点的分歧:"具有社会眼光,或许还伴有一种'反管理'(anti-management)情结的劳动经济学人,以怀疑的态度看待人事管理,认为它是驱使工人和消灭工会思想的工具。他们还认为人事管理明显缺乏理论而蔑视它。人事专家认为自己的工作至少是脚踏实地的,他们多半都不太喜欢劳动经济学者吹毛求疵的批判论调,并对其从社会经济角度研究产业关系问题也不以为然。"

21. 类似地,康芒斯(1911:466)说:"雇主的营生是关注怎样提高效率,工资劳动者的营生是出售自己,按雇主指令行事。两者的利益必然发生冲突。公开的冲突可凭三种方式避免:雇主完全掌权;工会完全掌权;双方势均力敌。第一种和第二种方式并不解决问题,而是压制问题。

第三种方式与政治领域解决类似冲突的方式一样,即一种代表受影响利益各方的宪政组织形式,各方具有相互的否决权,因此在冲突发生时可渐进妥协。"

22. 坎比·鲍德斯通(C. Canby Balderston)是 PM 学派中少有的几个强调经济条件与人事实践之间权变关系的人之一。他说(1935:2):"脱离影响产业关系的经济力量去讨论产业关系,是我们爱犯的愚蠢错误之一……约翰·琼斯在对待他的雇员时,并不完全是自己的主人,他也有一个'老板'——竞争,竞争平时就足够残酷,但有时更会变成一个无情的暴君,强令他在已颁布的进步人事政策和企业生存之间做出选择。"

PM 学派的其他大多数成员对这个问题采取两种方式。一种方式是将经济环境的重要性降到最低。例如,勒威森(Lewisohn, 1926: 226-27)说:"劳工关系的真正困难在于对它的忽视。高管们一直都把人类组织的问题视为小问题,而不是大问题……在有些国家,产业结构的其他部分是如此薄弱,单单加固劳工关系这根绳,也不能构成弥补……在我们的国家,所幸不存在这种经济失调。以我们经济福利的基础,再采纳人类组织的有效方法,应该会得到确保生产和促进社会利益之间一致性的最大效应。"

另一种方式是告诫雇主关注良性产业关系的长远目标,即使这意味着要牺牲短期利润。因此,卡钦斯(Catchings, 1923: 492-93)主张,工资和工作条件应该基于公平和事理,而不是经济环境:雇主在任何时候都不要仅仅因为他当时拥有这样做的经济权力,而将工资、工作时间和其他工作条件强加给雇员……在任何时候,对任何企业,都存在一个能够支付的公平工资……工资多少,工作时间多少,雇佣条件怎样,都是应该如此决定的"事理问题"(questions of fact)。

23. 康芒斯(1921:4)说:"货币波动是所有劳动问题当中最大的一

个……如果我们能够找到一种货币体系，平复近年来发生的价格大幅波动，那将比任何其他事情都有助于我们稳定工业和实现工业和平。"

康芒斯对劳动问题根植于宏观经济因素的重视，始于1920年至1922年的经济危机。这场危机的出现，很快就把"一战"期间和之后不久引进的新人事计划和进步雇佣措施一扫而光（Harter，1962：75-76；Douglas，1922）。1920年，康芒斯、卫斯理·米契尔和马尔科姆·罗蒂（Malcolm Rorty）创办了国家经济研究局（National Bureau of Economic Research），这个组织开创了经济周期研究。康芒斯还成为全国货币联盟的主席，撰写了多篇货币政策方面的学术性论文，并起草了要求美国联邦储备银行稳定价格水平的法案。因此，尽管知者甚少，但以美国联邦储备银行货币政策的形式采取集体行动（collective action），确保经济稳定和充分就业，是康芒斯制度主义方案的一个重要支柱。关于这个问题可参考惠伦（Whalen，1991）。

24. PM论者承认有些企业的劳动条件低于标准，但主张（如正文所述）最好的药方是积极的教育。对此，康芒斯（1920：130）在1920年的IRAA年会演讲时说："我在这里听到了对我来说最不可思议的热切讨论，都是关于雇主可以怎么做，工头可以怎么做，管理者可以怎么做。我坚信，如果我们听到的这些最有参考价值的议论能够得到执行……那么资本主义制度将获得拯救，也没有工会或革命的必要。但是我们知道那是不可能的，我们也知道这样做的企业只是极少数……因此，需要以工会来弥补管理。"

25. 在这个问题上，制度主义者的立场也与新古典经济学者相冲突。后者认为，组织商品和服务生产的目标，应该是个人作为消费者的福利最大化，最大限度地降低生产成本，将促进该目标的实现。这种看法的存在，再加上新古典经济学者倾向于将劳工视为没有生命的生产要素（如生产函数文献中经常体现的那样),使他们在原则上反对工会下的工作规则,例如对生产线的速度设限,或者晋升基于先任权。但是,制度主义者认为,工会的这些限制性做法可以提高社会福利,因此不应断然拒绝。他们的立场基于以下的观点,即劳动体现于人,而人的利益不仅在于市场消费品的低廉价格,还在于工作场所中安全、人性化的工作条件,两者应该取得一定的平衡。最近表达相同主张的有莱斯特·瑟罗(Lester Thurow,1988)。

26. 信仰多元主义具有的社会效能,是 ILE 学派从康芒斯时代贯穿至今的最强烈的哲学信条之一。这一点可参考 Kerr(1954b)和《产业关系》杂志 1983 年的冬刊。后者刊载了一份会议报告(pp. 125-31),IR 领域的 29 位代表性学者在为期 2 天的会议上,参与讨论了"产业关系的未来"。报告的最后一段写道:"会议最后基本达成了一个共识,即解决经济和社会问题的最佳途径,是工会、企业、政府之间的三方协商与合作。没有比这更好的模式。"对此还可参考邓洛普(Dunlop,1984b)和沙茨(Schatz,1993)。

| 第 3 章 |

两次世界大战之间的产业关系

产业关系在两次世界大战期间的发展，是该领域最为有趣，但也最乏人问津的历史篇章之一。在这 20 年的岁月间，产业关系取得了缓慢但明显的进步，奠定了它作为一个独立的教学和研究领域的地位。其中最值得关注的是有 6 所大学成立了 IR 分部（unit/section），致力于促进产业关系的研究和教学（后者的程度相对较低）。该领域还继续吸引 ILE 学派和 PM 学派的人士积极加盟，这一点同样重要。尽管两个学派从不同的角度看待劳动问题的根源，并倡导用不同的政策方案解决这些问题，但此时的产业关系无论是作为一个思维概念，还是一个学术研究领域，都拥有足够的弹性空间包容这些相异的观点和兴趣。正如我们将会看到的那样，20 年之后就不是这样了。

产业关系分部的建立

美国大学中出现的第一个主要从事（即使不是专门从事）产业关系研究的独立分部，是 1921 年创立于宾夕法尼亚大学沃顿商业与金融学院的产业研究系（该系在 1953 年更名为产业研究部）。约瑟夫·维力茨任该系的首届系主任，他学的是经济学，但主要研究人事及雇佣管理，他的专业著述和参与研究美国产业关系协会及后继的美国管理协会项目的情况，都体现了这一点（Willits, 1931）。在维力茨的领导下，该系在 20 世纪 20 年代发表了许多 IR

方面的文章及专项研究成果。这些论文都与晋升、培训、出勤、离职和劳动力流动等主题相关，可明显看出其中的 PM 学派导向。沃顿的 IR 分部直至今天也同样坚持管理导向，这使它成为 PM 学派在该领域最具历史的 IR 分部。1990 年，该分部更名为人力资源中心（Center for Human Resource），与 PM 学派的传统一脉相承。

"二战"之前创立的另外 5 个 IR 分部，分别设于普林斯顿大学、斯坦福大学、密歇根大学、麻省理工学院和加州理工学院。与沃顿 IR 分部一样，这些分部也都属于产业关系的 PM 学派。

克莱伦斯·希克斯是创立这些分部的负责人（参见 Hicks，1941：140-52）。希克斯在产业界工作了很长时间，做过产业关系方面的高管及管理顾问。他最早也是最为重要的工作之一，是 1915 年受雇于小约翰·洛克菲勒（John D. Rockefeller），为后者的一个公司，即"科罗拉多燃料与钢铁公司"设立并管理雇员代表计划[1]。此后，希克斯先后出任标准石油公司（新泽西州）的产业关系高管、产业关系顾问公司（当时最有声望的产业关系咨询公司）的董事会主席和国家劳工委员会（National Labor Board）的委员。国家劳工委员会成立于 1933 年，任务是裁决由国家产业复兴法（National Industrial Recovery Act）第 7（a）节产生的争议。

希克斯在回忆录《我的产业关系生涯》（*My Life in Industrial Relations*，1941）中，对劳工课程向学生传授的观点表达了不满，他认为这些观点都很片面，是亲工会的（pro-union）[2]。为促进观点平衡，希克斯帮助上述的美国 5 所重点大学组建了产业关系分部[3]。此外，他还帮助加拿大的皇后大学创立了上述 5 家之外的第

6家IR分部（参见Kelly，1987）[4]。

1922年，在洛克菲勒的慷慨捐助下，希克斯帮助组建了第一个分部——普林斯顿大学的产业关系分部。该分部的宗旨是收集和传播产业关系相关信息，资助产业关系研究，为产业关系业界人士（主要为高层管理者）组织研讨会和培训班。尽管人们设想以多学科的方法研究产业关系，但该分部却隶属于经济学系（Brown，1976）。鉴于希克斯对产业关系实践的思想立场，以及20世纪20年代福利资本主义的明显胜利和工会运动的失败，该分部的早期研究成果理所当然地具有浓厚的PM学派色彩。以最初的5个出版物为例，它们的主题分别是雇员持股计划、公司培训项目、工人的离职、旷工和怠工以及团体保险。

希克斯帮助组建的美国其他4个IR分部也都与普林斯顿大学类似。其中，麻省理工学院的分部对该领域的影响最大[5]。它成立于1937年，最初是作为经济与社会科学系的一个分部（McKersie，1990），后来转到斯隆管理学院。该分部最初有三名教员，分别是经济学领域的鲁伯特·麦克劳林（Rupert Maclaurin）、心理学领域的道格拉斯·麦格雷戈（Douglas McGregor）和经济学及人事管理领域的查尔斯·迈尔斯，他们每个人都在不同的时点担任过分部主任。在分部成立后的10年中，研究成果五花八门，但相对偏重于地方劳动力市场、人际关系和人事管理的研究。

学位课程中的产业关系

1920年至1941年，美国没有大学或学院设置明确专攻产业关系问题的独立学位项目或系别[6]。不过,有些大学设有产业关系方面的主修专业或方向,包括威斯康星大学、哥伦比亚大学、密歇根大学和密苏里大学。

威斯康星大学的产业关系方向隶属经济学专业。学生必修劳工法、劳工史与产业治理、失业、劳工管理等课程。在哥伦比亚大学,商学院于20世纪20年代末成立了一个非正式的产业关系系(U. S. Department of Labor, 1930; Van Metre, 1954),教师有保罗·布列森顿(经济学)、奥德威·狄德(人事管理)和布芬博格(A. T. Poffenberger, 心理学)。该系开设劳工管理、劳工雇佣法、劳资纠纷调解、人事与雇佣问题等4门课程。在其余的两所大学中,密歇根大学在MBA项目中设置了一个产业关系方向(Industrial Relations Counselors, 1949),而密苏里大学是在本科的管理学专业中设置了一个IR方向(Bossard and Dewhurst, 1931:306)。

"二战"之前,美国尽管只有少数几所大学设有正规的产业关系课程体系,但几乎所有主要的州立和私立大学都会讲授相关的科目(Bossard and Dewhurst, 1931:429-30)。最常见的载体是在经济学系开设的劳动问题概论课程,其次比较少见的一个科目是人事管理,通常在商学院讲授。

劳动问题课程是今天称为"劳动经济学"的学术性前身,尽管两个科目的理论和问题导向迥然不同。一部典型的劳动问题教材会分成四个部分(Persons, 1927; Estey, 1928; Daugherty, 1936; Watkins and Dodd, 1940)。第一部分集中描述各种劳动问题或者说"罪恶",如不稳定就业、低工资、工伤事故及童工、女工等问题。余下的三个部分探讨劳动问题的"解决方案"。通常情况下，其中一个部分专门阐述"劳工方面的解决方案"，第二个部分专门阐述"雇主方面的解决方案"，第三个部分专门阐述"社会方面的解决方案"。这些解决方案分别涉及工会和集体谈判、人事管理（包括科学管理、人际关系和雇员代表制度）、保护性劳工立法和社会保险计划等。

大多数教科书都将发现、实施和实践这些解决方案，作为产业关系的核心问题（Watkins and Dodd, 1940: 10-11）。反过来说，这些不同的解决方案也分别代表着 PM 学派和 ILE 学派的政策措施——ILE 学派倡导第一个和第三个方案（集体谈判、保护性劳工立法和社会保险），而 PM 学派则倡导第二个方案（人事管理）。因此，这些教科书可以说是当今"IR 理论"教材在 20 世纪 30 年代的版本。

20 世纪 30 年代的劳动问题课程与 1970 年以后的劳动经济学课程相比，存在几个差别。第一，对劳动问题的重视，让 30 年代的课程带有批判和改革主义的色彩。说"批判"，是因为它指出资本主义制度容易出现严重的失调和缺陷，这也是造成那些"罪恶"的原因；说"改革主义"，是因为它着重于改革组织、经济和政治的现状，以消灭这些"罪恶"（Estey, 1928; Yoder, 1931）。相反，现代的劳动经济学普遍高度评价市场体系的分配效率，因此往往强调自由市场的竞争优越性和制度性干预（如工会、最低工资法）的危害。第二，劳动问题教材一般采用描述性方法，多从历史学和社会学的观点进行写作；它们极少关注劳动力市场的运行，以及供给和需求如何影响工资、工作时间等结果[7]。而今天的劳动经济学教材在许多方面都正好相反。最后一点是，劳动问题教材会用若干章节分析和阐述人事管理，包括管理的哲学与目标、人事方法（如招聘测试、薪酬制度、绩效考核技巧）和争端的解决方式等内容，而现代劳动经济学一般会将这些问题排除在外。

产业关系研究

回顾两次世界大战之间的产业关系（IR）研究，会遇到难以明确区分 IR 和非 IR 研究的问题。最狭窄的口径是将对象限于标题含有"Industrial Relations"的文章和书籍。如果按照这一标准，该时期发表的 IR 研究相对有限。以"Industrial Relations"为关键词检索在线文献的结果显示，1930 年至 1939 年，美国共有 15 部相关文献出版，其中的过半数是发表于美国管理协会人事系列出版物的简报（Sokolsky, 1936; Miller, 1937; Spates, 1937, 1938; Stoll et al., 1937; Chester, 1939）。还有若干文献是来自普林斯顿大学产业关系分部（IRS, Princeton, 1930, 1939; Baker, 1939）、加州理工学院产业关系分部（IRS, Cal Tech, 1939）和国家产业会议委员会（NICB, 1931; Walter, 1934）等机构的小型研究成果。其他重要的文献包括一部 PM 方面的专著，即沃顿"产业研究分部"的坎比·鲍德斯通（C. Canby Balderston）撰写的《产业关系高管指南》（*Executive Guidance of Industrial Relations*，1935），以及两个有关建筑行业劳资关系（Labor-management relations）的案例研究，即威廉·哈伯（William Haber）的《建筑业的产业关系》（1930）和弗雷德里克·莱恩（Frederick Ryan）的《旧金山建筑业的产业关系》(1936)。

在主要的 IR 期刊上,也很少有标题带有"IR"的文章。1930 年到 1939 年,《美国经济评论》(*American Economics Review*)和《经济学季刊》(*Quarterly Journal of Economics*)各发表了一篇(Slichter,1939;Gulick,1932),《人事》杂志(*Personnel Journal*)发表了两篇(Brown,1935;Tead,1938),《应用心理学杂志》(*Journal of Applied Psychology*)发表了一篇(Schultz and Lynaugh,1939)。

从上述结果看,似乎产业关系在这一时期的学术研究中处于相对次要的位置。但是,构成产业关系研究的标准不同,得出的结论也会截然不同。例如,如果按照"产业关系"一词的最初含义,即涉及雇佣关系任何方面的研究进行查询,就会突然涌现出大量的文献,包括工业心理学者对招聘测试的研究,历史学者对工会起源和发展的研究,经济学者对工资决定的研究等。那么,问题就在于如何梳理这一大批研究,让它们具有一定的知识连贯性和参照点。

这方面最值得关注的,是戴尔伯特·米勒(Delbert C. Miller)与威廉·佛姆在他们合著的教科书《工业社会学》第一版(1951)中的尝试。两位作者列出了一份从世纪之交到 1950 年之间关于产业关系研究的综合参考文献。他们认为,产业关系研究来自 11 个各自独立的学科或理论观点,并根据这一判断将参考文献分成 11 个部分。他们以一幅引人注目的示意图表现了 IR 研究的谱系。图 3.1 即转载了它的内容,附于每个分支的人名为米勒和佛姆在参考书目的 11 个部分中列出的文献作者姓名。

美国产业关系领域的起源与演变

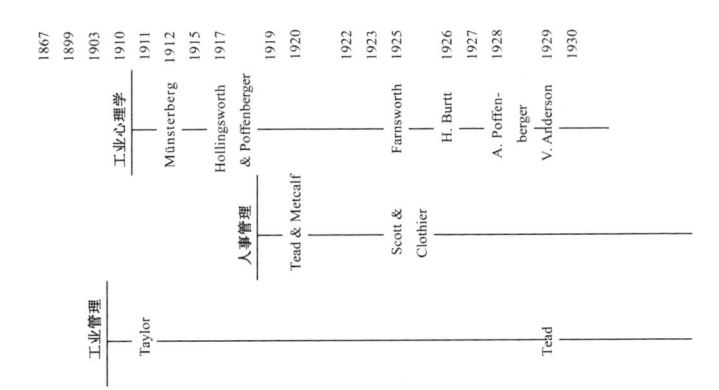

	工业心理学			人事管理		工业管理	
1867							
1899							
1903							
1910	Münsterberg						
1911						Taylor	
1912							
1915	Hollingsworth						
1917	& Poffenberger						
1919				Tead & Metcalf			
1920							
1922							
1923							
1925	Farnsworth			Scott & Clothier			
1926	H. Burtt						
1927							
1928	A. Poffenberger						
1929	V. Adderson					Tead	
1930							

图3.1 产业关系的知识谱系

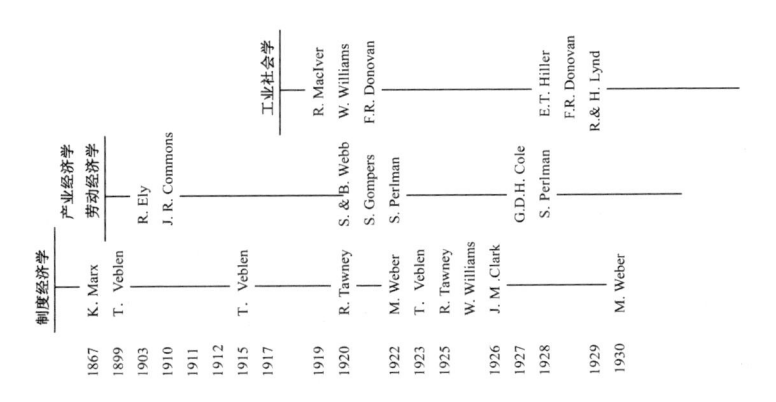

	制度经济学	产业经济学 劳动经济学	工业社会学	
1867	K. Marx			
1899	T. Veblen			
1903		R. Ely		
1910		J. R. Commons		
1911				
1912				
1915	T. Veblen			
1917				
1919			R. MacIver	
1920	R. Tawney	S. & B. Webb	W. Williams	
1922	M. Weber	S. Gompers	F.R. Donovan	
1923	T. Veblen	S. Perlman		
1925	R. Tawney			
1926	W. Williams	G.D.H. Cole		
1927	J. M. Clark	S. Perlman	E.T. Hiller	
1928			F.R. Donovan	
1929			R.& H. Lynd	
1930	M. Weber			

76

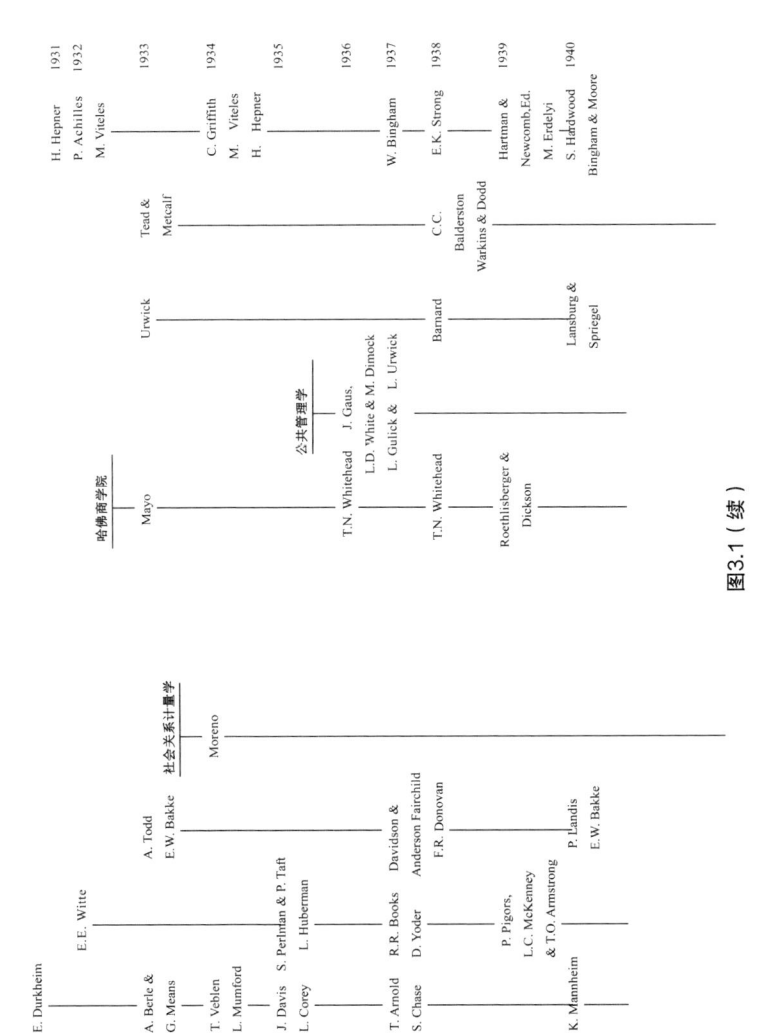

第 3 章
两次世界大战之间的产业关系

1931	H. Hepner								
1932	P. Achilles								
1933	M. Viteles				Tead & Metcalf		Urwick		Mayo
1934	C. Griffith								
1935	M. Viteles / H. Hepner								哈佛商学院
1936								T.N. Whitehead J. Gaus. / L.D. White & M. Dimock / L. Gulick & L. Urwick	公共管理学
1937	W. Bingham								
1938	E.K. Strong				C.C. Balderston / Warkins & Dodd		Barnard	T.N. Whitehead	
1939	Hartman & Newcomb, Ed. / M. Erdelyi						Lansburg & Spriegel	Roethlisberger & Dickson	
1940	S. Hardwood / Bingham & Moore								

1931	E. Durkheim			
1932	E.E. Witte			
1933	A. Berle & G. Means	A. Todd		
1934	T. Veblen / L. Mumford	E.W. Bakke		社会关系计量学
1935	J. Davis S. Perlman & P. Taft / L. Corey L. Huberman		Moreno	
1936				
1937	T. Arnold R.R. Books / S. Chase D. Yoder	Davidson & Anderson Fairchild		
1938		F.R. Donovan		
1939	P. Pigors / L.C. McKenney & T.O. Armstrong	P. Landis		
1940	K. Mannheim	E.W. Bakke		

图3.1（续）

图3.1（续）

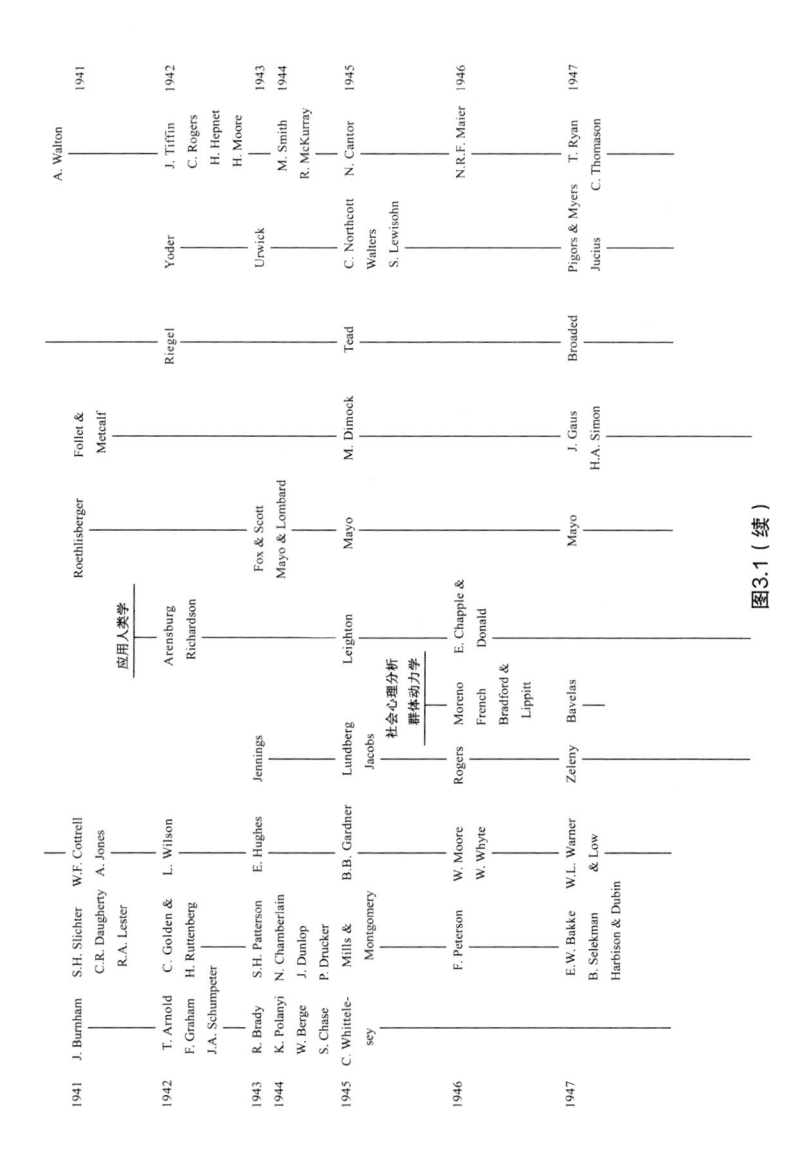

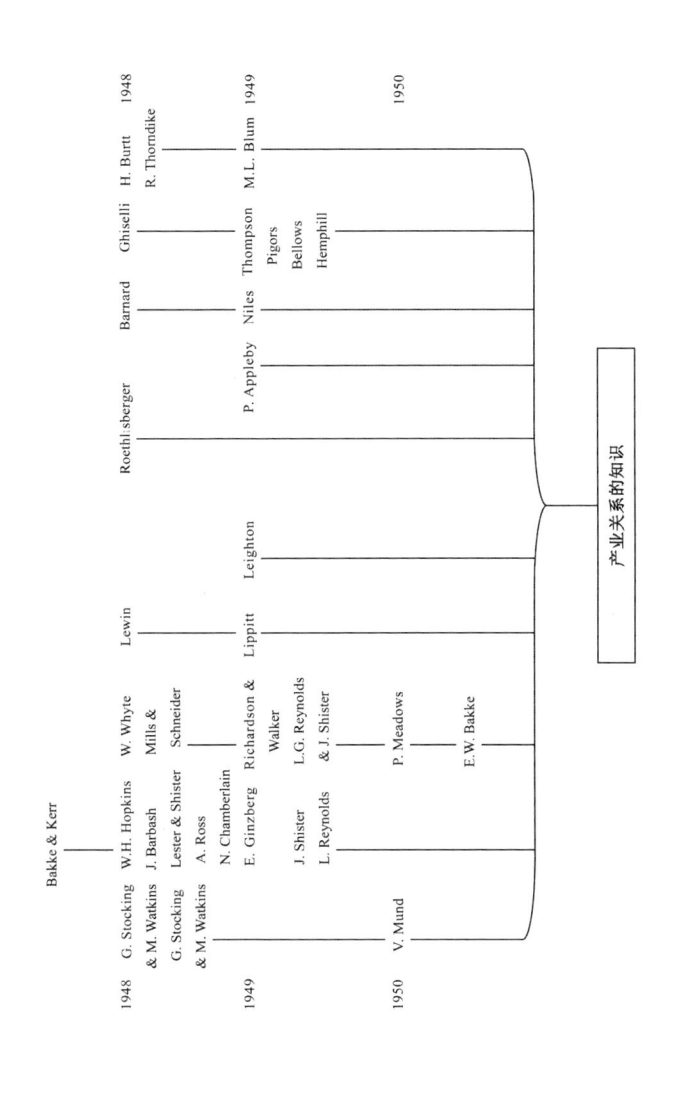

第 3 章 两次世界大战之间的产业关系

图3.1（续）

资料来源：Miller and Form, 1951。

79

人们可以不同意该图的某些细节，但它确实准确反映了 1940 年以前 IR 研究的发展[8]。如图所示，IR 研究跨越广泛的学术领域，涵盖林林总总的问题。经济学、社会学、人类学、工程学、人事管理和心理学都贡献了各自的智慧。研究课题包括工会史、工资决定、集体谈判的实践、雇佣关系的政府规制、工人阶级的社会结构与价值观、雇员的产出限制、雇用前测试、有效领导的特质、雇员动机和士气的决定因素、产业治理和冲突解决方法等多个方面。

该图还显示，IR 研究从最早的时候就包括行为科学和非行为科学的两翼。非行为科学由经济学和工业管理（即科学管理）所代表，而行为科学最初（20 世纪 20 年代）由心理学科代表，直接是通过工业心理学，间接是通过人事管理中的心理学成分。在 20 世纪 30 年代，IR 研究的行为科学一翼因若干新的思想分支的加入而大为扩张，这些分支包括工业社会学、应用人类学以及米勒和佛姆称为"哈佛商学院"的一派［即埃尔顿·梅奥、诺顿·怀特海德（T. N. Whitehead）、弗里茨·罗斯里斯伯格和威廉·迪克森（Fritz J. Roethlisberger and William J. Dickson）等人的著述］。这三个分支的加入，均来自同一个触媒，即 1924 年到 1933 年美国西部电力公司霍桑实验中的研究发现。因此，一般将它们统称为"人际关系"。而人际关系运动（指学术意义上的）的全盛时期，是在罗斯里斯伯格和迪克森于 1939 年出版他们里程碑式的著作《管理与工人》（*Management and Worker*）之后，因此我将把这方面的 IR 研究留到第 4 章全面阐述。

图 3.1 也清楚表明了产业关系领域两大思想流派，即本书称为 ILE 学派和 PM 学派的存在。ILE 学派由位于图左的制度经济学、产业经济学和劳动经济学等分支组成。PM 学派起初由位于最右边的工业心理学、人事管理和工业管理的三个分支组成，后来又有位于图中央的应用人类学、工业社会学等其他的行为科学领域补充进来。

历史记录的纠正

施特劳斯和弗耶（Strauss and Feuille，1981：86）在评论"二战"前的产业关系领域时称，"经济学是产业关系的'母学科'（mother discipline），多年以来，产业关系和劳动经济学都几乎被视为同义词"。他们还说（p. 77），"康芒斯及其威斯康星大学的同事和学生，尤其是塞利格·珀尔曼（Selig Perlman）和埃德温·威特（Edwin Witte），组成了威斯康星学派。这个学派与芝加哥大学的海瑞·米雷斯（Harry A. Millis）和罗伯特·霍克西等志趣相投的同行一道，定义了该领域的性质及其多年探索的主要问题"。巴巴什（Barbash，1984：4）也提出了类似的说法："在更早的时期，产业关系大概刚好等同于约翰·康芒斯及威斯康星学派创立的制度劳动经济学。"

从我先前的阐述中应该可以看出，类似这些的说法与事实相去甚远，因为它们完全忽视了产业关系领域 PM 学派的存在，以及该学派基本立足于管理学和行为科学的事实。上面的引言所表达的观点司空见惯，因此我们必须追问一下这种误判为何广为流传。

美国产业关系领域的起源与演变

首先不可否认的是，制度经济学者是最早在劳动问题领域认真开始研究的学术群体（McNulty，1968）。另外无可争议的是，在北美产业关系领域的早期发展中，约翰·康芒斯是最有影响力的作者和教师，这一事实也使他理所当然地赢得了"产业关系之父"的称号[9]。因此，鉴于制度主义者对产业关系领域早期发展的参与，以及康芒斯（制度主义的学术领袖）对该领域的诞生所发挥的突出作用，如果作者们强调的是制度经济学与产业关系发展之间的重大联系，那并不为过。

但是，说它们几乎是一回事，就远离了事实。有几个原因可能导致了这种混淆。

人们并不总是认识到，20世纪20年代至30年代的经济学科，尤其是劳动经济学领域，有一群极其另类的学者。他们中的一部分因为精通经济学理论，也对经济问题本身感兴趣，所以称得上是真正的经济学者。但另外一部分人却在相关领域有更多的专长，如人事管理、劳工史、社会学和法学。例如，在"二战"之前，大多数在人事管理方面具有影响的学界作者，包括保罗·道格拉斯（Paul Douglas）、萨姆纳·斯利切特（Sumner Slichter）、戈登·沃特金斯（Gordon Watkins）和德尔·约达（Dale Yoder）等人，获得的都是经济学学位。类似地，劳工史研究也是由经济学者主导，其中包括康芒斯、塞利格·珀尔曼和菲利普·塔夫特（Phillip Taft）。

在上述两例中，至少有些人（如沃特金斯、珀尔曼）不是上面所定义的真正的经济学者，尽管他们的博士学位是经济学。在

"二战"以前的时期，大多数商学院都认为人事管理和其他与商业相关的科目属于"应用经济学"，并将它们纳入经济学博士学位项目的课程体系（Gordon and Howell，1959：400-402）[10]。并且，这一时期的"劳动经济学"也口径宽广，涵盖几乎所有与劳动力的雇佣和使用相关的科目，包括人事管理和工会史在内，而它们在今天都被认为属于其他的研究领域（McNulty，1980：156-59）。因此，即使产业关系领域众多的早期作者都是"经济学者"，这并不代表经济学（至少当今所理解的经济学），就是该领域主要的知识来源。

造成产业关系源头混乱的另一个潜在因素，与同一时期开设的劳动问题课程有关。劳动问题课程是最接近于 IR 理论的课程，因为它从正面关注劳动问题的根源和解决方法。"产业关系"一词最频繁出现的地方，也是劳动问题的教科书。因为劳动问题课程几乎总是由经济学者，尤其是制度经济学者来讲授，所以学者们断定制度经济学是产业关系的主要知识源头，也不足为怪。然而，这一推断在事实面前就站不住脚了。实际上，几乎每一部劳动问题教科书都包括 PM 学派和 ILE 学派的两个视角（从雇主、工人、社会的三个方面提出劳动问题的解决方案），广泛涉及人事管理和雇员代表计划的内容。我们应该还记得，这些内容都是 PM 学派用来改善产业关系的主打方法；在很大程度上基于工学、管理科学和心理学领域的知识；也大多由管理学背景的人撰稿。因此，一方面，劳动问题教科书无可否认地具有浓厚的制度经济学色彩，这从作者们的学科背景中可以预想得知；但另一方面，这些教科书也尝试平衡展示 ILE 学派和 PM 学派的两个视角。

混淆的来源还与制度经济学不成熟的性质有关。按照康芒斯的构想，制度经济学要成为一种研究经济学基本问题（资源的分配和产出、价格及收入分配的决定）的全新方法。为此，他试图根据一系列概念，如价值的意志理论（volitional theory of value）、交易、合理价值和财产权等，在着重强调法律和司法意见的作用基础上构建一个理论模型（Commons，1924，1934b，1950）。不幸的是，他的理论尝试基本并不成功。无论是他的经济学家同行，还是他的学生，都无法理解他的意图。他的经济学构想是如此宏大，以至于他的著述更像法学和社会学，而不是经济学本身。康芒斯和他的弟子们在发展制度理论方面的失败，让制度劳动经济学者转而依靠一种基本属于历史性、描述性和多学科的方法来分析劳动问题和解决这些问题的制度主义方案[11]。但是，由于这种方法在很大程度上与产业关系研究相一致，而使得两者看似相同。事实上，它们之所以大体等同，只是因为制度主义者未能发展出理论而已。

还有一个可能的原因是，当代的产业关系史家往往忽视非学术作者在 20 世纪 20 年代至 30 年代撰写的大量文献，这些作者大部分都是商务人士或咨询顾问，从管理和行为科学的角度来参与产业关系研究[12]。PM 学派的有些作者与大学有关系，其中包括梅奥（1929，1933）、斯通（Stone，1932）和保德斯通（Balderston，1935），但那个年代的大多数 PM 作者都是商务人士或咨询顾问。例如，20 世纪 20 年代，迈耶·布鲁菲尔德和丹尼尔·布鲁菲尔德这两位作者在雇佣管理、人事管理和产业关系方面合作或单独撰写了很多文章,并编著了多部书籍(D. Bloomfield, 1919, 1920, 1931; M. Bloomfield, 1923)。再比如托马斯·斯贝茨(Thomas Spates),他活跃于20世纪30年代,担任过通用食品公司的产业关系副总裁,是产业关系顾问会(Industrial Relations Counselors)的管理层成员,并在职业生涯后期成为耶鲁大学的人事管理教授。斯贝茨撰写了多篇产业关系方面的文章(Spates, 1937, 1938, 1944),大多发表于美国管理协会的人事系列出版物。

两个由商界资助的研究机构,也在产业关系领域做出了开拓性的贡献。它们在性质上既不属于经济学,也不是学术性的。首先值得一提的是产业关系顾问会(IRC)。它于1926年在小约翰·洛克菲勒的资助下创立,是一家为企业界提供非营利性研究和咨询服务的机构,目的是促进雇主与雇员关系的改善(Teplow, 1976)。该机构的成员除多年担任董事会主席的克莱伦斯·希克斯之外,还包括亚瑟·扬(Arthur Young)和布瑞斯·斯德沃特(Bryce Stewart)等人。扬曾担任过美国钢铁公司的副总裁、美国产业关系协会的副会长和加州理工学院产业关系分部的教研员,而斯德沃特曾被康芒斯(1934a: 200)誉为"美国失业保险领域的顶尖权威"。1930年到1939年,IRC共发表了15项产业关系问题的研究。这些研究被广泛认为在质量上至少等同于,甚或好于当时学术界的任何研究[13]。IRC还参与了位于瑞士日内瓦的国际劳工组织资助的产业关系研究。

另一家商界赞助下的机构"全美工业会议局"(National Industrial Conference Board，现名为"会议局"：Conference Board)，也发表了各种 IR 相关的研究成果。例如，其中有两项研究分别是关于小型制造厂的产业关系实践（NICB，1929）和雇员代表计划的实际经验（NICB，1933）[14]。

最后，过于强调制度经济学的作用，也可能与 IR 领域史主要记录者的学术和思想背景有一定关系。正如以后的章节会详细阐述的那样，在过去的 30 年里，产业关系领域的大部分学界作者都或多或少与 ILE 学派有关。因此，对该领域的历史性叙述相当重视制度经济学者的贡献及其观点，并不令人惊讶，特别是考虑到康芒斯在该领域的早期发展中扮演的卓越角色，经济学者又是学术界中第一批广泛阐述产业关系的群体，而且 PM 学派的成员近年来对产业关系领域很少问津等情况时，就更是这样了。

注 释

1. 1914 年，国民警卫队袭击一个矿工村落并杀害了 20 人，一场持续 15 个月的罢工终于结束，这一事件被称为"勒德罗大屠杀"（Ludlow massacre)。洛克菲勒因涉嫌对这场灾难负有责任而受到广泛谴责，公众的反应促使他对产业关系和进步人事措施产生了强烈的兴趣（参见 Rockefeller，1923)。

2. 劳动问题入门课程中使用的很多教材都包含对产业关系的片面认识，德尔·约达（Dale Yoder，1931：125）的话可以证实这一点："它（劳动问题教材）描述现代工业时，动不动就形容它病魔缠身，痛苦挣扎。它可能错误表达了工人和雇主的感受，往好里说，也明显带有片面性。"

3. 希克斯（1941：150）在回忆录中提到，威斯康星大学曾同意成立第六个产业关系分部。尽管经济系在 1939 年批准了该分部的成立（罗伯特·兰普曼告诉我，在非公开的系内会议记录中有这一记载），但由于不得而知的原因，该分部从未问世。考虑到威斯康星大学是产业关系 ILE 学派的地盘，假如该分部计划实现，对致力于在产业关系教学中体现"平衡"的希克斯来说，将算得上一场"政变"。

4. 一位商人也对产业关系进入英国大学起到了关键作用。据本杰明·罗伯茨（Benjamin C. Roberts，1972）说，20 世纪 30 年代初，一个名叫蒙塔古·伯顿（Montague Burton）的服装制造商在剑桥大学、卡迪夫大学和利兹大学共捐资设立了三个产业关系教席。他表示捐资理由是促进劳资和平。这些教席明确代表了产业关系在英国学术界首次正式亮相。

5. 希克斯在美国创立的 5 个 IR 机构中，最为成功的两个在普林斯顿大学和麻省理工学院。它们延续至今，并一直研究成绩斐然。然而，斯坦福大学和加州理工大学的产业关系机构却从未在该领域有明显建树。20 世纪 60 年代末，斯坦福大学的机构随着德尔·约达的退休而停办。加州理工大学的机构虽然尚存，但极少从事产业关系研究，它现在的主要目的是主持技术管理方面的校外课程和研究。密歇根大学的情况在某些方面最为有趣。1935 年，在希克斯的推动下，该校的商学院成立了一个产业关系分部，其最初的功能是提供没有学分的管理教育。1960 年，该校与韦恩州立大学合作，在商学院之外又建立了另一个 IR 机构，称为"劳工与产业关系研究所"（Institute of Labor and Industrial Relations）。该研究所以劳资关系为重点，开设在校课程和主持研究。因此，在 20 世纪的 60 年代末商学院的产业关系分部消失之前，密歇根大学同时拥有两家 IR 机构，一家代表 PM 学派，另一家代表 ILE 学派。

6. 美国的第一个 IR 系在 1944 年设于罗克赫斯特学院（Rockhurst Col-

lege），该学院是位于堪萨斯城的一个耶稣会学院（Bradley，1945）。两次世界大战之间并不存在独立的产业关系课程项目，但产业关系已是学术界公认的一个独立研究领域，尽管规模尚小。例如，博萨德和杜赫斯特（Bossard and Dewhurst，1931：314）在一项对属于"美国商学院联盟"的42所商学院的问卷调查中发现，这些学院任职的1398名教员当中，有14名教员称自己的专业领域之一是产业关系（与此相对的是，31名教员报了人事管理，48名教员报了劳动）。

7. 例如，约达在自己撰写的劳动教材《劳动经济学与劳动问题》一书的序章（1933：1-22）中，对劳动经济学的课题和劳动问题的根源做了全面阐述，但没有一处提到"劳动力市场"及"供给和需求"这些术语。

8. 该图存在几个问题。第一，制度经济学分支、产业及劳动经济学分支列出的很多人与这些领域的关系并不确定。比如康芒斯、威特和珀尔曼也许应该属于制度经济学，而不是劳动经济学。第二，社会关系计量学、社会心理分析和群体动力学等分支似乎对产业关系的影响不大，不应单独列出。第三，将公共管理和工业管理的分支合并也许更好；第四，劳工史和劳工法被完全忽略。撇开这些瑕疵不谈，该图以强有力的证据显示，一直到20世纪50年代，产业关系在理论和事实上都包含行为科学和非行为科学的广泛学科，像米勒和佛姆等行为科学领域的学者都视自己为产业关系领域的成员。

9. 康芒斯在几个方面都称得上是"美国产业关系之父"：他是同时代首屈一指的劳动问题学者，他入选供职"产业关系委员会"的事实可以证明这一点；在确立产业关系作为美国学术界的一个研究领域方面，他比任何人都功勋卓著；在倡导ILE观点的同时，他写出了涉及产业关系劳资双方的学术力作。康芒斯对产业关系发展所作的贡献，巴巴什（1991b）

有全面阐述。

在英国，韦伯夫妇堪称"产业关系之父"（也许父母更为确切）。他们的两部劳动问题著作《英国工会运动史》（*A History of Trade Unionism*，1894）和《工业民主》（*Industrial Democracy*，1897），都是里程碑式的研究成果。尤其后者，在我看来不啻于产业关系 ILE 观点的"圣经"。但是，与康芒斯不同，尽管韦伯夫妇在产业关系领域的学术影响巨大，他们对英国大学中的产业关系学科建设几乎没起什么作用。根据罗伯茨（Roberts，1972）的描述，韦伯夫妇创立了伦敦经济学院（LSE），但并没有努力引进劳工课程。罗伯茨说，这反映了韦伯夫妇坚信的一个看法，即劳动问题研究对于 LSE 来说不够"科学"，同时也反映了他们的研究兴趣从劳动问题转移到地方政府和社会管理问题，以及越来越远离工会运动的事实。

10. 体现这一时期经济学扩张性的一个指征，是权威的经济学期刊登载各类与管理相关的文章。例如斯利切特发表于《经济学季刊》的《产业士气》（Slichter，1920）和狄德发表于《政治经济学季刊》的《人事管理的研究生教育问题》（Tead，1921）。另一个指征是典型的经济学系开设的课程都范围极广。例如，20 世纪 20 年代的威斯康星大学经济学系开设雇佣关系、社会学通论和社会心理学等课程。麻省理工学院也是类似的情形，它的经济学和社会科学系到 40 年代末之前开设的课程跨度都很大，可以从保罗·萨缪尔森的微观经济理论博士生研讨班，跨越到道格拉斯·麦格雷戈的人际关系研讨班。

11. 康芒斯的一个学生埃德温·威特表示（1954：131-32）："在康芒斯生命中的最后 25 年，他试图把自己在解决实际公共政策问题中得到的理论看法，整合成一套综合性的系统经济思想……我理解不了这些东西。我承认，和那些阅读康芒斯后期理论著作的很多学生一样，我也很难领会他提出的概念和部分推理。"他接着说（p.133）："在我看来，制度经济学与其说是一套相互联系的经济思想，不如说是一种看待经济问题的方法。……在寻求解决实际问题的方法时，他们（制度主义者）试图考虑这些问题的所有方面：经济的（按照这个名词的正规用法）、社会的、心理的、历史的、法律的、政治的、管理的，甚至是技术的。"

并不是只有威特一个人将制度主义与特殊的研究方法，而不是理论观点联系在一起。《产业与劳工关系评论》（以下简称《评论》）的编辑在1989年10月刊的"投稿者须知"中写道（p.4）："我们希望收到更多的'制度论'稿件。我们这个领域的学者和实务人士……长期以来一直在争论研究人员走向模型建构和定量分析的趋势所带来的影响……有些读者可能已经得出结论，由于近年来本刊所载的定量分析文章呈直线上升，我们就已经在这场关于方法论的争论中站好了队，并已经抛弃了制度主义者。这绝不是事实。"

我认为，威特和《评论》的编辑们都在根本上误解了制度经济学的本质。它是试图以人类行为模型、市场不完全竞争模型和制度（组织的和社会的）因素对资源分配发挥的重要作用为基础，建立一个新的理论框架的尝试。尽管康芒斯没能成功地阐明这一框架（由此也给威特和《评论》的编辑们带来混乱），但是很明显，他的目标就在于此。

《评论》的编辑们也错把制度主义研究和非定量方法联系到一起。制度主义者对于新古典经济学的根本批判，是它的理论源自时常偏离现实的假设。解决这个问题的方法，与其说是归纳（inductive）式研究，不如说是"内导"（adductive）式研究。所谓"内导"，指的是运用深入细致的历史和实证调查方法，以把握能够从中推导出正确理论假设的情况事实。那么问题的关键就在于，制度研究的方法远不是《评论》编辑们断言的"非定量"，它在形成理论和检验这些理论假设的过程中，本质上都极具实证性和定量性，卫斯理·米契尔和约翰·康芒斯在20世纪20年代创立国家经济研究局中发挥的核心作用，就证明了这一点。

12. 1931年，伯格（R. M. Berg）出版了一份管理学文献参考书目。其中，"产业关系"一节包括150余种文献，大多数来自《泰勒学会简报》和《工业管理》等非学术期刊。还可参考米尔顿（Milton, 1960）了解更多相关信息。

13. 理查德·莱斯特和莫里斯·纽菲尔德在与我的电话交谈中表达了这一意见。

14. 还应该提一下"人事研究联合会"（Personnel Research Federation）。它是成立于1921年的一个非营利组织，以促进"工业、商业、教育和政府在人事方面研究活动的合作"为宗旨（美国劳工部，1921：111）。有趣的是，"美国劳工联盟"（American Federation of Labor）也是该团体的发起者之一。人事研究联合会在产业关系相关问题上主办过很多会议，发行了大量的出版物，其中包括斯坦利·马修森（Stanley Mathewson）关于非工会工人限制产出行为的有名专著（1931）和月刊《人事》杂志。尽管该月刊在1935年之后，很大程度上开始面向实业界（由于编辑人员的变动），但之前的许多文章都很具有学术性。比如值得关注的一点是，该刊在20世纪30年代初编辑委员会的10名成员中，有7名是学者［包括经济学界的卫斯理·米契尔和工业心理学界的莫里斯·维特列斯（Morris Viteles）］，但没有一位是商务人士。

| 第 4 章 |

产业关系的学术建制

第 4 章
产业关系的学术建制

产业关系领域是在"一战"引起的工作场所危机中诞生的,但它的成长和发展十分缓慢,以致 20 年过后,美国的大学仍然没有一个明确致力于产业关系研究的正规学位项目。但是,从 1940 年到 1950 年,该领域发生了根本性的转变,一跃成为引人注目、成长迅速的教学和研究领域。有三件事象征着这种转变:各主要大学都成立了 IR 学院和研究所(schools and institutes);新的专业团体"产业关系研究协会"成立;美国第一家产业关系方面的学术期刊《产业与劳工关系评论》(*Industrial and Labor Relation Review*)创刊。本章将首先回顾促成这一转变的经济和政治事件,然后详细考察上述的三个重大发展。

关键性的经济和政治事件

与其他所有研究领域一样,产业关系的教学和科研受到经济、社会和政治事件及发展的重大影响。由于产业关系的应用性和解决问题的导向,这种影响对它来说尤其明显。不考虑历史情况的变化,就无法理解产业关系为何在"二战"后迅速普及。

20 世纪 20 年代对产业关系的 PM 学派来说,是一个顺风顺水的时代,因为这一时期见证了福利资本主义(welfare capitalism)的出现和盛行,许多大中型企业都制定实施了带薪休假、养老金计划、主管培训、改善工作条件及雇员代表计划等各种进步措施

(Stewart，1951；Bernstein，1960）。尽管这些措施带有父爱主义和单边主义的色彩，但对于工人来说，只要企业兑现工作保障和工资稳定增长的承诺，他们似乎就乐于接受管理方对工作场所的控制。福利资本主义在20世纪20年代的胜利，加上同期的经济繁荣和政治上的保守、"亲企业"（pro-business）氛围，都大大削弱了工会的吸引力，工会会员人数在10年间减少了100多万就是证据。

如康芒斯所指出的那样，非工会雇主（nonunion employer）面临的挑战来自经济衰退和萧条。因为在此时此刻，竞争的压力迫使管理方寻求降低生产成本和提高生产效率，而这些目标的实现，通常是通过裁员、削减工资、延长劳动时间、提高作业速度等方式，让工人付出代价。于是，工人们突然意识到，原来想象中的利益互惠已经被利益冲突所取代，围绕雇佣条款和条件的斗争随之而起。由于工人在权利和工资上的弱势地位，组建工会就毫不奇怪地增加了它的吸引力。

这一幕在那场世界经济大危机（the Great Depression）中逼真上演（Bernstein，1970）。1929年末，在经济危机刚爆发之际，美国的企业领袖们誓言坚守劳工标准的底线，避免发生类似1921—1922年的经济衰退中劳工和人事制度被全面废除的情况。这一承诺在1931年秋以前基本得到履行，但随着经济下滑加剧，首先是利润微薄的企业被迫降薪、裁员和提高作业速度，然后轮到那些实力更强的同业竞争对手。劳工标准的大坝一旦决口，就急遽崩塌，到1933年初即跌至谷底。当时，货币工资下跌了近三分之一，25%的工人失业（其中，耐用消费品生产企业的工人失业过半）。

最终，这场灾难让雇主和工人都陷入了沮丧，工资和工作条件的不断恶化让工人感到不公，他们的愤懑和痛苦与日俱增，PM 学派和它所主张的个人主义、竞争、开明的父爱主义等理念都失去了往日的荣光（Brody，1980）。

罗斯福政府采取的经济复苏策略，在很大程度上受到了制度主义的启发（而非通常认为的凯恩斯主义）[1]。罗斯福计划旨在通过限制竞争（市场的卡特尔化），或以谈判和立法手段建立最低工资和价格底线，来阻止破坏性竞争导致的工资和价格下跌，然后再通过将收入从消费倾向较低的富人转移分配给消费倾向较高的工人阶层，来恢复购买力和需求。

在劳动力市场方面，为实现这些目标而使用了以下三种方法：以集体谈判取代个体谈判；以立法手段建立最低劳工标准（如最低工资制、最长劳动时间）；建立为工资劳动者提供收入保障和购买力的社会保险计划（如失业补偿金、社会保障），在失业补偿金的情况中，还为雇主提供了尽量减少裁员的激励。

这些政策是否帮助美国摆脱了经济危机，经济学者之间仍有争议。但是他们都一致同意，这些政策从根本上改变了美国整个产业界的雇佣关系性质。其中，最为重要的是通过了若干劳工法案，包括《国家产业复兴法》（National Industrial Recovery Act）、《国家劳工关系法》（National Labor Relations Act）、《公平劳工标准法》（Fair Labor Standards Act）和《社会保障法》（Social Security Act）。这些法案当中，对产业关系意义最大的是 1935 年颁布的《国家劳工关系法》（《瓦格纳法案》：Wagner Act）。该法宣布公共

97

政策的目标是鼓励实施集体谈判，以消除劳方不平等的谈判权，并在产业界引入独立代表权和正当程序等民主权利（参见 Keyserling，1945）[2]。该法确立了工会组建中的选举程序，禁止一系列的"不公正劳工行为"（unfair labor practices，如解雇工会活动分子），并成立了国家劳工关系委员会（National Labor Relations Board）以监督法案的执行。

在20世纪30年代的早期，工会会员大约占就业人口的10%，且集中于少数行业，如建筑业、铁路、缝纫业和煤矿等。但到了1940年，会员人数涨至过去的3倍，覆盖几近30%的非农就业人口，相当一部分增员来自以前从未有过工会的大规模制造行业，如汽车、钢铁、橡胶、肉类加工和电气设备行业。或许《瓦格纳法案》的通过是工会发展的最大推动力量，但美国产业工会联合会（Congress of Industrial Organization：CIO）的成立及其与美国劳工联合会（American Federation of Labor：AFL）的竞争关系也起到了很大作用。

伴随工会会员的迅猛增加，工人积极奋起维护工会代表权和实施集体谈判，而广大的雇主为了拒工会于厂门之外也同样激烈反击。于是，罢工、纠察性暴力和流血事件同比例激增。冲突的程度和强度如此之烈，以至于悉尼·伦斯（Sydney Lens，1974）给这一时期的罢工潮起了个恰如其分的名称——"劳工战争"（labor wars）。

上述事态的发展，让集体谈判和劳资冲突迅速进入公众视野。美国参加"二战"之后，公众的关注进一步增强。社会亟须雇主

第 4 章
产业关系的学术建制

和工会管理好工资和物价,以防通货飙升失控;承认工会的问题和谈判争端也须迅速解决,以免罢工和工人骚乱干扰战时生产。为敦促劳资双方的"负责任"行为,联邦政府设立了战时劳工局(War Labor Board),授权它管控工资和物价以及调查和解决劳资纠纷(Rayback,1966)。后者通过由劳方、资方和公众的三方代表组成的三方委员会运作,委员会负责组织听证会,致力于调解纠纷,并在调解失败时下达具有约束力的仲裁决定。

战时劳工局基本上成功做到了稳定"二战"期间的劳资关系,但具有讽刺意味的是,它的活动在战后却增加了冲突的风险。许多企业都认为他们承认工会,签订集体谈判合同,同意新的或扩展的合同条款,是迫于战时劳工局的压力,否则根本不会去做。"二战"一旦结束,这些企业就想夺回他们的损失。而许多工会也原本期待着战时管制的结束,因为他们也想弥补战时失去的谈判机会,尤其是工资方面,已经严重落后于物价和公司利润的增长。这一切都预示着在战争结束之际,将重启新一轮劳资冲突,其规模不会亚于 5 年之前开战的时候,甚或更大。(这一预期在 1946 年成为现实,一场史无前例的罢工狂潮席卷了整个经济。)

从 1945 年的情况来看,雇主—雇员关系(employer-employee relations),尤其是工人的暴力活动和骚乱,突然成为困扰这个国家的内部头号问题。正如"一战"引发的劳工冲突促成产业关系领域的诞生,世界经济大危机和"二战"期间的劳工冲突,又让该领域成为一个受到公认、建制完备的学术研究领域[3]。产业关系的时代来临了。

新的产业关系项目

1945年以前,产业关系方面的研究中心和学位项目都相对匮乏,而国家又面临如此严重的劳动问题,因此立法机构和州立大学理所当然地迅速行动以填补空白,建立明确致力于产业关系研究和教学的新项目。其中最为重要的,是设在康奈尔大学(1945)、芝加哥大学(1945)、明尼苏达大学(1945)、加州大学(1945)、耶鲁大学(1945)、伊利诺伊大学(1946)、罗格斯大学(1947)、威斯康星大学(1948)、纽约大学(1948)和夏威夷大学(1948)的IR项目[4]。一些教会学院及大学也率先创办IR项目,尽管一般规模较小,并且重视教学而非研究。这些学校包括罗克赫斯特大学(堪萨斯城)、罗耀拉大学(芝加哥)、曼哈顿大学(纽约市)、塞顿霍尔大学(新泽西)和圣约瑟学院(费城)(参见Graham,1948;Justin,1949)[5]。

上述项目的组织架构和功能都相差悬殊。其中最全面和最负盛名的,是康奈尔大学设立的纽约州产业与劳工关系学院(New York State School of Industrial and Labor Relations)。该学院为大学的一个自主管理机构,有40名教师(1949年),提供全方位的在校生培养体系(即包括4年的本科、2年的硕士和博士的学位项目),还面向工会和企业管理层开设大量的校外课程,并在产业关系各个方面从事广泛的研究。研究生可以在以下各领域当中任选其一作为自己的主修或辅修专业:集体谈判、调解与仲裁;产业人际关系(human relations in industry);产业及劳工立法与社会保障;

劳动力市场经济学与经济分析；劳工的历史、组织与管理；人事管理；工业教育。

其他的大多数学校也仿效康奈尔大学的模式，以自主管理的机构形式设置 IR 项目，而不是像以前普林斯顿大学和麻省理工学院所做的那样，在现有院系（如经济学系）中设立一个分部（subunit）。学院（school）、研究所（institute）和中心（center），是这些项目的最常用名称。

有些项目设在商学院，但这种方式并不受青睐。事实上，更为普遍的安排（Rezler, 1986a）是设在非商学院的部分，如人文科学或社会科学的研究生院或学院；或者设为直属大学的一个自主管理机构；或者由若干院系共同管理一个产业关系项目，注重跨学科的控制和协调。

在商学院之外设置 IR 项目，有利于从大学的所有基础学科中招募多种学术背景的师资，确保项目在劳资问题研究的学术及意识形态上的中立性不受干扰，并缓解工会对这些项目成为企业喉舌的担心。有些大学做此安排还有额外的原因，即商学院对合办劳资关系项目的想法持反对态度[6]。

但是，将 IR 项目设在商学院之外，也产生了"势力范围"的问题，因为两者都主张对人事管理和人际关系科目的"管辖权"。有些大学（如伊利诺伊大学）解决这种冲突的方式，是允许 IR 项目和商学院同时在这些领域雇用教师，讲授相关课程[7]。这种安排符合 IR 项目的意愿，这样他们就可以开设相关的管理课程。而且，商学院的人事管理及人际关系领域也尚不成熟，还构不成实质性竞争，何况当时还很少有学生学习人事管理专业[8]。但是，30年以后，随着学生的需求从劳工关系领域转向人事和人力资源领域，IR项目和商学院之间的竞争大大激化，并且结果往往对前者不利。（第7章将进一步讨论这一问题。）

各IR机构在功能和活动内容方面也差异较大（Rezler, 1968a）。少数机构提供"全方位服务"，拥有自己的课程体系和在校生学位项目，并为企业管理者和工会开设校外培训班，积极开展各种研究项目。更为普遍的情况则是机构仅从事上述的一项或几项活动，而不是全部[9]。一些机构兼有本科和研究生层次的学位项目，但大部分机构只提供研究生（硕士层次）项目。在20世纪50年代，只有两所大学授予产业关系的博士学位，即康奈尔大学和威斯康星大学[10]。另外，有些机构拥有自己的全职教师和课程管理权，而余下的机构则是与本校其他院系共享师资（通常采用双聘制）和课程资源[11]。

许多IR机构的重要使命，是为当地的工会提供劳工教育课程。工会通常会认为，这种校外的授课服务，比在校的正式学位项目更有价值（Ruttenberg, 1958）。对于IR机构而言，涉足劳工教育既有收益，又有成本。在收益方面，劳工教育加强了学术界和劳工运动之间的联系；为地方工会提供了一项重要的教育服务，否则它们的会员没有机会接受大学教育；为教师搭建了一座连接理论与实践的有益桥梁。在成本方面，IR机构参与劳工教育让许多商界领袖认为他们"偏向劳方"；在专门从事在校教研的教师和专门从事校外教育的教师之间制造了内部分裂（后者被视为不够有名望，因此报酬也一般较低）；在晋升和终身教职方面引发了大量的管理问题（参见 Derber，1987）。有些 IR 机构认为值得为收益付出相应成本，继续坚持劳工教育。而有些机构则逐步退出这项校外活动，或者转移到一个单独的行政机构（例如一个劳工研究部：a labor studies department）。

各 IR 机构的课程设置存在着很大程度的一致性。例如，马丁·艾斯提（Martin Estey，1960）对 IR 课程体系的调查发现，大多数 IR 项目的"核心"课程都由以下 4 门构成：人事管理、劳动经济学、劳工法和集体谈判。其他经常开设的课程有产业人际关系、工会运动与工会治埋（trade unionism and union government）、工业社会学、工业心理学、社会保障和比较劳工运动（comparative labor movements）（另外参考 Schnelle and Fox，1951）。这些课程与康奈尔大学 IR 项目的主要专业方向密切对应。其他学校的 IR 项目虽然无法在课程的广度和深度上与康奈尔大学相媲美，但也设有多个同样的专业方向。例如伊利诺伊大学的 IR 项目设置了以下 4 个专业方向：劳动经济学（包括集体谈判、劳工立法、调解与仲裁、社会保障）、产业人际关系、工会的组织与管理（labor union organization and administration）、人事管理。

最后，这些机构的命名也呈现出一些有趣的差异。大多数机构都包含"产业关系"一词，有些是单独使用，有些是与其他联用。前者如加利福尼亚大学伯克利分校的产业关系研究所（Institute of Industrial Relations）和明尼苏达大学的产业关系中心（Industrial Relations Center），后者如康奈尔大学的产业与劳工关系学院（School of Industrial and Labor Relations）及与之类似的伊利诺伊大学劳工与产业关系研究所（Institute of Labor and Industrial Relations），还有威斯康星大学的产业关系研究所（Industrial Relations Research Institute）。有些机构没有冠以"产业关系"的名称，如耶鲁大学的劳工与管理中心（Labor and Management Center）、罗格斯大学的管理与劳工关系研究所（Institute of Management and Labor Relations）、纽约大学的劳工关系与社会保障研究所（Institute of Labor Relations and Social Security）。

这些新设的 IR 项目有几个重要特征。第一，它们都以推动解决问题和科学建构为目标，但解决问题的目标优先。例如，允许设立康奈尔大学产业与劳工关系学院的州法中声明，该机构的使命是"为改善本州的工业和劳工状况，在影响雇主和雇员的产业关系、劳工关系及公共关系的所有方面从事研究和启蒙活动"（引自 Adams, 1967：733）。

第二，为了与产业关系概念的最初界定保持一致，这些新设机构也明确建立在多学科的基础之上。这样，所有机构都汇聚了来自多个学科领域的教师和课程，这些学科都触及雇佣关系，更确切地说，都触及当时亟待解决的劳动问题。其学术理念（为当时该领域的大部分人所深信）是，思想和研究方法的跨学科融合及整合将实质性推进劳动问题的研究和解决，而这种"异花授粉"式的学术交流，只有将各学科的教师集中在同一个行政机构，让他们可以日常私下交流时才能发生[12]。

第三，新设机构包含代表产业关系 ILE 和 PM 两大学派的教师和课程。20 世纪 40 年代末到 50 年代初，ILE 学派在制度劳动经济学的基础上进一步扩展，吸纳了来自劳工法、劳工史和政治科学的学者。PM 学派也同样在人事管理和工业心理学的基础上扩大，吸纳了来自人际关系、工业社会学、管理学和人类学的教研人员。于是在康奈尔大学的 IR 项目中，产业关系的 ILE 学派由集体谈判、调解与仲裁、产业及劳工立法与社会保障、劳动力市场的结果与分析等领域的课程和师资所代表，而 PM 的观点则是在产业人际关系、人事管理、工业教育等科目中提供。

每一个规模较大的 IR 项目（包括专门从事研究的机构），都汇集了多学科背景的教研人员，尽管不同学科所占的权重，以及总体上的 ILE 或 PM 倾向性具有差异。一般来说，这些机构都有较强的 ILE 倾向（如果采用 1—10 的连续尺度，完全的 ILE 倾向为 10 的话，大约在 7 或 8 的位置）。康奈尔大学则近乎居中[13]。与之相对照的是明尼苏达大学的偏 PM 倾向，这反映了那里的 3 位著名教授，即德尔·约达、小赫伯特·海诺曼（Herbert Heneman, Jr.）和唐纳德·帕特森（Donald Paterson）对人事管理的强烈兴趣。耶鲁大学的劳工与管理中心（人际关系研究所的一个分支机构），也具有相对较强的 PM 倾向，但伊利诺伊大学、威斯康星大学和密歇根州立大学的 IR 项目，则略向 ILE 倾斜[14]。

大多数新设 IR 项目的 ILE 倾向可归因于以下几个因素。首先是当时社会状况的影响。1935 年后的 10 年里，工会运动、集体谈判和罢工潮风起云涌，因此大多数项目倾向于 ILE 就根本不足为奇。毕竟，劳资关系是当时美国在国内面临的首要问题。其次，经济学者向来是最积极从事劳资关系研究和教学工作的群体，所以可想而知，他们会在新设 IR 项目中占据多数，给项目带来 ILE 的倾向性。第三个因素，是相对来说较为支持工会和集体谈判的社会氛围。这一时期大多数 IR 学者的价值观和信念当中都反映了这个事实，不论他们属于哪个学科。最后一点是，与 ILE 一方相比，PM 一方的学科领域不是缺乏学术声望，就是相对较新而不够成熟。比如人事管理就给人缺乏理论性、罗列方法技巧、面向实务人士的印象，而工业社会学、人际关系、管理科学和组织理论又尚在襁褓之中[15]。除了学术上的弱点，人事管理还严重具有形象不佳的问题。因为在公众的意识当中，它经常被企业用来作为拒工会于门外的一种操纵性的权宜之计（Yoder, 1952）。

新设 IR 机构的第四个显著特征，是它们都因为"亲劳方"的嫌疑而尤其受到争议。之前的多年以来，教学和研究资源都投入企业方面的研究。在新机构的支持者看来，应该为蓝领工人和工会做同样的事情才算公平。于是，许多 IR 机构都设立了包括资方和劳方双方代表的顾问委员会，邀请双方的领导人到校园听课和参加研讨班，为管理者和工会会员开设校外课程，讲授主管培训、申诉处理等方面的内容。

这一追求公允的努力仅取得部分成功。许多雇主团体都强烈抵制新机构的成立。看法上的根本分歧，是其中一个重要原因。IR 机构将工会的存在和集体谈判的必要性（即使不是优越性）视为"先决条件"，因此以促进劳方和资方的对话与和解为自身使命。然而，许多雇主依然坚决地反对工会，因此在他们眼中，鼓励对话的尝试是促进集体谈判的一种难以掩饰的伪装。

其他的因素也起到了推波助澜的作用。IR 机构的建立大量增加了教学、研究和大学资源在工会运动方面的投入，而许多雇主都认为工会运动是对他们经济地位和权力的威胁。这些人还相信，IR 机构的教研人员在意识形态上都"偏向劳方"，因此会把带有偏见、反企业的观点灌输给学生。他们还因为这些机构被认为倾向于以集体主义解决劳动问题，而责难它们是社会主义和共产主义的代言人。在所有这些压力之下，许多机构的负责人都必须对雇主及其大学内的盟友企图废除机构的行为奋起反击[16]。机构还发现在课堂、会议或顾问委员会的场合，如果有工会代表参与的话，许多雇主就极其不愿意加入进去同堂共事。

对这些新设的 IR 机构来说，主要的威胁虽然来自雇主一方，但也躲不过劳方的攻击和批判。因为大学在过去对劳工运动的目标和手段大体持反对态度，导致许多工会官员不信任这些新机构。工会领袖们对于和知识分子打交道也心存疑虑，他们觉得知识分子经常倡导不以工会运动实际经验为基础的目标或手段（Ware，1946）。由于这些原因，一些中心的负责人必须去抵挡工会领袖们想把管理课程和资方代表清除出去的企图，因为这样的企图一旦成功，就会把机构变成一个劳工教育组织。大学方面抗拒着这些来自劳方和资方的游说攻势，至少在一定程度上保持了 IR 研究和教学的中立性。

IRRA 的成立

在 1947 年末产业关系研究协会（IRRA）成立之前，唯一以

"产业关系"命名的专业学会是短命的美国产业关系协会（IRAA）。随着它在1922年的消亡，之后的25年间，美国都不存在任何面向学者或实务人士、以产业关系为核心开展研究项目和活动的专业团体。

IRRA最早发端于1947年1月[17]。在美国经济学会（American Economic Association：AEA）的年会上，普林斯顿大学的理查德·莱斯特联合伊利诺伊大学的威廉·麦克佛森（William McPherson），组织了一个大约30位劳动经济学者参加的非正式会议，讨论在产业关系领域创办一个学术团体的必要性和可行性。一个由20人组成的筹办委员会随之成立，并在1947年末通过了协会章程和一套具体细则，选举出一系列的领导成员。经选举产生的第一任主席即埃德温·威特，他是来自威斯康星大学的一位制度劳动经济学者，也是康芒斯曾经的学生和同事。

到1948年末，IRRA已拥有近千名会员，分布在学术界、产业界和政府部门。1948年12月末，第一届年会召开。它与美国经济学会的年会同期举办，议程包括5个论文分会场，分别是"集体谈判、工资和物价水平""导致突发公共事件的争端""社会保障的发展""集体谈判与管理权"以及"各学科在产业关系研究中的角色"。IRRA迅速成长，4年后会员人数达到了1600人。

与IR的学术机构一样，IRRA也努力对各个学科和思想信仰兼收并蓄。但它这方面的表现是错综复杂的，而且理所当然地不存在教学成果。从它的政策来说，IRRA一直承诺要维护和促进产业关系的多学科特色，特别是欢迎接纳PM和ILE两个学派的成员。

协会章程称自身的宗旨之一是："鼓励在劳工领域的各个方面，即社会的、政治的、法律的、心理的方面进行研究，包括雇主与雇员组织、劳工关系、人事管理、社会保障和劳工立法在内。"IRRA 还在意识形态和公共政策问题上采取中立态度，尤其是对待工会运动方面。其章程中写道："协会在劳工政策问题上不会偏袒任何一方，也不会要求其会员对这一问题采取特定的立场。"

然而，IRRA 从未完全兑现过这些美好的愿景，这一点我们将在后面的章节详细说明。例如，看一下该组织在创立之初和早期的活动即可清楚发现，学会在很大程度上由 ILE 导向的劳动经济学者构成和掌控。莱斯特和麦克佛森，以及筹办委员会四分之三的成员，都属于这个群体。ILE 的倾向性在 IRRA 历任主席身上也体现得很明显。第一任主席埃德温·威特，是在世的人当中康芒斯制度经济学传统和威斯康星学派最为忠实的继承人。后续的 12 位主席分别为萨姆纳·斯利切特（1949）、乔治·泰勒（George Taylor, 1950）、威廉·莱塞森（William Leiserson, 1951）、道格拉斯·布朗（J. Douglas Brown, 1952）、埃文·克莱格（Ewan Clague, 1953）、克拉克·克尔（1954）、劳埃德·雷诺兹（1955）、理查德·莱斯特（1956）、德尔·约达（1957）、怀特·巴克（E. Wight Bakke, 1958）、威廉·哈伯（1959）、约翰·邓洛普（1960）。他们的学科背景都是经济学（广义），且大多数属于 ILE 学派（约达和巴克与 PM 学派最为接近；没有人是新古典经济学者），在意识形态上无一例外地支持集体谈判的新政体系（或至少无人公开反对）。

最后，IRRA 历次年会的选题也表现出 ILE 的倾向。在 20 世纪 50 年代冬季年会的 8 个到 10 个分会场中，大约有三分之二涉及工会和集体谈判、劳工立法（ILE 学派解决劳动问题的两种基本方法），有四分之一属于更为纯粹的经济学问题（例如工资和物价、劳动力的流动性）。在有些年份，年会议程会包括 1 个人事管理或人际关系方面的分会场，但其余的年份则见不到 PM 相关问题的踪迹。

《ILR 评论》的创刊

IR 在战后期间的另一件大事，是《产业与劳工关系评论》（*Industrial and labor Relations Review*，简称《ILR 评论》）的创刊。该刊为美国专门致力于 IR 领域的第一家学术期刊，由康奈尔大学的产业与劳工关系学院主办，1947 年 10 月首次发行。主编名叫米尔顿·康维茨（Milton Konvitz），是一位著名的劳工法权威。

该刊对产业关系领域产生了重大影响，因为它的办刊导向（论文主题、作者和书评对象的选择），帮助确定了该领域的学术范围和研究重心。与 IRRA 一样，该刊也明确认同产业关系领域的多学科性，并兼顾 PM 学派（人事管理、人际关系）和 ILE 学派（劳资关系、保护性劳工立法）各自关心的问题。该刊的书评栏目最清晰不过地体现了这一点，它选的书评对象涉及广泛，相对中立平衡。

但是，该刊发表的论文就不是同样平衡了。和 IRRA 出版的论文集一样，该刊的大部分论文也是出自经济学者之手，阐述行业工会、集体谈判的过程和结果、劳工立法、劳动力市场等问题。例如，在该刊前 4 期刊登的 26 篇论文之中，有 20 篇与工会、集体谈判和劳工立法直接相关，只有 2 篇涉及非工会企业的人事管理或人际关系问题。

ILE 相关的研究占据优势地位，在很大程度上反映了当时的研究特征和作者选择投稿期刊偏好，并不是该刊本身明确提出了这样的征稿方针。归根结底，工会和集体谈判是 20 世纪 40 年代末 IR 研究的主题，劳动经济学者也向来代表 IR 领域的一个最大群体，并且在当时的人事管理领域，真正意义上的学术研究还相对较少。而在那些成果卓著的 PM 领域（如人际关系、工业社会学、管理学、工业心理学）从事研究的大部分 IR 学者，都把论文投给各相关领域的期刊，而不是《ILR 评论》。

但是，该刊的 ILE 色彩还是或多或少地反映了康奈尔大学产业与劳工关系学院及该刊编委会的价值取向。在该刊的创刊号寄语中，爱德曼得·戴伊（Edmund Day，康奈尔大学校长）写道："《产业与劳工关系评论》的创刊，是高等教育在劳资关系（labor-management relations）领域所担负职能的一个合理延伸。"在这里使用劳资关系一词意义重大，因为它立即就把研究范围缩至产业关系领域的一个子集——以工会为一方的雇佣关系。同样，请埃德温·威特撰写创刊号的开篇论文这一点也耐人寻味（该文的题目是"大学与劳工教育"）。最后，既然该刊编委会能为每期的书评栏目找到那么多与 PM 相关的书籍，人们必然会疑惑为何不能至少刊登几篇这方面的文章（如非有意则很难解释——译者注）。

111

注　释

1. 凯恩斯的《就业、利息和货币通论》于 1936 年出版，而在 3 年前，富兰克林·罗斯福就已经当选总统，而且书中的思想（积极运用货币和财政政策保持总需求和充分就业）到 20 世纪 60 年代初才全面融入政府的经济政策（Stein，1990）。尽管凯恩斯主义宏观经济学者和制度主义劳动经济学者相对来说极少互动，两个学派的思想却高度互补。两者都强调市场，特别是劳动力市场的不完全竞争性，并都提出了政府干预经济的正当理由。有关现代凯恩斯经济学和制度经济学之间的联系，可参考阿佩尔鲍姆（Appelbaum，1979）和惠伦（Whalen，1991）的阐述。

2. 《瓦格纳法案》的序言中写道："雇员没有完全的结社自由和实际的合同自由，而雇主却以公司或其他形式的所有者联盟组织在一起，两者之间的不平等谈判权……往往会通过抑制产业界工资劳动者的工资水平和购买力，以及通过阻碍行业内部或行业之间竞争性工资水平和工作条件的平准化，而加剧周期性的商业萧条。"

3. 战后公众对劳资冲突的广度和深度的关注，极大推动了新 IR 项目的创立，这一点从威斯康星大学"产业关系研究所"的创立过程中显而易见。1947 年，该校的董事会指示大学"要研究在劳资争端中保护公众利益的方式和方法"；1949 年，《威斯康星州刊》说这个新机构提供了"一个巨大的显微镜，透过它可窥视到美国的头号国内问题：大企业对大劳工（Big Business versus Big Labor）"（Fried，1987：2-3）。

4. 产业关系顾问团（Industrial Relations Counselors，1949）对这些项目（除夏威夷大学的项目）有简短介绍。德伯（Derber，1987）和弗里德（Fried，1987）也分别详细介绍了伊利诺伊大学和威斯康星大学 IR 项目的发展历史。在每期《产业与劳工关系评论》的"新闻与记录"（News and Notes）一栏中，也刊载 IR 机构的设立和现有机构的发展等情况。

5. 美国在"二战"之后不久，产业关系项目即遍地开花，但加拿大和英国的情况就不是这样了。20 世纪 40 年代中期，加拿大的拉瓦尔大学（Laval University）创立了一个 IR 研究所，并随后出版了一份名为《产业关系评论季刊》的 IR 期刊（R. Adams，1992）。但是，直到 20 年以后，IR 项目才有了大的发展，并成立了"加拿大产业关系协会"（Canadian Industrial Relations Association）。同样，在提到英国战后的情况时，约翰·贝里齐和约翰·古德曼（John Berridge and John Goodman，1988：156）说："20 世纪 60 年代以前，产业关系在学术界的接受过程缓慢而艰难。"英国大学产业关系协会（British Universities Industrial Relations Association）成立于 1950 年，但它的主要发展时期是 20 世纪 60 年代中期到 70 年代末期。英国在 60 年代最重要的 IR 项目设于牛津大学、剑桥大学和伦敦经济学院。而在 70 年代，华威大学的 IR 项目成为英国最前沿的产业关系研究中心。三个国家不同的 IR 发展模式，在很大程度上反映了工会发展和公众由此对罢工和通胀等问题的关注在国家之间并不同步。

6. 根据德伯（1987）和弗里德（1987）的叙述，伊利诺伊大学和威斯康星大学在设立 IR 研究所时都曾遭到商学院的坚决反对。一个事实体现了伊利诺伊大学的 IR 研究所和商学院之间冷若冰霜的关系——该研究所在 20 世纪 50 年代与其他院系联合聘用的人员中，来自经济学系的人员多达 6 位，来自社会学和心理学系的人员有 1 位至 3 位，而来自商学院的只有 1 位（Derber，1987：28）。伊利诺伊大学和威斯康星大学的情况在这方面同样比较典型，但也有例外。例如，在加利福尼亚大学伯克利分校，IR 项目的大部分人员都同时任职于商学院，并且两个机构保持着较为友好的关系（信息来自与乔治·施特劳斯的私人通信）。

7. 伊利诺伊大学最终达成的折中方案是 IR 研究所专门负责劳工关系部分，而商学院专门负责管理学部分。有关劳资互动的科目，则由两个机构共同承担（Derber，1987：16）。

8. 从罗伯特·高登和詹姆斯·豪厄尔（Robert A. Gordon and James E. Howell, 1959：260）提供的数据看，学生对人事管理的兴趣较低。两位作者在调查了"美国商学院协会"认可的 33 个商学院之后发现，1955—1956 年只有 25% 的商学院将"人际关系"或"人事"课程作为研究生的必修课。另外，其中只有 1 所商学院将产业关系作为必修课（占 3%）。

9. 尤利乌斯·雷茨勒（Julius Rezler, 1968a）报告了 1967 年对美国 47 所 IR 机构调查的结果。其中，只有 6 所（康奈尔大学、伊利诺伊大学、洛约拉-洛杉矶大学、麻省理工学院、密歇根州立大学和犹他大学）称得上是"全方位服务"的机构。有 15 所开设了学位项目，30 所拥有非学位性质的劳资教育课程，还有 7 所只从事研究活动（如芝加哥大学、纽约大学）。

10. 威斯康星大学的博士学位项目设于 1956 年。据埃米·弗里德（Amy E. Fried, 1987：15—17）的叙述，它的开设在教师间引发过争议。支持它的主要观点是，它将促进雇佣关系的跨学科研究，便于学生选不同院系的课，使学生获得最与自己研究兴趣相关的理论、方法和概念组合。当时的研究所（后来改称中心）主任瑞德·崔普（L. Reed Tripp）在解释创办该项目的动机时说（引自 Fried, 1987：16）："一名劳动经济学专业的学生要达到多项严格的要求才能取得学位。我们真正希望的是精通劳动经济学，再懂一点儿心理学、商学和法学。"而反对该项目的观点认为它缺乏概念性基础，助长 IR 中心和传统院系互抢生源的不良竞争，并很可能制造出能力不足的研究者，因为学生虽然扩展了知识面，但在任何一门学科的理论和方法上都没有什么深度。

事后看来，康奈尔大学、威斯康星大学、伊利诺伊大学（在 1966 年开设）及其他学校开设产业关系博士项目的决定，显然是利弊参半。一方面，这些项目赋予了领域存在的正当性，有助于它的学术建制，并为专门从事产业关系教学和科研的新师资提供培训来源。另一方面，这些项目加大了为该领域发展一个独特的理论核心，以促进模型建构和假设检验（学生在博士课程中学习的基本技能）的压力。这种压力表现为 IR 理论进入了研究生课程，并出版了各种研究性著作（如约翰·邓洛普 1958 年出版的《产业关系系统》一书），试图阐明产业关系的一般理论。

探索 IR 理论所引发的问题是，它与该领域的多学科结构相冲突，因为严谨的、公式化的理论极其难于在跨学科中产生。因此，IR 博士项目固有的科学建构要求，在很大程度上造成了该领域在 1960 年以后学术边界的明显缩小。这个问题将在第 6 章详细阐述。

11. 近年来，许多采用双聘制的 IR 机构越来越难以获得教研方向合乎期望的新师资。以 20 世纪 50 年代来说，大多数劳动经济学者都倾向于制度主义，因此一个被经济学系聘用的劳动经济学者会与 IR 机构可能聘用的对象，具有大体近似的研究导向。但近些年来，大多数经济学系寻求的是芝加哥学派风格的新古典劳动经济学者，而他们对于 IR 机构来说需求有限，同时，IR 机构想要的制度主义基础的劳动经济学者，又极难敲开经济学系的大门。这种状况曾迫使威斯康星大学的 IR 机构在 70 年代末向学校申请获得院系资格（结果未能成功）（Fried，1987：36-43）。

12. 在加州理工大学新办的 IR 机构发行的第一期简报中，恰如其分地表达了这种跨学科研究的优越性（IRS Cal Tech, 1939：9）："而且，人们正在很多领域发现，将社会科学的各个分支（经济学、政治学、历史学和社会伦理学）搭配起来使用，会比任何其他方法都更加清楚地洞察社会现象的成因，以及更加现实地衡量它们的影响，更有'解决问题'的希望。""二战"以后新创办的 IR 机构都相当重视跨学科研究，这一点在某种程度上，与许多 IR 学者参与战时劳工局及其他政府机构的活动有关。这些经验给他们留下了深刻的印象，使他们认识到工资决定、集体谈判和工业冲突的多面性。

13. 康奈尔大学 IR 项目的 ILE 导向，体现在从事劳动经济学、集体谈判和劳工法等领域教研工作的师资比例偏大。还有两个间接的证据也支持这个判断。证据之一来自康奈尔大学 IR 项目（即纽约州产业与劳工关系学院——译者注）向州立法机关提交的一份报告（《纽约州产业与劳工关系学院临时董事会报告》: *Report of the Board of Temporary Trustees of the New York State School of Industrial and Labor Relations*，纽约州法律文件 1945 年第 20 号）。这份报告阐述了建院理由，并对计划中的机构设置和目标进行了说明。其中有一份附录，由菲利普斯·布拉德利（Phillips Bradley）制作，列出了对美国劳资关系方面所有学术和非学术教育项目（共计 37 个）的调查结果。该项调查的一个突出特征是以劳工教育项目为调查对象，不涉及任何人事方面的项目，这反映出学院打算重点发展工会和劳资关系研究的意图。

第二个间接证据来自该学院的命名。"产业关系"（Industrial Relations）一词按照其最初的含义，喻示该项目将涵盖雇佣关系的所有方面，而后面又加上"与劳工关系"（and Labor Relations），大概是为了表明学院将特别侧重于劳资关系（由此赋予该项目总体的 ILE 倾向）。

尽管学院的绝大部分师资来自 ILE 学派，但少数派当中也有多人是代表 PM 学派。例如，20 世纪 50 年代初，人事、人际关系和工业教育（培训）领域的师资包括查尔斯·贝奇（Charles Beach）、厄尔·布鲁克斯

（Earl Brooks）、约翰·布鲁菲（John Brophy）、坦普尔·伯林（Temple Burling）、亚历山大·莱顿（Alexander Leighton）、威廉·富特·怀特等人。

14. 杰拉德·萨默斯（Gerald Somers，1967：740）的话体现了威斯康星大学 IR 机构的 ILE 导向："因此不足为奇的是，该研究所早期的大部分研究活动都集中在威斯康星大学长期关注的集体谈判和劳资关系立法等问题上。大量的研究生都在经济学系的威特、已故的塞利格·珀尔曼、伊丽莎白·布兰代斯等教授，法学院的内森·法因辛格（Nathan Feinsinger）、罗本·弗莱明（Robben Fleming）和阿伯纳·布罗迪（Abner Brodie）等教授的指导下，秉承约翰·康芒斯的传统，对一些全国性工会的组织、历史和法经问题进行研究，或从事劳资关系一般问题的研究。"对伊利诺伊大学 IR 机构人员的 ILE 导向，梅尔文·罗特鲍姆（Melvin Rothbaum，1967：733-35）表示："机构人员一致认为跨学科方法对劳资研究意义最大，他们为一项长期研究计划的第一阶段确定了三个大的方向：社区环境中的劳资关系、劳工立法及其管理、雇佣劳动及其相关趋势。"威廉·方斯（William A. Faunce，1967：737-38）列举了密歇根大学 IR 机构的教师从事的四大研究领域：自动化和劳动力再培训、劳工与产业关系的国际层面、集体谈判、劳工史与工会管理。值得注意的是，上述三家 IR 机构的主要研究领域当中都没有涉及 PM 相关的问题。

15. 高登和豪厄尔（Gordon and Howell，1959：189）在全面回顾商学教育情况时说："在商学教育体系中，相比其他的必修课，以人事管理之名犯下的教育罪过恐怕仅次于生产方面的课程。人事管理是一个极其缺乏一般性重大理论基础（除人际关系领域的重要理论）的领域，部分出于这个原因，好一些的商学院都不太看重这个领域。"对此还可参考德鲁克（Drucker，1954）以及邓尼特和巴斯（Dunnette and Bass，1963）。

在我称为 PM 学派的成员当中，很少有人研究人事问题本身，有些人还批判它学术浅薄（参见 Whyte, 1944）。因此，有人可能会问，既然他们对人事问题缺乏浓厚的学术兴趣或共鸣，那将他们归入 PM 学派是否合理呢？要解决这一矛盾，我们必须记住，PM 学派是以一种解决问题的方法来界定的。这种方法最早由 20 世纪 20 年代的人事管理文献所阐述，50 年代的人际关系和管理学者（如怀特）也大体表示认同。因此，虽然这些人批判人事管理的"科学建构"模式，但却属于优秀的"解决问题的 PM 学派"成员，两者是一致的。

16. 德伯（Derber, 1987: 14-15）这样描述自己在伊利诺伊大学的经历："来自商界的猜疑和敌意也许在 1949 年春季达到了顶点。有几个议员……指责研究所偏袒劳工和具有社会主义情结，并攻击研究所的主任曾加入'对俄文化关系协会'，还谴责一名教员，指称他和校内的'社会主义俱乐部'说'社会主义的工人要比资本主义的工人更有积极性'。他们要求处分这名教员，并削减大学对研究所的拨款。"加利福尼亚大学伯克利分校产业关系研究所的第一任所长克拉克·克尔在与我的一次电话交谈中提到，有一群商人找过他，威胁说如果研究所不停止"亲工人"的活动（如劳工教育），他们就让州长取消对研究所的资助。

17. IRRA 出版的第一卷论文集（1948 年）的首页上简短介绍了协会的创办经过。与理查德·莱斯特、克拉克·克尔就这个问题的广泛讨论，也让我收获很多。

IRRA 有一个重要的前身，现已淹没在文献中而不太为人所知，它就是"社会科学研究理事会"之下的"劳动力市场研究委员会"。该组织创办于 20 世纪 30 年代末，目的是促进劳动力市场现象的社会科学（即多学科）研究。它在保罗·韦宾克（Paul Webbink）的领导下，吸收了很多后来成为 IRRA 领导人的劳动经济学者。委员会的活动从三个方面对 IRRA

的诞生产生了重大影响。第一,委员会围绕 IR 研究主办的会议(这方面的第一个会议名为"产业关系研究会议",于 1939 年 4 月在哈佛大学召开),有助于经济学者对产业关系产生兴趣;第二,委员会组织定期的聚会,对产业关系感兴趣的劳动经济学者可在此相识、讨论和发展共同研究;第三,委员会从 1945 年开始在明尼苏达大学主办劳资方面的年会,这成为后来 IRRA 年会议程的重要样板。

| 第 5 章 |

产业关系的黄金时代

第 5 章
产业关系的黄金时代

从 1948 年到 1958 年，产业关系进入了连续 10 年的"黄金时代"[1]。这 10 年堪称该领域最为璀璨的时期，雇主—雇员关系备受公众瞩目，学术研究也在数量和质量上获得双丰收。在这些有利条件下，报考 IR 专业的学生强劲增长，IR 项目的数量不断上升，最为重要的是，来自广泛学科的顶尖学者都前所未有地加入 IR 研究[2]之中。

产业关系的多学科研究在美国大学的蓬勃发展，既源于产业关系各相关学科的学术进步，也是美国国内劳资关系动荡不安，并时有骚乱的结果。参与产业关系研究的学者来自人类学、法学、社会学、经济学和心理学等分布如此广泛的学科，其中最为重要的推动力是工会运动在美国各种大规模生产行业的迅速蔓延，以及随之激增的罢工和暴力事件。在此之前，行业工会仅代表少数几个行业的一小部分工人，工会和集体谈判问题缺乏足够的经济和社会意义，因此劳动经济学以外的学者很少予以关注。

然而"二战"之后形势急剧变化。工会覆盖了制造业一半以上的从业人员，漫长而痛苦的罢工在一个又一个行业爆发，公众围绕《瓦格纳法案》塔夫特-哈特雷（Taft-Hartley）修正案的争论进入白热化阶段。突然之间，如下的问题得到了学术界和公众的最大关注：工会的发展；工会的治理；集体谈判的过程；罢工；集体谈判对企业管理和绩效的影响以及集体谈判对工资、物价和劳动生产率的宏观经济效应。于是，不仅经济学者，来自其他广泛领域的众多学者也被吸引加入了产业关系的研究。

社会形势对产业关系研究发展的推动力量，与行为科学和管理学领域的学术发展所起到的牵引作用相辅相成。20世纪20年代末到30年代初在美国西部电力公司霍桑工厂进行的实验，衍生出了人际关系运动（labor relations movement），这是促使行为科学领域的学者大量参与进来的主要动因。（请注意这里所说的运动不是20世纪20年代早期在人事管理者当中兴起的那一次。）从短期（1960年以前）来看，这场运动的影响是积极的，因为它促成了行为科学学者对IR研究的参与度大幅提高，从而增强了该领域的跨学科研究和对于这些学者的吸引力。但是，目光再放远些看，就会发现它也是造成PM和ILE两个学派分手的原因之一，而分手给该领域带去了极其消极的后果。

为弄清事情的整个经过，必须理解人际关系运动的起源和发展，以及劳动经济学在同一时期（1930—1950年）发生的思想演变。

人际关系运动

人际关系运动在20世纪30年代末成为一个专业的学术研究领域，并在40年代中期到50年代中期的大约10年之间，达到影响力的高峰，随后开始走下坡路，最终在60年代初并入新兴的组织行为学领域。一般认为，人际关系运动（连同相关的工业社会学领域）的诞生，来自1924年到1932年在美国西部电力公司伊利诺伊州霍桑工厂实施的一系列工业实验（Miller and Form, 1964; Whyte, 1965, 1987）。

霍桑实验最初纯粹是科学管理领域的一项调查活动（Greenwood and Wrege, 1986; Wren, 1987），研究不同的照明强度对工人生产效率的影响。然而，结果却令人惊讶：控制组和实验组的工人都不断提高产量，不论照明强度如何。

1927年，霍桑照明实验被包括5名继电器装配工在内的一系列实验所取代。开始时为建立参照系，先是在日常工作区域连续2个星期监测这些装配工的工作绩效。然后将她们隔离到一个单独的房间，有专门的监工和实验观察人员在场。实验在工作条件中引入各种变量，如不同的薪酬激励方式、午餐休息的次数和工作时数等。为期一年的实验结束后，所有的工作条件都返回到原来的水平。实验结果令工厂的管理层十分困惑：这些装配工的生产效率全年稳步上升，到实验结束时已大大高于实验之初。

霍桑工厂的经理助理乔治·潘诺克（George Pennock）将这些出人意料的结果，交给麻省理工学院和哈佛大学的几位教授帮助分析。其中就有同属于哈佛大学产业研究系的埃尔顿·梅奥、诺思·怀特海德（T. North Whitehead）和弗里茨·罗斯里斯伯格。[该系的另外两名教授乔治·霍曼斯（George Homans）和本杰明·塞莱克曼（Benjamin Selekman）也在人际关系领域发表过重要著述。] 教授们发现这些结果非常耐人寻味，决定实施进一步的调查。其中一项是进行了大规模的访谈，在访谈中鼓励工人讲出自身的想法。另一项调查活动是观察工人在小群体环境中的互动和社会交往行为。在这项实验中,一小群接线板工人被单独隔离到一个房间,他们的行为和互动关系被记录下来。与继电器装配工实验不同,监工及实验观察者不与工人接触,也不和他们建立友好关系。在继电器装配工人的实验中,产量持续大幅提升,但这个结果却并没有在接线板工人身上出现。事实上,这些工人在非正式群体规范和群体制裁的作用下,反而有意限制了产量。

梅奥在1933年出版的《工业文明中的人类问题》(*The Human Problems of an Industrial Civilization*) 一书中,第一次对霍桑实验进行了详细的阐释。6年之后,罗斯里斯伯格和威廉·迪克森(霍桑工厂雇员关系研究部主任)出版了他们长达600页的合著《管理与工人》(*Management and the Worker*, 1939),这部作品至今仍被誉为关于霍桑实验的不朽巨著。在上述两部著作中,作者们都指出了多个应该从霍桑实验汲取的普遍经验。

在他们看来,"心态的显著变化"是解释继电器装配工生产效率提高的关键因素(Mayo, 1933: 71)。他们相信,照明、激励工资、休息等外部条件的变化对工人的产出影响较小,更为重要的是实验本身对工人心态及车间内社会环境产生的积极影响[3]。例如,一个重大发现是,继电器装配工的工作热情和兴趣之所以大幅提升,部分要归功于监工更为友好和轻松的监督方式,并且工人更有机会对工作的安排和结果提供建议及反馈。

研究者们还从访谈活动中得到了另一个重要的结论,即工人的一般情绪状态,以及对工作、工厂的工作环境、同事和上级的特定态度或"情感",都会极大地影响工作成果。他们发现,这些情感受到工厂内外作用于工人的心理和社会联系的严重影响,并且这些联系(如渴望得到工友的社会认同)经常会导致"非逻辑"的行为(即不符合个人经济收益最大化的行为),比如故意压低产量。

最后,梅奥及其合作者还在接线板工作间实验中发现,即便是规模最小的工作间,也拥有一个错综复杂、非正式的社会系统,包含一整套界定分明的等级秩序、仪式、习俗、行为规范和制裁措施。他们认为,这种社会系统会对工作绩效和工作关系的氛围施加强有力的影响。

罗斯里斯伯格和迪克森整理记录了来自霍桑实验的大量资料,也从中得出了很多启示。然而,是梅奥从这些启示中提炼出独特的理论观点,或者说关乎人,关乎工业社会本质,关乎人与社会恰适的"世界观"(Mayo, 1945; Roethlisberger, 1977)。而且,也正是梅奥的理论和与之相随的政策含义及社会政治理念,最为饱受争议。

梅奥对产业关系的看法基于几个根本的信念。首先,他相信人们都有强烈的情感需求,希望融身于更大的社会群体,以获取生命的意义和支撑。当这样的社会秩序不存在时,个体就会产生迷茫感(失去方向和孤独的感觉)、沮丧和失落等情感问题[4]。在他看来,产业界存在的大量浪费和冲突,都可归因于这些心理失调,而它们的产生是由于迅速的工业化以及基于竞争和个人主义的新社会体制的出现(与稳定的社会结构相对)所导致的传统社会解体。因此,提升生产效率和产业和谐的途径,是通过为工人提供归属感和共同目标，进而消除迷茫感和沮丧感等诸如此类的情感，在企业当中形成新的社会组织和人际关系链条，它会孕育团队精神，或以梅奥自己的话来说就是"自发的合作"（spontaneous collaboration）（比如他认为继电器装配工当中就存在这种合作）[5]。梅奥认为，管理者有责任将工人的自发合作精神释放出来，因为在资本主义社会，只有管理精英才拥有改造企业社会环境的权力和权威。为此，管理者需要摒弃对自身技术能力的过分关注，而多加培养社会技能，如人际沟通、有效领导以及对工人的工作动机和态度的把握。

哈佛团队的工作，大大刺激了雇主—雇员关系方面的行为科学研究，原因有三。第一，它似乎有力支撑了心理因素是决定雇员生产效率和劳资关系的重要因素的观点。尽管上一代的人际关系作者（20世纪20年代的实务人士）也非常重视"人的因素"，但利用翔实的科学证据支持这一命题，则是在霍桑实验之后。第二，哈佛团队唤起了对于非正式社会组织和社会互动会极大影响生产效率及工作场所关系氛围这一点的关注。上一代人际关系作者的著述基本上忽视了雇主—雇员关系社会层面的重要性，因此霍桑实验的发现代表了真正的知识进步[6]。第三，也是最后一个原因，在于哈佛团队显示了人类学和社会学的研究方法对探索工业问题的意义。

《管理与工人》在1939年的出版，以及梅奥的著作，都在实务人士和学者之间激起了对霍桑实验及人际关系新问题的极大兴趣。而库尔特·勒温（Kurt Lewin）从一个基本独立的角度进行的

"群体动力学"（group dynamics）研究，又进一步助燃了这个兴趣（Roethlisberber，1977；Wren，1987）。勒温是个心理学者，在德国完成专业教育，20世纪30年代前往美国，任教于麻省理工学院。他的研究关注小群体中的个体行为，主张它会受到社会压力和象征性互动的极大影响。勒温的群体动力学理论，以及它在组织变革和组织氛围等领域的应用，大大补充了梅奥及其哈佛团队的研究发现，为人际关系理论的发展贡献了额外的助力。

由于上述等方面的发展，人际关系研究成为20世纪40年代美国大学的一个热门领域。这种热度的一个标志，是多个大学都成立了从事人际关系类研究的跨学科项目。第一个此类机构是芝加哥大学的产业人际关系委员会（Committee on Human Relations in Industry）。它设立于1943年，由人类学者劳伊德·华纳（W. Lloyd Warner）领导[7]，其他成员包括伯雷夫·加德纳（Burleigh Gardener）和威廉·富特·怀特，他们两位都是社会学者。怀特后来（1948年）转到康奈尔大学的产业与劳工关系学院，成为人际关系学派研究产业关系的领军人物。

另一项重要的组织发展，是耶鲁大学在1944年成立的劳工与管理中心（Labor and Management Center）。该中心隶属人际关系研究所（Institute of Human Relations），由怀特·巴克领导。巴克起初从事社会学研究，后来进入经济学领域。双重背景帮助巴克取得了堪称IR研究典范的跨学科成果。20世纪50年代，巴克在中心有一个重要合作者即克里斯·阿吉里斯，后者的《个性与组织》（*Personality and Organization*，1957）一书影响巨大，为组织行为学的发展做出了重要贡献。

麻省理工学院的群体动力学研究中心（Research Center for Group Dynamics），也是一个重要的行为科学研究基地。它于1945年由库尔特·勒温创立，在1947年勒温去世以后转移到密歇根大学，继续主持群体培训（T-groups）和组织变革方面的重大研究。

密歇根大学也有一个称为社会科学研究所（Institute of Social Science Research）的机构，由心理学者伦塞斯·里克特（Rensis Likert）在1946年创办，曾最先致力于收集和分析雇员态度方面的数据。里克特本人也是参与管理的主要倡导人之一，著有该领域具有开创意义的著作《人类组织》(*The Human Organization*, 1967)。

20世纪40年代末到50年代末的大约10年间，人际关系运动的影响和威望持续处于巅峰。由于内部不同理论流派的出现，以及研究人员多样化的学科背景，人际关系研究沿着几条不同的路径向前发展[8]。例如，心理学者热衷于研究雇员士气和动机的决定因素（Maslow, 1954; Herzberg Mausner and Snyderman, 1959; McGregor, 1960）、领导风格及其有效性（Lewin, Lippitt, White, 1939; Tannenbaum and Schmidt, 1958; Likert, 1961）；管理学者考察大型组织中雇员的心理需求与工作之间的矛盾（Argyris, 1957）；社会学者研究企业的官僚制（Gouldner, 1954）、办公室和工厂内的社会层级与关系（Gardner, 1946; Whyte, 1948）、工人对组装生产线的适应（Chinoy, 1952）；而人类学者则研究人类互动模式（Chapple, 1949, 1952）和工厂内部社会体系的发展（Warner and

Low，1947）。

最早一拨的人际关系研究基本略过了工会和集体谈判的问题，是因为实施霍桑试验的工厂不存在工会。这一忽视招致了大量批评（如 Hart，1948；Bendix and Fisher，1949），进而引发对劳资关系各个方面的心理学和社会学研究，如工业冲突（Homans and Scott，1947；Whyte，1951b；Kornhauser，1954；Dubin，1960）、工厂和企业层面的劳资关系动力学（Bakke，1946；Harbison and Dubin，1947）、地方工会的领导力和内部动力学（Sayles and Strauss，1953）、心理因素在集体谈判过程中的作用（Stagner，1948；Haire，1955）等。

在学术界，人际关系代表一个新的、相对于人事管理的独特研究领域。与后者相比，人际关系更具有理论性，更注重学术研究，关注工作场所中个人和群体行为的深层决定因素；而人事管理具有严重的职业导向，注重有利于雇员甄选、薪酬、绩效评价等各项人事职能的具体方法和技巧。因此，人际关系比人事管理在学术上更为严谨，随之也享有更高的学术声望[9]。

当时，人际关系被普遍视为产业关系领域的一个分支和 PM 学派的一部分。梅奥作为公认的人际关系理论之父，也因此成为产业关系领域的一个杰出人物。如今在谈论 IR 理论和研究时，极少提到梅奥、人际关系和产业关系之间的关联，因此需要更为深入地阐述这一点。

有若干有力证据表明，与梅奥同时代的学者认为他是产业关系领域的成员。例如在 1928 年，哈佛大学邀请梅奥做了一次讲座，作为其新开设的"韦特海姆产业关系讲座"（Wertheim Lectures on Industrial Relations）的一部分。梅奥的论文（Mayo，1929）与其他五名学者一起发表，其中就包括约翰·康芒斯。梅奥与产业关系之间的联系，在 2 年后又一次得到证明。当时哈佛商学院发表了他的文章《产业关系的新路》（*A New Approach to Industrial Relations*，Mayo，1930），该文描述了正在进行的霍桑实验[10]。还有两项证据也体现了梅奥在产业关系领域的影响力。一个载于《财富》杂志（1946：181）："在当今波澜起伏的产业关系领域，一个最具挑战性的观点来自梅奥……实际上，许多人相信梅奥掌握着通往工业和平的钥匙"；另一个载于《时代》杂志（1952：96），梅奥被称为"产业人际关系之父"（father of industrial human relations）。最后值得一提的是，在有关梅奥的一部传记中，第一句话（Trahair，1984：1）写道："乔治·埃尔顿·梅奥开创了产业人际关系的领域，并因此足以在商业史中占据一席之地。"

还有大量证据显示，PM 学派和 ILE 学派的成员都普遍将人际关系视为产业关系领域的一个分支。例如，行为科学研究的一位领军人物康拉德·阿伦斯伯格（Conrad D. Arensberg）在一篇关于组织内部个体和群体行为的回顾性文章（1951）中，讨论了经常用于概括这个研究领域的三个名称，即人际关系、工业社会学和工业心理学，并认为它们的视野都过于狭窄。他接着提出了自己的主张（p.330），"那么对该领域的最好概括，是一个回归传统的方式：对劳资关系动荡之源的科学研究，也就是对产业关系问题的研究"。

劳动经济学者劳埃德·雷诺兹（1948：285）也从 ILE 的角度，阐述了这个问题，他说："'产业人际关系'问题涵盖整个劳工与产业关系领域。……'产业人际关系'一词不是指一个独立的专业领域，而是一种不同的观点和研究方法。"在后来的一篇文章中，劳埃德（1955：2）又对此作了引申："产业关系研究必须从非常宽泛的意义去考虑。关心课程设计的人们可能不得不在'产业关系''劳工关系''劳动经济学''人际关系''人事管理'等诸如此类的课程之间划出恰当的界限。但这种划分，不应该掩盖一个事实，即我们与围绕生产中人力使用的一切现象都密不可分。"

IRRA 在 1957 年出版的论文集《产业人际关系研究》（*Research in Industrial Human Relations*, Arensberg et al.）还提供了另外一个证据。编辑们在前言（p. vii）中声明："产业人际关系已经成为以工作人为对象的一组研究的代称，以及美国产业关系领域一种思想和实践运动的口号。"

最后一条证据是，在图 3-1 中，人际关系运动（佛姆和米勒称之为"哈佛商学院"）被列为 IR 学术谱系的分支之一[11]。

劳动经济学：从劳动问题到劳动力市场

人际关系运动的出现，大大增强了 IR 研究中 PM 学派的力量。类似地，劳动经济学领域的变化也同样对 ILE 学派产生了深远的影响。

在 20 世纪 20 年代和 30 年代，劳动经济学领域的重心在于

"劳动",远胜于后一个词"经济学"。1925 年,所罗门·布拉姆(Solomon Blum)所著的《劳动经济学》出版,这是首部以"劳动经济学"命名的教科书(McNulty,1980:127)。该书共 21 章,其中前 17 章都专门阐述劳工立法、工会和集体谈判,余下的 4 章才是经济周期、工资理论、失业及其纾解等与经济学更为相关的内容。教材的阐述方式完全是描述性的(没有使用需求供给曲线图),对正统(新古典)理论持批判态度,并总体上支持集体谈判和保护性的劳工立法[12]。

布拉姆对劳动经济学的观点大体是制度主义的,他不仅反对正统理论和自由市场运行,研究方法上也偏向于跨学科的特征。正如布拉姆的著作显示的那样,这一时期的劳动经济学在很大程度上偏离了它的经济学母体,而与法学、历史学和社会学多有相通,共性的程度不亚于与经济学本身[13]。这种观点上的差异,反过来也造成制度劳动经济学者与新古典理论学者的严重分裂,后者在当时控制了劳动经济学之外的大部分经济学领域。

新古典学派在建构上更为狭窄,这是因为它视经济制度结构为"给定"条件而聚焦于市场运行本身,运用演绎逻辑推导出一套庞大的公式化经济理论来解释市场运行(例如边际效用和边际生产率理论、供给和需求曲线),通常假设市场以竞争和有效的方式运行,因此得出了赞成政府或工会最小化干预经济的政策结论。

制度主义者蔑视这些理论学者的研究,因为在他们看来,这些研究是建立在一系列明显脱离实际的假设之上,因此导致对经济现象的解释或预测失真,并产生有害的政策结论。与之相反,新古典理论学者则声称：制度主义者不懂经济理论，所以他们的批判不是误导，就是谬误；他们的经济分析也不是科学活动本身，而是一种为工会和政府干预经济提供合理依据的露骨企图。

也是部分出于回应上述的批评，康芒斯试图为制度经济学创造一个理论基础。他在这方面的重大努力形成了两部著作：《资本主义的法律基础》（*The Legal Foundations of Capitalism*，1924）和《制度经济学》（*Institutional Economics*，1934b）。如第 3 章所述，这两部书都没有对该领域产生多大影响，一个原因是很少有经济学者能理解他想说什么，另一个原因是他的理论框架过于庞大，远远超出了大多数人认为的经济学范畴[14]。不仅康芒斯没能成功地发展制度性理论，他的学生以及同时代的其他制度劳动经济学者也是如此。

由此看来，20 世纪 30 年代的劳动经济学基本上与其经济学的母体相隔绝[15]。这种情况随着 30 年代末新一代劳动经济学者的参与而开始发生变化（McNulty，1980；Kaufman，1988，1993；Kerr，1988）。这批经济学者当中的重要人物，包括约翰·邓洛普、克拉克·克尔、理查德·莱斯特、劳埃德·雷诺兹、亚瑟·罗斯（Arthur Ross）和查尔斯·迈尔斯[16]。他们将劳动经济学从对于劳动问题的历史性、描述性分析，转向对劳动力市场的解析性研究[17]。他们明显遵循新古典主义的传统，因为他们想改造劳动经济学，使它更加近似于其他的经济学分析领域。与此同时，他们也继续与制度主义者保持着很多接点，尤其体现在以下方面：运用案例研究和归纳性的研究方法；关注劳动力市场缺陷的普遍性和重要性；

赞同使用集体谈判和保护性劳工立法的手段，以平衡雇主的市场强势，将工业民主引入工作场所；信仰多元主义社会和经济的有效性；质疑企业的微观经济模型（特别是利润最大化的假设）；希望从其他学科吸取非市场的要素，将经济理论扩大到市场力量研究之外的领域[18]。

这种研究方法的融合与三件事有关。第一件是这批经济学者在博士阶段比上一代制度经济学者接受了更多的经济理论教育。这些理论大多从英国输入，当时的英国产生了远比美国优秀的理论经济学者。例如，经济学专业的博士生必修阿尔弗莱德·马歇尔的《经济学原理》(*Principles of Economics*, 1920)。这是一部开创性的教科书，它创立了产品和要素市场的供需竞争模型，尽管附加了很多考虑现实制度因素的条件。（它在脚注和附录中运用了微积分。）20世纪30年代劳动经济学专业的学生需要学习的另一部教材，是约翰·希克斯（John R. Hicks）的《工资理论》(*The Theory of Wages*, 1932)。该书正好站在布拉姆的《劳动经济学》(1925)等制度主义研究的反面，因为希克斯完全彻底、不折不扣地将新古典竞争理论应用于劳动力市场的分析。希克斯（尤其在第1章）基本忽略了那些马歇尔认为重要的限制条件，理由是它们从长期来看，对工资和就业模式的影响甚微。英国在30年代对经济理论的其他重要贡献，还有琼·罗宾逊（Joan Robinson）的《不完全竞争经济学》(*The Economics of Imperfect Competition*, 1933)和凯恩斯的《就业、利息和货币通论》(*The General Theory of Employment, Interest and Money*, 1936)，前者建立了垄断（劳动力的单独买家)和寡头(劳动力的少数买家)等不完全竞争的模型,后者力图证明宏观经济可能会陷入不充分就业的均衡状态而难以自拔。

深深影响这批劳动经济学者的第二件事,就是那场世界经济大危机(Kerr,1988;Reynolds,1988)。这场危机似乎提供了无可辩驳的证据,表明市场机制并不像竞争理论预测的那样可以有效或自动运行。根据竞争理论,工资和物价应该会上升和下降以保持供需平衡。所以有这样一个假设,即长期处于失业的人不是出于自愿,就是由于懒惰。而对于新生代的劳动经济学者来说,20世纪30年代大规模失业的持续存在,以及随之而来的众生悲苦,都强有力地证明了失业问题的原因来自市场的缺陷,而不是失业者的缺陷。

经济危机期间还有一个发展趋势,也影响了这些劳动经济学者的看法,这就是工会会员人数的剧增和行业工会的普及。随着集体谈判在美国产业界广泛取代个体谈判,制度的力量显然正在不断取代市场的力量,成为工资、工作时间和雇佣条件的决定因素。

从根本上塑造这一代劳动经济学者研究和政策导向的第三件事,是他们在"二战"期间曾经参与各种政府机构,尤其是战时劳工局(WLB)稳定工资和解决争端的活动。邓洛普、克尔、莱斯特、雷诺兹等学者被调离学术岗位,派遣到上述政府机构的相关部门担任管理和研究工作的负责人。战时劳工局的一项基本活动,是管控工资以防战时通货膨胀,并解决可能引发停工、威胁战时生产的围绕工资差异和工资增长的争端。这方面的工作，让学者们近距离参与了工资决定和集体谈判的过程。对工会、企业和劳动力市场实际运行的深入体验，在这些年轻的学者们战后重返学术界时，极大地影响了他们研究劳动经济学的方法（Kerr，1988）。他们开始质疑正统竞争理论［如希克斯《工资理论》（1932）的内容］的正当性，因为与标准经济理论的预测相比，劳动力市场的运行看上去远没有那么卓有成效，集体谈判也远不是那么危害重重（Kerr，1950；Lester，1951）。战时的经历还让他们深刻意识到，需要去拓展经济理论，突破竞争性市场供求关系的狭窄研究框架，使它更加贴近现实（Dunlop，1944：5）。同时，这一经历还激起了他们对劳工领域公共政策问题的兴趣。

"二战"结束后，许多新生代制度劳动经济学者开始大量发表有关劳动力市场和集体谈判的研究成果。这些研究在以下方面表现独特：代表了一种创造和运用经济理论的意愿和能力；重点关注劳动力市场的运行；对竞争理论能否充分解释工资差异、周工作时数等劳动力市场的运行结果表示怀疑；期望拓展对劳动力市场的经济学分析，以包含社会、心理和制度性的条件[19]。

这一时期的标志性研究包括邓洛普的《工会下的工资决定》（*Wage Determination under Trade Unions*，1944）、亚瑟·罗斯的《工会的工资政策》（*Trade Union Wage Policy*，1948）、莱斯特关于工资差异的多项研究（1946b，1952）、克尔的文章《劳动力市场的"巴尔干化"》（*The Balkanization of Labor Markets*，1954a）、雷诺兹研究纽黑文劳动力市场的《劳动力市场的结构》（*The Structure of*

Labor Market，1951）一书以及查尔斯·迈尔斯和乔治·舒尔茨（George Shultz）对地方劳动力市场的研究（1951）。这一类研究传达了以下多方面的信息：非工会劳动力市场上的工资结构会大大偏离竞争理论预测的水平；劳动力市场内含信息有限和工人流动性受限等重大缺陷，这些缺陷为雇主提供了对于工资的市场权力；企业并不总是追求利润最大化；集体谈判对经济效率的影响经常是温和甚至是有益的；除了经济效率，集体谈判值得推崇的另一个原因，是它为工作场所带去了工业民主和正当程序。

20 世纪 30 年代末以前，鉴于劳动经济学的制度主义特征，它与产业关系的学术研究紧密交织在一起。随着新生代劳动经济学者的崛起，以及劳动经济学从劳动问题转向劳动力市场的研究，它开始与产业关系逐渐疏远，形成各自不同的学术身份。然而，两者之间依旧保持着密切的联系，劳动经济学仍然是 IR 领域学术启迪的主要来源。这一方面是因为制度主义传统对劳动经济学的持续影响，另一方面是因为新生代劳动经济学者的双重学术兴趣，以及他们与经济学母体之间的不稳定关系。第二个原因需要进一步阐述。

尽管新生代劳动经济学者接受的是经济学训练，也在劳动经济学方面发表了广泛的研究，但他们对产业关系领域也具有浓厚的兴趣。事实上，如前所述，许多新设的 IR 研究所和中心的负责人都来自这一群体，他们也是创办 IRRA 的主要推动者。这些经济学者其实具有双重的学术兴趣，一个是劳动力市场的运行（劳动经济学），另一个是雇主—雇员关系的研究（产业关系）[20]。他们能够成功跨越这个学术鸿沟，是因为他们对劳动力市场运行机制的观点，以及从中得出的政策结论，与产业关系 ILE 学派对如何最好解决劳动问题和改善雇主—雇员关系的看法相吻合。

尽管新生代劳动经济学者都是以经济学者的身份起步，参与产业关系领域是后来的事情，但他们的研究轨迹和学术活动表明，到 20 世纪 50 年代末，产业关系已经成为他们实际的大本营[21]。在这一过程中颇为重要的是，他们的研究和政策方案受到新古典价格理论学者的抵触，这导致很多人对经济学界感到疏离。新生代劳动经济学者在开始职业生涯时，曾自诩为新古典主义的改革者，因为他们虽然把马歇尔的需求和供给模型作为基本的理论工具，但又寻求拓展它，以纳入希克斯在《工资理论》中忽略的市场缺陷和非经济因素（Kerr，1988）。令他们沮丧的是，这种改良尝试不仅不被经济学界的"统治精英"（微观经济价格理论学者）看好，还经常被蔑视为"纯属社会学"（Reynolds，1988）。这方面的决定性事件，莱斯特在《美国经济评论》上发表了《工资-雇佣问题应用边际分析的缺陷》（1946a）一文之后得到的反应。该文抨击了以新古典理论的边际分析法解释工资和雇佣水平决定的不合理性。对此，弗里兹·马克卢普（Fritz Machlup，1946）和乔治·斯蒂格勒（George Stigler，1947）撰文还击，毫不掩饰他们作为理论经济学者的咄咄敌意。他们对莱斯特寸步不让，反过来批判他不理解新古典价格理论的内涵，同时他的数据也没有证明他所声称的内容[22]。

政策观点上的差异也进一步加深了新古典价格理论学者与新

生代劳动经济学者之间的裂痕。新生代劳动经济学者一般倾向于赞同集体谈判和最低工资等保护性劳工立法（Lester，1947a；Reynolds，1957，1988）。他们的依据是，非工会劳动力市场包含内在的缺陷，让雇主掌握了对工资的某种市场权力，给工资结构带来很大程度的扭曲和不公。因此，他们认为，集体谈判和最低工资法是对雇主权力的有效制约，是提高生产效率和改善管理方法的动力，也是增加工作场所公平性的手段。相反，新古典理论学者（Stigler，1947；Simons，1948；Lindblom，1949；Machlup，1951）对工会和最低工资法的作用及影响完全持否定意见。他们从劳动力市场高度竞争性的假设出发，主张工会是工资膨胀和生产效率下降的垄断性来源。同时，最低工资等保护性劳工立法不仅会降低市场经济的分配效率，还会导致工作机会的减少，伤害而不是帮助低薪工人[23]。

因为这些见解的差异和由此产生的学术对立，新生代劳动经济学者开始觉得自己并不完全受到主流经济学的欢迎或接纳，他们的研究和观点也不会在美国经济学会得到公正的对待。因此，他们在20世纪40年代末和50年代初开始步入产业关系领域。这首先是由于他们对该领域有真正的兴趣，其次是由于该领域为他们提供了一个天然的焦点问题，供他们探讨和追求制度主义导向的研究。这些动机与他们创立IRRA也有很大关系[24]。例如，莱斯特在受到斯蒂格勒和马克卢普的打击后不久，即牵头组织了IRRA，这绝非偶然。IRRA对新生代劳动经济学者来说具有避难所的功能，这一点在以下方面也有所体现：后来担任过协会主席的人群中，制度主义倾向的劳动经济学者占大多数；经济学相关的问题在年会分会场主题中占有超乎寻常的数量；每届年会的举办时间及地点都与美国经济学会的年会保持相同。

劳动经济学与人际关系的发展历程具有多个显著的共同点。两者的学术前身都是在20世纪20年代和30年代就已出现，但直到40年代初，才形成具有清晰理论框架和学术边界的特定领域。它们也都与产业关系建立了强大的连属关系，人际关系是与其中的PM学派，而劳动经济学则是与其中的ILE学派。两者的主要区别是，劳动经济学者在"二战"前就比行为科学研究者更为积极地投身到产业关系的学术研究领域，并具有更广泛的代表性。于是，在战后对工会和劳资关系所迸发的关注当中，劳动经济学者被推上IR领域黄金发展时期（20世纪40年代末和50年代）的前台，占据了显要的位置。

黄金时代的研究

在上述时代变化和知识进步的共同作用下，产业关系研究在20世纪50年代实现了前所未有的井喷式发展。这一时期的IR研究在数量、学科广度和跨学科特色等方面都表现突出。

数量

产业关系无疑是20世纪50年代最繁荣的社会和行为科学领域之一。电脑检索标题含有"产业关系"（industrial relations）的文献，1930年到1939年的时间段内只能找到15条，而1950年到

1959年则达到60多条。并且，如果将产业关系界定为与雇主—雇员关系相关的任何问题，这段时间的文献数量将不计其数。再加上发表于学术期刊和会议论文集上的文章，对比会更加明显，一部分原因是50年代出现了《产业与劳工关系评论》以及IRRA会议论文集等定期刊物，它们都专门发表IR研究成果，而30年代还没有这样的刊物。

学科广度

20世纪50年代IR研究的学科广度同样引人注目。当然，经济学占有极大的比重。老一辈的代表人物有萨姆纳·斯利切特和埃德温·威特。年轻一代当中除了众多的劳动经济学者，保罗·萨缪尔森（Paul Samuelson）、米尔顿·弗里德曼（Milton Freidman）、弗里兹·马克卢普、爱德华·张伯伦（Edward Chamberlain）等多位理论经济学者也与该领域有接触。劳动经济学者本身是一个比较混杂的群体，它的一端是管理或工会问题专家，而非传统意义上的经济学者［例如乔治·施特劳斯、弗莱德里克·哈宾逊（Frederick Harbison）、米尔顿·德伯、乔治·泰勒、詹姆斯·黑利（James Healy）、德尔·约达］，另一端则是应用价格理论学者和统计学者［例如格雷格·刘易斯、马丁·布朗芬卜兰厄（Martin Bronfenbrenner）、梅尔维·莱德（Melvin Reder）、加里·贝克尔（Gary Becker）］。两端之间是一个庞大的群体，包括约翰·邓洛普、克拉克·克尔、理查德·莱斯特、劳埃德·雷诺兹、亚瑟·罗斯、查尔斯·迈尔斯、尼尔·张伯伦（Neil Chamberlain)、阿尔伯特·瑞思（Albert Rees）、劳伊德·埃尔曼（Lloyd Ulman）、约瑟夫·希斯特（Joseph Shister）等，他们结合了上述两端的视野。

产业关系领域还吸引了很多其他领域的研究者，其中与人际关系运动相关（各人亲疏程度不同）的群体最为突出。这一群体除精神领袖埃尔顿·梅奥外，还包括人类学者康拉德·阿伦斯伯格、艾略特·查普尔（Eliot Chapple）、劳伊德·华纳；心理学者道格拉斯·麦格雷戈、亚瑟·康豪瑟（Arthur Kornhauser）、丹尼尔·阿吉里斯（Daniel Argyris）；社会学者乔治·霍曼斯、威廉·富特·怀特、伯雷夫·加德纳、麦尔维莱·道尔顿（Melville Dalton）、哈罗德·威伦斯基（Harold Wilensky）[25]。除了人际关系运动，其他许多非经济学领域的学者也参与到产业关系研究，其中包括结构功能学派（社会学的一个思想流派，总体上敌视人际关系的小群体及内部导向观点）的社会学者，如赖因哈德·本迪克斯（Reinhard Bendix）、赫伯特·布鲁莫（Herbert Blumer）、罗伯特·杜宾（Robert Dubin）、莱特·米尔斯（C. Wright Mills）、威尔伯特·墨尔（Wilbert Moore）；经营科学和管理学领域的彼得·德鲁克（Peter Drucker）、赫伯特·诺斯拉普（Herbert Northrup）；历史学者欧文·伯恩斯坦（Irving Bernstein）；法学者本杰明·阿伦（Benjamin Aaron）；政治学者劳伊德·费舍（Lloyd Fisher）、西摩·李普塞特（Seymour Lipset）；人事管理学者唐纳德·帕特森。

多学科的广泛参与，使 IR 研究在问题意识、理论视野和研究方法上都达到了前所未有的广度[26]。

哈罗德·威伦斯基（社会学者、芝加哥大学 IR 中心研究员）的一部卓越但几乎被完全忽视的著作——《产业关系大纲》(*Syllabus of Industrial Relationships*，1954)，是这一广度的最好证明。威伦斯基称这部大纲旨在为产业关系研究提供一个"路线图"，而将其划分成五个主要研究领域，分别是城市工业社会的特点与发展方向；工业社会的工作架构（包括劳动力市场和人力资源的管理）；工会的历史、组织管理和影响；集体谈判的制度、过程和问题；以及公共政策[27]。威伦斯基以长达 300 页的篇幅，对上述每个领域的研究成果和研究课题进行了综述。他所引用的学术期刊名称，象征了 20 世纪 50 年代中期产业关系研究的广泛性，这些期刊包括《应用人类学》(*Applied Anthropology*)、《美国经济评论》、《美国社会学期刊》(*American Journal of Sociology*)、《哈佛商业评论》(*Harvard Business Review*)、《人类组织》(*Human Organization*)、《产业与劳工关系评论》(*Industrial and Labor Relations Review*)、《应用心理学杂志》(*Journal of Applied Psychology*)、《人事》和《社会动力》(*Social Forces*)。

跨学科特色

如前所述，人们创办 IR 学院及研究所的主要学术理由，是相信通过借鉴吸取来自雇佣关系各相关学科的方法和思想，注重合作性、综合性的研究设计，将实质增强劳动问题的研究和解决。20 世纪 50 年代的 IR 学者运用三种不同的方法，力争实践这一理念。

第一种方法是进行跨学科研究，也就是说，在某个学科受过训练的人去研究传统上由其他学科的学者探索的问题。例如，有多位经济学者研究了管理问题，包括集体谈判对管理实践的影响（Chamberlain，1948；Slichter, Healy and Livernash，1960），以及工作评价（Kerr and Fisher，1950）和招募及招聘方法（Lester，1954）等具体的人事问题。这方面最为卓越的成果，有赫伯特·西蒙（Herbert Simon）的《管理行为》（*Administrative Behavior*，1947）、怀特·巴克的《组织纽带》（*Bonds of Organization*，1950）和《融合过程》（*The Fusion Process*，1953）等著作。一些非经济学者也跨越了学科界限，其中包括威廉·富特·怀特对激励工资制度和雇员生产效率的研究（1955），劳伊德·费舍对收获期短工劳动力市场的研究（1953），以及罗伯特·杜宾（1949）、本杰明·塞莱克曼和西尔维娅·塞莱克曼（Sylvia Selekman）对集体谈判如何影响生产效率的研究（1950）。

第二种方法是选择一个特定的 IR 主题，然后围绕该主题组织多个学科的学者撰写系列论文，以鼓励思想和观点的融合。由亚瑟·康豪瑟（心理学）、罗伯特·杜宾（社会学）和亚瑟·罗斯（经济学）共同主编的《工业冲突》（*Industrial Conflict*，1954）一书，即是其中一例。该书刊载了包括三位主编在内的三十多位学者的供稿，很多人都是产业关系领域大名鼎鼎的学者，来自经济学、社会学、心理学、历史学和法学等多个学科领域。另一个值得关注的是《工业和平的根源》（*Causes of Industrial Peace*，Golden and Parker，1955），该书由国家规划联合会（National Planning Association）资助，刊登了一系列有关集体谈判各方关系的案例研究，作者当中既有学者，也有实业人士。

第三种方法，也是最雄心勃勃的方法，即组织跨学科的研究者团队从事项目研究。这类研究的典型是《伊利尼城的劳资关系》（*Labor-Management Relations in Illini City*, Derber et al., 1953）。它包括两卷，由三位经济学者、三位社会学者和两位心理学者合作完成。这项研究值得一提有两个原因：第一，它始终是美国产业关系领域实施真正跨学科研究的一次最为彻底的尝试；第二，相对于它的巨大投入，回报却寥寥无几[28]。这一令人失望的结果，尽管部分出于项目本身的特殊原因，但许多研究者都认为它是当头一棒，令人清醒地认识到跨学科研究的内在局限和风险（参见 Derber et al., 1950; Derber, 1967）。

团队研究的另一个成果，是《工业主义与工业人》（*Industrialism and Industrial Man*, 1960）。它由克拉克·克尔、约翰·邓洛普、弗莱德里克·哈宾逊和查尔斯·迈尔斯等四人撰写，至少构成了一个准跨学科的群体。20 世纪 50 年代出现了一个国际及比较 IR 研究（international and comparative IR research）的小高潮，尤其是关于产业关系实践的跨国模式、发达国家与欠发达国家 IR 结构和结果的比较[29]。"经济发展中的劳动问题校际研究"项目，是推动这一研究热潮产生的背后力量。该项目由克尔、邓洛普、哈宾逊和迈尔斯（他们都是经济学者，但迈尔斯和哈宾逊更是管理学专家）发起和组织，并得到了福特基金会的赞助。在该项目的支持下，50 年代共有 12 部著作和 20 余篇文章出版和发表，广泛吸收了来自众多学科的贡献。这些研究中最引人注目的就是4位项目带头人撰写的《工业主义与工业人》。该书的核心是比较在不同国家之间，工业化的进程对劳动力市场的制度、劳动力、管理精英、社会的"规则制定者"及一国文化和价值体系的影响。其中心结论是"趋同假说"（convergence hypothesis），即随着各个国家的发展，工业化进程的要求将使其社会、经济和政治体系的基本特征趋向于一个共同的标准（例如开放流动的社会、工人抗议活动和阶级冲突的水平降低、政府对劳动力市场的参与不断增加）。

本书一经出版，即引起学术界对产业关系问题的极大关注，作者们也希望它将开启该领域研究的新方向。但这一希望在很大程度上落空了，对此将在第6章进一步阐述。不过，趋同假说却是一个至今仍在热议的话题，尽管更多是在社会学领域，而非产业关系领域（参见 Form，1979；Goldthorpe，1984）[30]。

人际关系论战

上述的研究趋势反映了各种向心力的影响，它们努力汇集和整合与产业关系相关的各个学科。但不幸的是，离心力也在同时削弱学科之间的连带关系。其中最显著的就是"学术大论战"（Landsberger，1958：1）。它发生于20世纪40年代和50年代，论战的双方分别是产业关系研究中人际关系方法的支持者和批判者——这种划分接近于对应该领域历来在PM学派和ILE学派之间的分界。

人际关系的批判者主要来自经济学和社会学，也有一小部分

第 5 章
产业关系的黄金时代

来自政治学和其他领域。经济学者当中很少有人支持人际关系思想，而20世纪50年代最具影响力的ILE学派成员、劳动经济学者克拉克·克尔和约翰·邓洛普，更是两位直言不讳的批判者。

经济学者通常一致反对人际关系，但工业社会学者却有严重的分歧。克尔和费舍（1957）称为"工厂社会学者"（plant sociologist），以及米勒和佛姆（1980）称为"互动主义者"（interactionists）的群体，是人际关系最为积极的支持者。威廉·富特·怀特和乔治·霍曼斯都属于这个群体。而米勒和佛姆称为"结构主义者"（structuralists）的群体，则是人际关系的批判者，该群体包括赫伯特·布鲁莫、莱特·米尔斯和威尔伯特·墨尔等人。

批评者以各种理由攻击人际关系思想（参见 Bell, 1947; Blumer, 1948; Mills, 1948; Bendix and Fisher, 1949; Dunlop, 1950; Barkin, 1950; Kerr and Fisher, 1957; Roethlisberger, 1977）。以下是几个比较重要的理由：人际关系研究忽视了经济、社会、政治和技术等外部条件对IR结果的影响，而过于强调内在的社会和心理因素；人际关系研究中使用的自变量（如情感、互动模式、领导风格）可能对因变量只有微量作用，而且很多不是真正意义上的自变量，而是代表因变量或中介变量；人际关系研究中假定的人性模型存在根本的缺陷，因为它过分强调了非逻辑情感、失范感、对稳定和群体归属感的需求等因素的作用；崇尚竞争、个人主义的社会发展，并没有威胁到社会和经济的混乱，反而促进了政治自由和经济增长；人际关系思想淡化了工人和管理者之间的利益冲突，助长了管理方为实现利润目标而操纵工人的行为；人际关系在理念和实践上都是反工会的。

几位人际关系的支持者驳斥了上述批评,并指出经济学者对产业关系的研究方法存在缺陷(参见 Arensberg,1951;Whyte,1950,1959;Arensberg and Tootell,1957)。他们的主要观点如下:人际关系并没有忽视外部环境变量,而是将它们作为"给定条件",在此基础上分析工厂内部的社会系统如何进行调节;人际关系研究中强调的内在心理和社会因素对 IR 结果具有重大影响,远远超过其批判者认为的程度,这部分是因为技术和经济系统不具有决定性,管理者在如何组织工作和管理工人方面有很大的自由裁量权;经济学者的产业关系理论将工会和工厂视为组织的"黑匣子",这样就无法确定外部条件变量导致特定 IR 结果的链接机制;经济学者的理性、个人主义行为模型大错特错,因为它忽视了工作的社会层面,以及习俗、仪式、符号、群体规范和制裁等所起的作用;对人际关系的很多批评实质都为误导,因为它们都是在攻击梅奥及其忠实追随者提出的假设或观点,而后来的许多人际关系论者都抛弃了这些论点,或者压根儿就没有赞同过;人际关系思想的宗旨是促进雇员工作满意度的提升,以及工人与管理者的合作,但这并不意味着它天生就反对工会,因为人际关系的倡导者承认,工会可以保护雇员的关键利益,并有助于促进工厂内部社会秩序的稳定。

人际关系论战对产业关系领域的影响利弊参半。从正面看,论战鼓励产业关系各相关学科的学者交换意见,有助于打破横亘在经济学者与社会学者、社会学者与心理学者、心理学者与历学者之间诸如此类的壁垒。它还为 ILE 学派的"外部主义者"（externalist）和 PM 学派的"内部主义者"（internalist）达成理论上的和解，或者说妥协（modus vivendi），提出了一个大致的解决方案。

查尔斯·迈尔斯（1955：46）在《工业和平的根源》的一章中，最为清晰地表述了这一和解的本质。他尝试归纳和整合了克拉克·克尔、约翰·邓洛普和道格拉斯·麦格雷戈等几位作者的观点：

> 在前面的章节中，我们已经看到，有利的外部环境因素是怎样为管理方和工会创造了建立和平关系的机会；以及特定的态度、方法、政策和程序是怎样在具体的场景中使实现这些关系成为可能……环境因素……本身不能带来和平。各种有利环境因素的叠加，会让管理方和工会更容易达成彼此认可、没有冲突的和平关系，但当事人仍然必须具有和平的渴望，并努力争取和平的实现……环境因素……会大体建立一个范围，而在这个范围之内，管理方和工会能够在很大程度上自行决定他们之间的关系。

迈尔斯提出的折中方案，让 ILE 学派注重的外部环境因素，和 PM 学派注重的内部、社会及心理因素，都各得其所。实际上，迈尔斯说的是，环境因素（如经济条件、劳工法体系、通行的社会规范）决定劳资关系进行的背景，并对结果设定某些界限。但在这些界限之内，确切的结果取决于相关各方的政策、做法、态度和人际关系措施等变量。

不幸的是，无论是 ILE 学派，还是 PM 学派，都没有认真对待这一折中策略。在人际关系论战的对立双方中，ILE 学派的攻击更为强硬，更毫无妥协。这反过来导致了论战的严重消极后果：它大大加剧了学术和思想上的摩擦和对立，使 PM 学派和 ILE 学派的成员产生隔膜，并让前者更加认识到，他们在产业关系领域并不完全受欢迎。

如本章先前所述，20 世纪 40 年代末至 50 年代初，人际关系群体认为他们与产业关系领域具有学术上的联系。但 10 年过后，同样显而易见的是，他们与产业关系领域的联系已大为弱化。如第 6 章会具体阐述的那样，PM 学派脱离产业关系领域有很多原因，ILE 学派对人际关系猛烈强硬的攻击，无疑是其中的一个。

邓洛普、克尔及 ILE 学派的其他领军人物严厉批评人际关系，既有学术上的理由，也有政策和意识形态方面的原因。从学术的观点来看，他们认为人际关系几近完全忽视外部环境的因素，而过分强调内部的社会和心理因素。这一点他们强烈反对。邓洛普（1950：384）将这个立场阐述如下：

关注组织内部的沟通系统，或这些系统在工会与管理方的集体谈判中如何互动，而不经常考虑环境条件的话，作为对产业关系行为的解释，其作用是有限的。从这一点来看，在对产业关系行为的任何全面解释中，必须降低人际关系方法的比重，即将其降为次要角色[31]。

在政策及意识形态方面，ILE 学派与人际关系运动也存在根本分歧。例如，邓洛普和克尔在思想上坚定信仰产业关系新政体系及其对于集体谈判的支持。他们认为人际关系不过是维护管理方对工作场所的控制、将工会和集体谈判拒之门外的又一企图，只是做法更为巧妙罢了[32]。另外，人际关系强调合作和劳资一体，而 ILE 学派致力于经济、政治、社会领域的共同治理和多元主义，两者在这一点上也彼此冲突（Kerr，1954b；Kerr and Fisher，1957）。

面对这种敌对姿态，PM 学派的成员意识到自身在产业关系领域的地位，往好里说是次等群体，往坏里说，就是最不受欢迎的人（personna non grata）[33]。很多地方都传达出这个信号：对人际关系的刺耳攻击[34]；许多人际关系研究被排除在 IRRA 的年会之外，杰出的人际关系学者也无缘担任 IRRA 的主席[35]；《产业与劳工关系评论》极少刊登人际关系研究；在邓洛普极具影响力的著作《产业关系系统》（*Industrial Relations Systems*，1958）中，PM 学派的观点受到冷遇。由于这部著作对该领域后来的发展意义重大，需要进一步详加阐述。

邓洛普的《产业关系系统》

邓洛普（1958：vii）称，该书的宗旨是提出"产业关系的一般理论；该理论试图为诠释和理解尽可能广泛的产业关系事实和实践而提供分析工具。"邓洛普的一般理论模型包括三组行为主体：工人及其组织、管理者及其组织、与工作场所相关的政府机构。这些主体的行为和互动深受存在于每个产业关系系统中复杂规则（契约、法规、法令、规制、习惯做法、习俗等）的影响[36]。邓洛普主张，产业关系理论的核心任务，是解释特定的产业关系系统为何会产生特定的规则，这些规则又是如何以及为什么会随着影响系统的变化而变化。在邓洛普看来，这个问题的关键在于行为主体所处的外部环境。它由三个相互关联的要素组成：技术（生产过程、工厂规模、所需的工作技能等）；市场或预算约束（产品市场和劳动力市场的竞争程度、劳动力的特性、盈利的多少或预算的规模等）；行为主体的权力关系和地位（影响工会组建和谈判力量的法律、管理方被赋予多大的规则制定权等）。邓洛普模型中的最后一个组成部分是意识形态，即关于行为主体互动和角色的一套共有价值观和信念，它帮助产业关系系统成为一个整体。

这部著作有几个方面值得关注。首先，它是首次要明确构建产业关系一般理论的尝试。在此之前，也有学者针对产业关系行为的具体方面提出过"局部的"理论，例如康芒斯（1909）的市场延伸和工会发展理论，珀尔曼（1922）的工人运动理论，罗斯（1948）将工会作为经济环境中的一个政治组织的理论，等等。但在邓洛普之前从未有人试图构建一个概念性的框架，把产业关系的不同部分系统整合成为一个贯穿的整体。实际上，邓洛普想做的事情，是将产业关系从一个在别处汲取理论碎片的多学科研究领域，改造成一个具备宏大理论框架的独特学科，让雇佣关系中的所有行为现象都能从该框架中找到解释性的假说。

邓洛普著作的另一个显著方面，是它改变了产业关系领域的重心，使它从专注于收集事实、解决问题的制度主义情怀，走上

了注重理论建设、假设推导和假设检验的更为严谨的科学建构之路。在这方面,邓洛普说道(pp. vi-vii):

今天的产业关系领域也许可以用朱利安·哈克斯雷(Julian Huxley)的话来形容:"大量的事实在人类无知的平原上堆积成山……结果是原料泛滥成灾。到处都堆积着未加利用的事实,或即使利用也是偶尔为之。"……本书反映了以下的判断:关于产业关系的太多著述……都欠缺学术严谨性和学术规范。理论架构和导向是我们一直以来的需求。

邓洛普的著作还有一个特征,即它冷落了产业关系领域的 PM 观点,尤其是人际关系运动。在该书近 400 页的篇幅中,没有提到梅奥、罗斯里斯伯格、迪克森、怀特、霍曼斯以及 PM 的其他主要人物(本杰明·塞莱克曼勉强算是例外),也没有触及产业关系领域行为科学方面的重大研究成果。同样,邓洛普的理论框架几乎只关注外部环境,以及组织(企业、工会、企业和工会各自的联盟、政府)之间的关系,并将它们作为产业关系结果的决定因素,而近乎完全忽略人际关系模型的要素,如领导和管理风格、非正式工作群体、工人士气、互动模式和情感以及组织整合[37]。从这个意义上说,与邓洛普之前声明的人际关系方法只配在产业关系行为的完整解释中充当"次要角色"相比,他这一次走得更远。邓洛普虽然在立场上承认人际关系作为产业关系大家庭的成员,却在实质上否认它的重要性。邓洛普显然也不愿意接受迈尔斯提出的折中方案[38]。

这部著作最后值得注意的方面,是它对产业关系系统的阐述几乎完全以工会化的雇佣环境为框架。该书主要涉及非工会企业的地方是在第 116—117 页。邓洛普在此论述了管理权威的 4 种模式,即专制模式(dictatorial)、父爱模式(paternal)、宪制模式(constitutional)和工人参与模式(worker-participative)。前两种模式存在于非工会企业。除此之外,其他任何地方都没有涉及非工会企业(或这些权威模式)的任何细节,也没有提供这类企业的规则或规则制定的任何案例。与此形成鲜明对比的是,该书广泛讨论了采矿业、建筑业、铁路行业、汽车制造业的集体谈判情形,以及这些行业中经工会和企业谈判确定的规则的数十个案例。这些都给人留下了深刻的印象:在邓洛普的心目中,产业关系的问题大体上相当于工会经济部门(organized sector of the economy)的问题[39]。

邓洛普的这部书被普遍赞誉为一部重要的学术著作,至今仍有很多研究者认为它是对 IR 理论的最初和最好的阐述(参见 R. Adams,1988;Fiorito,1990;Meltz,1991)。在我看来,该书确实影响力巨大,但理由完全不在于学术水平和理论价值本身。《产业关系系统》一书是产业关系学术道路上的一个醒目的岔路标志。这个岔道口的形成,反过来说也是一个根本性矛盾的结果。邓洛普宣称该书提出了产业关系的一般理论,但它几乎完全略去了 PM 的观点、行为科学的研究发现、非工会(未组织工会的)经济部门、企业或工会的组织结构和内部动力学[40]。该书还力求改变产业

第 5 章
产业关系的黄金时代

关系领域的研究传统,从注重应用性、解决问题、多学科的研究方法,转向更具学术性、重视科学建构、单一学科的方向。

因此,邓洛普为产业关系领域提供了一个明确的选择。假如该领域遵照他所设定的模式,会有效甩掉 PM 学派及相关的行为科学学科,成为一个更加严谨但格局狭窄的领域,以经济学(以及法学,但程度较低)、工会和集体谈判研究和 ILE 学派的政策观点为导向发展;假如该领域拒绝邓洛普的模式,它将保持自 20 世纪 20 年代以来的构成形态——作为来自行为科学与非行为科学的各学科的联盟,以相对应用性和解决问题的研究方法为导向。它将在研究上相对平衡地涵盖工会企业和非工会企业,以及企业和工人组织的结构与运行,为解决劳动问题运用两种相互竞争的政策观点(ILE 学派和 PM 学派)。

产业关系领域选择的是哪条路呢?事后看来,该领域显然是沿着邓洛普铺设的道路发展,尽管原因多种多样,而且其中许多与邓洛普本人没有多大关系。就这样,在产业关系作为一个研究领域的学术发展史中,1958 年成为一个标志性的转折点。IR 学者们为何做此选择?第 6 章和第 7 章将回答这一关键的问题。

注　释

1. "黄金时代"一词出自施特劳斯和弗耶(Strauss and Feuille,1981),不过他们所指的是 1935 年至 1959 年这段时期。

2. 威特(Witte,1947:7)证实了这一时期对产业关系研究的高度兴趣。他说,"美国经济学会中把劳动列为其主要兴趣领域的成员要比其他任何成员都多"。威特还提到一项关于军队服役人员战后计划的调查结果,"在考虑接受大学教育的男女军人的选择中,产业关系的排名仅低于工程和会计"。

3. 这些结论的实际可靠性,与它们对于政策和实践的影响相反,直到 40 年以后,当人们使用现代的多元相关统计技术重新分析原始数据时,它们才受到严肃的质疑。理查德·弗兰卡和詹姆斯·考尔(Richard H. Franke and James D. Kaul, 1978)首先发难,他们发现,人际关系实践在解释继电器组装工人的产出变化当中只扮演一个小角色,更为重要的变量是外部经济环境、工作过程的管理控制和休息次数的变化。弗兰卡和考尔的结论随后又受到施莱佛(Schlaifer, 1980)的质疑,导致这一问题尚无定论。

4. 梅奥在医学和精神病理学领域的工作,以及几位重要的心理学者、社会学者和经理人的理论,对其观点都有极大的影响。梅奥从精神病理学领域的权威思想家皮埃尔·让内(Pierre Janet)的著述中得到启发,断定人们在个人生活或工作中遇到的问题及失调所造成的各种精神困扰会妨碍其工作表现。梅奥主张这些困扰会导致人们对工作场所产生"悲观臆想"(pessimistic reveries),以及拒绝服从、不努力工作和对抗等不良行为。法国社会学者埃米尔·杜尔凯姆(Emile Durkheim)和他的"失范"(anomie)概念,也对梅奥产生了重大影响。梅奥认为,很多工作场所的问题都是由这种漂泊和迷失状态造成的,因为它们破坏了工人的自我意识和社会存在感,从而破坏了有效合作的基础。另外,在意大利社会学者维尔弗雷多·帕累托(Vilfredo Pareto)的影响下,梅奥形成了工厂作为一个社会体系,而管理精英作为促进工厂内部社会秩序及统合的指导力量的想法。最后,《经理人员的职能》(1938)的作者,经理人切斯特·巴纳德提出的有关企业管理者的思想,尤其是以共识而非命令进行管理的思想,也给梅奥留下了深刻的印象。

梅奥对经济学者和他们鼓励个人主义和竞争的立场特别不满，因为在他看来，这些力量破坏了有效合作所必需的社会归属感和社会秩序，导致社会分裂成"一盘散沙"。梅奥（1945：59）指出："经济理论在人文意义上是远远不够的，事实上就是荒谬。人类被描述为一群个人，每个人都由自我利益驱动，每个人都为了稀缺的生存资料而与邻居争斗，这是不充分的。意识到这种理论完全伪造了正常的人类场景，促使我们回到对人类具体情况的研究（例如霍桑工厂的内部研究）。"

5. 梅奥认为，从霍桑试验中得到的所有关于成功管理的启示中，最重要的是运用人际关系技巧，促进工人和主管的合作以及团队精神（1945：73）："对所有从事管理工作的人来说，最值得密切关注的是两个问题，一是组织工作团队，二是这些团队自由参与组织任务和目标的制定，因为这直接影响他们的日常工作。" 12年后，康拉德·阿润斯伯格和杰弗里·图特尔（Conrad D. Arensberg and Geoffrey Tootell, 1957：312）又重提这一问题："他们（指梅奥主义者）保留了自己的特征，一再证明团队合作在创造工作士气和提高工人生产效率方面的关键作用。他们表明，士气和产出不单单或直接取决于个人激励，而是取决于身边同事间的'非正式组织'和小群体情感氛围。"

6. 梅奥本人在早期的著述中也大体忽视了工作场所的社会层面。例如，在发表于《哈珀氏》（Harper's, 1925）的一篇文章中，梅奥提出（pp. 229-30），"我们在谈到社会问题时很容易忘记，每一个社会问题归根结底都是个人问题"。梅奥在强调个体时，顺应了当时工业心理学者的主流趋势，即通过探索个体在心态、需要、动机等方面的不同，寻求对于人类行为差异的解释。因此，他在后来的著述中对工作社会层面的强调，代表了思想上的一个重大转变。

7. 华纳的第一项学术研究工作，是以南太平洋一个原始部落为对象的人类学田野调查。作为一个参与观察者，他记录下了该部落的各种社会关系及其各种仪式、习俗等具有的经济功能。随后，华纳被聘用协助设计霍桑工厂的电话总机配线实验。因此，决定将工人作为一个自主的社会群体来研究，观察和记录他们的日常举动和互动模式，是实实在在地继承了人类学的研究传统。

这种研究方法随后也被其他人际关系学者所采用。但是，尽管它有助于全面和详细了解工厂的生活，但也成为人际关系研究备受诟病的一个来由，人们批评它助长了对外界环境因素的忽视，尤其是来自政治和经济条件变化的影响（在南太平洋岛屿研究中，这些条件倒可以合理忽略）。例如，威廉·富特·怀特在关于一家钢铁厂 1937—1950 年发生的劳资冲突的研究中写道（1951b：221）："讲述这家工厂的故事时，几乎可以把它作为一个完全与世隔绝的单位。"这一表述基本名副其实，因为他的书中仅有三处提到外部对工厂内社会体系的影响。同样，在《人类群体》(*The Human Group*, 1950) 一书中，霍曼斯确定了三个影响群体行为的外部环境因素——社会环境、技术环境和物理环境（p.88），但没有考虑任何经济或法律条件。

8. 阿吉里斯（Argyris, 1954）全面回顾了美国 20 家研究中心或院系（其中包括 10 家产业关系研究所）当时正在从事的人际关系研究。他总结说，人际关系研究主要围绕三个问题：组织的本质、组织中个体行为的决定变量、管理和统合个体行为以强化组织有效性。他发现，对其中每一个问题的研究，都在使用多个理论框架或研究方法。阿伦斯伯格（Arensberg, 1951）在更早的一次人际关系研究回顾中，将人际关系分为三个独立的子学派。

9. 从科学建构来看，人事管理和人际关系是截然不同的研究领域。但从解决问题的角度来看，它们对于劳动问题的根源和改善产业关系

(即提高工作场所的效率、公平和个人福利)的最佳方法持有相似的观点,因此都可归入我所称呼的 PM 学派。作为证据,可将麦格雷戈和尼克博克(McGregor and Knickerbocker,1941)对改善产业关系的建议,与第 2 章阐述的 PM 学派进行对比,它们表现出高度的相似性。

10. 值得注意的是,尽管霍桑工厂没有工会,霍桑实验也不涉及劳资关系,但实验被视为产业关系领域内的研究。霍桑工厂的助理主管乔治·潘诺克发表过一篇叙述继电器组装实验结果的文章(Pennock,1930)。他在文中的第一句话就写道(p. 296):"如果要创造一门产业关系科学,个人就必须以科学的态度来解决产业关系问题。"同样,《人事杂志》评价《管理与工人》这部著作时,说它是"世界上有史以来最为卓越的产业关系著作"(Miller and Form,1951:4)。

11. 我认为,从事人际关系研究的大多数学者与劳动经济学者一样,也都曾经把自己的研究归入产业关系的总范畴。不过,他们的研究兴趣离雇主和雇员的互动问题越远,对产业关系的归属感也就越弱。PM 学派的有些学者,像库尔特·勒温和伦塞斯·里克特等人,本来就是关注管理的心理与行政方面,他们不认为与产业关系有什么学术亲缘关系;还有些学者,像克里斯·阿吉里斯和乔治·霍曼斯等人,认为有点关系(比如阿吉里斯曾是 IRRA 执行董事会的成员);而本杰明·塞莱克曼和威廉·富特·怀特等人,则认为具有实质性的关系。经济学者也类似,不过特殊性在于越是靠近新古典经济学派,与产业关系的联系也就越弱。例如,克拉克·克尔和理查德·莱斯特与产业关系联系密切,梅尔维·莱德和格雷格·刘易斯只感觉到一点儿联系(刘易斯在电话交谈中告诉我的),而米尔顿·弗里德曼则很可能认为没有任何联系(尽管他确实在 20 世纪 50 年代写过关于劳工的文章)。最后一点是,当我们说霍曼斯和克尔都把自己视为产业关系领域的成员时,只不过是表示他们对雇佣关系具有共同的兴趣而已。他们具体的研究兴趣和学科视角实则相差甚远（分别是社会学和经济学）。

12. 布拉姆简要阐述过劳动力市场的概念，他说（1925：128）："在所有的市场中，劳动力市场最为糟糕（即运行最缺乏效率）。"他后来又说（pp. 372-73）："在竞争条件下，社会购买者对于更廉价商品的需求……迫使企业进行严酷的竞争，并打破工资标准，最终走向'血汗工厂'这个极端却合乎逻辑的终点"，同时，"工会是一个联合起来保护共同利益的群体，……（且）迫于个体谈判者的弱小而形成。大规模工业、资本的集中和技能的退化，已经使孤立的工人成为整个生产系统中一个微不足道的单位，但却大大增加了大雇主的权力、影响和资源"。

13. 威特的说法（1954：131）也体现了这一点："我从历史学转为经济学，是因为我的主教授弗雷德里克·杰克逊·特纳（Frederick Jackson Turner）……离开了威斯康星大学，并告诉我在本校众多优秀的历史学教授当中，约翰·康芒斯是最优秀的，尽管他隶属经济学系。"康芒斯也精通社会学和人类学，一定程度上是因为 1929 年以前，这些领域在威斯康星大学是落户于经济学系，而他又是当时的系主任。同样，人类学也对同属于制度主义者的托斯丹·凡勃伦的著作产生了特别重大的影响（Dorfman，1959）。

梅奥和人际关系运动的其他成员极少了解制度经济学者的研究，尽管两者的研究多有共同之处。例如，康芒斯、霍克西和斯利切特都论述过限产问题，并指出工人如何利用群体制裁来控制生产水平（见 Commons, 1919; Hoxie, 1915; Slichter, 1919b），但梅奥（1933）、罗斯里斯伯格和迪克森（Roethlisberger and Dickson, 1939）在叙述这一现象时，好像它是一个新发现。[哈佛团队也同样忽视了工程师斯坦利·马修森（Stanley Mathewson）撰写的一部有关限产问题的名著（1931）。]在研究方法上，梅奥（1945）主张研究者应该在着手发展理论和检验假设之前，首先使用临床访谈技巧洞察工人的感受和态度，这种立场近似于制度主义者，后者也赞成研究者必须在运用"实地调研"（go and see）的案例研究方法收集详细的事实之后，再去发展理论。最后相似的一点是，人际关系论者强调非正式工作群体、工作场所惯例和社会关系对企业运行和生产水平的重要影响，这正与康芒斯试图在制度经济学中构建的核心领域——集体影响（collective influence），属于同类的问题。兰兹伯格（Landsberger, 1958: 89）在提到《管理与工人》一书时指出了这种联系，他说"该书包含了制度分析（无论是社会学分析还是经济学分析）的心理学基础"。

14. 康芒斯的《制度经济学》（1934b）极其难读，正如他在第一页承认的那样，读过该书初稿的人们告诉他，他们"不能理解我的理论和我追求的目标，还说我的理论太过自我，恐怕无人能懂"。科茨（Coats, 1983）对康芒斯的理论研究做了批判性评价。想了解更为肯定的评论，可参考哈特（Harter, 1962）和张伯伦（Chamberlain, 1963）的论述。

15. 芝加哥大学劳动经济学者保罗·道格拉斯的研究，属于一个大的例外。道格拉斯横跨新古典主义和制度主义两个阵营，因为他一方面是一流的理论学者和统计学者（他与柯布共同发明了柯布–道格拉斯生产函数，并与他人合作了第一个预测劳动供给函数的研究）；而另一方面，他又是管理和人事问题的一位知识渊博的权威，在著述中非常强调劳动力市场的不完善性，也因此赞同工会和保护性劳工立法。除了道格拉斯，哈佛大学的萨姆纳·斯利切特和芝加哥大学的海瑞·米雷斯也值得关注。他们对劳动问题的阐述具有较大的制度主义特征，但又特别熟谙经济理论（见 Slichter, 1931）。

16. 还有一位年轻的经济学者格雷格·刘易斯，也曾在 20 世纪 40 年代初从事过劳工研究。30 年代末，他在芝加哥大学师从保罗·道格拉斯做博士研究，毕业后担任了教职。之所以没有把刘易斯放入文中知名劳动经济学者的行列，是因为他在出版有关工会和相对工资的著作（Lewis, 1963）之前，研究成果对产业关系领域的影响较小。刘易斯在早期对该领域的重大影响，是通过对芝加哥大学的研究生，如阿尔伯特·瑞思和加里·贝克尔的影响，但这种影响更为间接。

刘易斯被誉为"现代"或"分析"劳动经济学之父（Rees, 1976，《美国经济评论》1982年9月，卷首页）。我认为更确切的称呼是芝加哥学派劳动经济学之父，或者美国劳动经济学新古典复兴之父，两者在本质上相同。正如我在别处（Kaufman, 1988：197）也主张的那样，只有狭义地解释"现代"或"分析"，即彻底应用竞争价格理论研究劳动力市场，尤其是以严格的统计分析检验假设时，才能把刘易斯称为"分析"经济学或"现代"劳动经济学之父。如果将"现代"和"分析"更宽泛地解释为分析劳动力市场的运行和劳动供求的决定因素，那么保罗·道格拉斯堪称该领域的先驱，而邓洛普、克尔、莱斯特和雷诺兹等经济学者均可称"父"。

17. 理查德·莱斯特的教科书《劳动经济学》（1941）最清楚地体现了劳动问题和劳动力市场这两种劳动经济学研究方法的区别。该书与以往劳动问题教科书相比，有三个不同的特征：它侧重于劳动力市场而不是劳动问题本身；供求条件决定劳动力市场结果这一点具有了重大意义；它运用需求和（或）供给曲线图等分析技术。这部教科书还代表着康芒斯的制度主义和希克斯的新古典主义之间一个有趣的中间地带。从莱斯特关注劳动力市场的运行和供求关系这方面看，他明显追随希克斯和劳动经济学的新古典方法。但从他关注劳动力市场的不完善性，以及相对善意地对待工会和保护性劳工立法来看，他又显然遵循了制度主义的路线。

18. 关于如何恰当地称呼这些劳动经济学者，尤其是他们属于新古典学派还是制度学派，一直争论不休（见 Kaufman，1988）。例如，格伦·凯恩（Glen Cain，1976）称他们为新制度主义者（neoinstitutionalists），理由如下：他们与早期的制度主义者一样，基本上拒绝承认新古典竞争理论是理解劳动力市场行为的有用工具；他们渴望在经济理论中融入更具有行为特征的人类模型、不完全竞争模型以及组织因素（规则、社会关系、企业政策）的影响；他们都支持经济多元主义，尤其是集体谈判。对此，克尔（1988）反驳说，新制度主义的称呼并不准确，称"新古典修正主义者"（neoclassical revisionists）应该更好。他的理由是，这些经济学者将自己视为马歇尔而不是康芒斯的直系继承人；他们的研究以劳动力市场的运行为重点，并在研究这些市场时运用供求理论；他们希望对经济理论进行改革，使之更加符合实际，而不是像制度主义者被认为的那样，要彻底取代它。

因为对合适的称呼缺乏共识，我一直避免使用它们。我个人的意见是，这些经济学者在职业生涯中以新古典改良者起步，但逐渐随时间变化，到 20 世纪 50 年代末已实际成为新制度主义者。例如，20 世纪 50 年代的其他劳动经济学者就把他们视为制度主义学派的成员（如 McConnell，1955；Ferguson，1965）。而且，他们还频繁使用类似于康芒斯提出的理论概念或思想，如工作规则（Kerr and Siegel，1955；Dunlop，1958）、合理价值（reasonable value）（Lester，1973）、多元主义（Kerr，1954b）和劳动力市场的不完善性（Kerr，1950；Lester，1951；L. Reynolds，1951）。最后，他们还试图在经济分析中融入其他学科的洞见。例如，詹姆斯·科克伦（1979：141）对《工业主义与工业人》（Kerr et al.，1960）一书评论说："克尔、邓洛普、哈宾逊、迈尔斯及其合作者的研究兴趣不是集中在市场现象上。这些作者的导向是结合经济学和社会学……因此，该校际研究项目虽然确有一个正统的、新古典主义的理论体系，但它却代表了"二战"

后一代的部分人，他们选择无视或至少是抑制自己对正统的热情。他们继承了早期的传统，但却朝着自己的方向前进。"

还有一条证据来自邓洛普最近批判现代劳动经济学的两篇文章（1984a，1988）。邓洛普认为，新古典理论具有缺陷，是因为它忽略了支配雇佣关系的复杂规则、工作场所的社会关系模式、非竞争群体（noncompeting groups）的存在和劳动力市场的各种制度形式。在我看来，这些改革的意见显然符合制度主义的传统，但邓洛普予以了否认。相反，他辩解说，当今的劳动经济学已经被以芝加哥大学为堡垒的一小撮"帝国主义"微观理论学者所颠覆，他所主张的立场并不是放弃新古典理论而选择制度主义，而是回归到保罗·萨缪尔森、罗伯特·索洛（Robert Solow）和约翰·希克斯（John Hicks，1960年后）等人所代表的"主流"劳动经济学。这样一来，问题就产生了。"主流经济学"（按照邓洛普的说法）是否在其理论或实证研究中对邓洛普指出的那些被忽略的因素给予过相当的重视呢？而且，当今的劳动经济学对这些因素的忽略，是体现了少数人的思想压制，还是大多数人的自愿默许呢？我觉得，恐怕第一个问题的答案是"否"，而第二个问题的答案则是"自愿默许"。

在最近的电话交谈中，理查德·莱斯特提出，比上述称呼更为准确的也许是"社会科学劳动经济学者"（social science labor economists），而克拉克·克尔则提议"凯恩斯主义劳动经济学者"（Keynesian labor economists）。两个称呼都分别捕捉到了这些经济学者研究视角的一个重要侧面。

19. 莱斯特（1952：485）表达这一观点说："解释复杂的工资差异现象……显然涉及建立一种新的理论。这意味着摸索出一个理论落脚点，位置介于视野狭隘的传统理论，与德国历史学派或美国制度主义者无所不包的混沌之间。"他接着指出，该理论应把管理者和工人的多元动机考虑在内，并包容经济、心理、政治、社会和制度等要素的跨学科组合。

20. 在克尔和邓洛普身上就体现了这种双重兴趣。克尔从阿巴·勒纳（Abba Lerner）和奥斯卡·兰格（Oscar Lange）等老师那里接受了正规的经济学训练，这些老师都是理论经济学者。克尔阅读的是希克斯的《工资理论》，而不是布拉姆的《劳动经济学》。但是，他的第一项研究，却是对摘棉花工人的一次罢工的调查（Kerr，1988）。再说邓洛普，他具备比同时期任何一个新生代劳动经济学者都优秀的分析技能，并在多个经济理论领域（如谈判模型、工会工资决定模型、劳动供求函数）发表过有影响的文章和著作。但与此同时，他也进入政府和行业的最高层，参与解决劳资纠纷和监督工资—价格管制计划的实施（Dunlop，1984b）。据我推测，他们职业生涯的这种双重性，反映了他们对科学建构和解决问题都有兴趣，因此在劳动经济学和产业关系这两个领域从事研究。

21. 回顾邓洛普、克尔、莱斯特和雷诺兹等人的研究，可以发现在20世纪50年代中期以前，他们的大多数著述都是关于劳动力市场运行的某个方面，或者工会对劳动力市场的影响，但此后他们的研究兴趣就转移到劳资关系、工会的功能、结构和发展以及工业化中的工人角色等方面（见 Kaufman，1988：233-44）。例如，邓洛普和克尔从1954年起，将大量精力投入完成福特基金会的"劳动问题与经济发展的校际研究"项目，从中诞生了《工业主义与工业人》（Kerr et al.，1960）和《产业关系系统》（Dunlop，1958）这两部著作。这方面还有一点是，这些经济学者最积极参与的专业学会是IRRA，而不是美国经济学会（AEA）。如果询问现在的劳动经济学者，我不相信他们中的大多数会把产业关系，而不是劳动经济学作为自己的主要研究领域。

22.《工会的影响》（*The Impact of the Union*，Wright，1951）一书的出版，也体现出理论学者和ILE劳动经济学者之间的分歧。该书刊载了8位著名经济理论学者撰写的系列论文,以及他们就工会影响工资、雇佣、通胀等市场结果的一场圆桌讨论。没有一位劳动经济学者受邀参与该书的出版,对此,劳埃德·雷诺兹(1953:474)评论说:"该书的策划问世似乎来自一种感觉——套用一句关于将军的名言就是——劳动经济学太过重要,不能交给劳动经济学者。"(译者注:"关于将军的名言"是指法国政治家乔治·克里孟梭的名言:"战争太过重要,不能交给将军。")制度经济学者埃德温·威特的传记也提供了一条这方面的证据。传记作者塞隆·施拉巴赫(Theron F. Schlabach, 1969:224)写道,"威特从同行那里感受到的疏离感在20世纪40年代末达到顶峰",并提到威特抱怨说,自诩为制度主义者,就"相当于承认自己根本就不是个经济学者"。

23. 两伙经济学者对工会的不同看法,在"劳工垄断"问题上的争议中体现较为明显。这一点可参考莱斯特(Lester, 1947b)和刘易斯(Lewis, 1951)。

24. 在克拉克·克尔(1983)纪念 IRRA 成立 36 周年的一篇文章中,最详尽地叙述了创办者的宗旨和目标。文中(p.14)明确表示,创办 IRRA 是经济学界的一个叛逆行为,主导性目标是为制度主义导向的劳动经济学者和他们在其他学科的同道提供一个组织家园。他的原话是:"我们(年轻一代的劳动经济学者)从一开始就是叛逆者。我们第一次在美国经济学会的年会上见面,几乎就像密谋者一样在走廊里抱怨当时在我们看来,这些年会对劳动经济学的忽视……几乎令我们不可思议的是……劳动……比方说与资本的角色相比,竟然被如此忽视;企业受到这么多的关注,而工会却极少被人提及;劳动力市场即使得到关注,也简直被视同为商品市场;每天都上报纸标题的集体谈判,却进不了大多数传统经济学者的研究视野;但尤为重要的是,经济学理论似乎是沿着微观经济层面前进的,而与现实的联系太少。"

第 5 章
产业关系的黄金时代

克尔接着说明了协会创立者的目标（p.15）："我们在创立协会时抱有几个目标。首先，我们想聚在一起，让彼此更加熟悉，互相了解别人在做什么，这在美国经济学会人声鼎沸的环境中是不可能的。第二，我们希望对美国经济学会的年会议程产生影响……（并唤起）理论学者对我们的研究方向和研究成果（的关注）。第三，我们想创造一个论坛，让来自工会、工业界和政府的实务人士都可以参与，他们绝不会在美国经济学会感觉自在，也因此绝不会去参加它的年会……我们的第四个目标，是召集社会科学相关领域，尤其是法学、社会学、政治学和心理学的学者，来共同探讨那些显然超出于经济学传统界限的问题。"

从这些表述可以清楚看到，IRRA 产生于双重动机。对外宣称的动机，是鼓励从各个学科和思想观点研究雇佣关系（如 IRRA 宪章所述）。第二个动机，而且对克尔和其他创始人来说，显然也更为重要的一个动机，是为那些向往制度主义导向和跨学科模式的研究，而这些研究又不被美国经济学会接受的劳动经济学者，提供一个自己的论坛。事后看来，可能 IRRA 的创办者追求其中任何一个目标，都比同时追求两个会更好。如果 IRRA 意在推动产业关系领域的发展，它就应该代表更为广泛的学科和思想观点，也就必然不会因为经济学是 ILE 学派的学科基础，就以经济学为核心。［克尔（1983：17）建议，社会学也许可以成为产业关系的一个更好的学科基础。这个建议好处很多，因为社会学的核心似乎就是划分 PM 学派和 ILE 学派的学科分界线。］相反，如果 IRRA 想致力推广制度主义导向的劳动经济学这一品牌，那最好是将其作为自己的使命，为协会取一个相应的恰当名称，在研究项目和出版物中明确追求这一目标。［约达（Yoder，1958：3）说，IRRA 最初选择的名称是"美国劳工研究学会"（American Association for Labor Research），它也许更好地传达了第二个动机的宗旨。］实际上，IRRA 在劳动经济学领域的反叛行动中始终过于怯

169

懦，并且更为糟糕的是，它拒绝对 PM 学派的成员和观点给予同等地位，从而破坏了"产业关系"一词的原始含义和精髓。

25. 下面的几个书名，显示了行为科学学者对产业关系领域的积极参与：《产业关系社会学》(*The Sociology of Industrial Relations*, Knox, 1955)、《产业关系与社会秩序》(*Industrial Relations and the Social Order*, Moore, 1951) 和《产业关系心理学》(*Psychology of Industrial Relations*, Lawshe et al., 1953)。

26. 在 20 世纪 40 至 50 年代，大多数产业关系研究都出自学者，这与早期由管理阶层、工会官员和咨询顾问执笔大量文献的情况不同。例外包括克林顿·戈尔登和哈罗德·鲁滕贝格 (Clinton Golden and Harold Ruttenberg, 1942)、所罗门·巴尔金 (Solomon Barkin, 1950, 1957)，这些作者都是工会官员；以及罗伯特·约翰逊 (Robert Johnson, 1949) 和卡特·尼曼 (Carter Nyman, 1949)，这两位作者都是企业高管。

27. 显然，威伦斯基不知道社会科学研究委员会在 1928 年制作的这份更早的产业关系"分布图"（见表 1-1），因为他对此只字未提。两者的主要区别在于，威伦斯基省略了图中出现的一些边缘研究领域（例如生理学、化学和教育学），同时更为深入地考察了研究文献。两者之间的相似之处，是它们都将产业关系广泛界定为包括工作场所范围内的所有关系模式（例如，企业内部"老板与手下"的垂直关系、工厂或车间内部工人及工作群体之间的水平关系、工人和工会之间的关系、工会和企业这类组织之间的关系），并覆盖行为科学和社会科学的广泛学科和研究领域。

28. 据施特劳斯（1979：371）说："该项目被公认为失败。它很少被引用……（并且）似乎对其他研究影响甚微。"

29. 德伯 (1968) 发现，15 个 IR 中心在 1956—1959 年期间从事的全

部研究项目之中,有 17.3% 属于国际研究。在德伯调查的 14 个研究领域中,管理组织与沟通是最热门的领域(占 18.6%),其次就是国际 IR 研究。

30. 科克伦(Cochrane,1979)全面回顾了该"校际研究"项目的发起和发展,并对《工业主义与工业人》一书的优缺点进行了评价。邓洛普等该书四位作者对自身研究结论的反思,收于他们的一部合著(Dunlop et al.,1975)。

31. 克尔和西根(Kerr and Siege,1954)关于各行业罢工倾向的研究,为邓洛普的观点提供了实际的证明。他们的研究表明,煤矿和码头作业等特定行业在几乎所有的工业化国家中都易于发生罢工。他们认为,该模式反映了这些行业中共同存在的环境特征(例如工作的危险性),而与个别企业的人际关系实践无关。

32. 人际关系反工会倾向的范围和程度,是个争议颇大的问题(参见 Landsberger,1958)。确实,梅奥对工会的态度似乎很矛盾,并认为工会经常通过干扰工厂内部"自发合作"的发展而扮演不尽如人意的角色。但是,后来的人际关系作者却略费苦心地赋予工会在人际关系概念模型及实践和政策规范中的存在合理性。例如,怀特(1951b)主张,工会是他研究的钢铁厂内部社会系统的组成部分;霍曼斯(1954:57)也承认,"如果没有工会,我们就应该发明工会。……我们不仅要接受工会将继续存在的事实,还要接受工会需要继续存在的看法"。

然而,这些让步并没有消除人际关系批判者的担忧(参见 Kerr and Fisher,1957)。在他们看来,强调劳资合作和开明管理,在理论和实践上都是反工会的。从理论上说,人际关系学派似乎在否认 ILE 学派的基本原则,即工人和管理者的关系中存在不可避免的对立因素;管理者相对于工人具有内在的权力优势,而且经济和法律力量对这种权力的机会主义行使起到的制约作用有限；劳资冲突不可避免，且冲突具有社会效果；多元主义在国家经济和政治制度中的存在恰当合理。从实践上说，许多人际关系的批判者都认为集体谈判具有正面的社会和经济效果，支持它作为工作场所治理的基本手段。在他们看来，人际关系的最终效果是降低工人对工会的兴趣，这是一个不利于工人及整个社会长远利益的目标。实际上，在工会的问题上，ILE学派的成员把人际关系学派视为披着羊皮的狼，而因此与之为敌。

乔治·施特劳斯（1992）在一篇自序中谈到这个问题时说（p.20）："直到1989年，在一次讨论人力资源管理在产业关系研究协会中的角色时，约翰·邓洛普还坚持把HRM称为'人际关系'，在他看来，这不过是另外一种破坏工会的手段。这些攻击至今仍令人痛心。作为一个研究工会人际关系的人，我觉得指责人际关系反工会是极不公平的。恰恰相反，我在1948年麦格雷戈的课堂上记的笔记明确显示，麦格雷戈把没有工会的人际关系看成是一种伪善。……诚然，梅奥可能被当成'家长式的'，甚至有点'法西斯式的'。罗斯里斯伯格是希望管理做到足够好，达到不需要工会的程度。对他而言，工会只是坏消息的一个体现。"

最后值得一提的是，虽然PM学派的不少学术界成员对工会持中立或赞成态度，但实务人士可绝非如此。第3章提到在20世纪30年代，PM学派撰写产业关系问题的很多作者都是管理者和咨询顾问。只要工会仅仅是很小的威胁，像在30年代早期那样，这些作者就会安心于他们与产业关系的联系，并且在很大程度上控制他们对工会的反感。然而，1935年《瓦格纳法案》的通过和30年代末工会成员的急剧增加，很快改变了这种局面。他们对工会运动和国家劳工政策的攻击变得更加放肆和严苛，而且对产业关系领域的共鸣和投入也明显减弱（参见Spates，1944）。最终，他们远离了产业关系领域，比PM学派的学者群体早了5到10年。

33. 克里斯·阿吉里斯的经历很说明问题。他 1951 年从康奈尔大学获得产业关系博士学位，主要研究方向是人际关系，博士阶段的学术训练主要在社会心理学、临床心理学和社会学领域。在一次电话访谈中，他说自己在 20 世纪 50 年代初期对产业关系有强烈的归属感，认为人际关系研究是该领域的一个有机组成部分。他还说，加入产业关系很有吸引力，因为它提供了一个整合人际关系的社会和心理研究与 ILE 学派的经济和制度研究的机会。但是，他发现大多数经济学者对这种整合都不感兴趣。

20 世纪 50 年代初，IRRA 和社会科学研究委员会请阿吉里斯主持一项调查美国各主要大学人际关系研究的项目。1954 年，他在委员会的一次会议上公布了调研结果（参见 Argyris, 1954）。他说，尽管有些 ILE 成员对人际关系研究表现出真正的兴趣，但他感觉多数人的态度都在漠不关心和敌视之间。有鉴于此，到 50 年代末期他就基本不再积极介入产业关系领域。阿吉里斯列举了几个大多数经济学者不接受人际关系研究的原因：它被看作对工会和集体谈判的威胁；过"软"（不科学）；是一种操控工人的手段。

34. 克尔和费舍（Kerr and Fisher, 1957: 282）提供了一个这类攻击的例证："在过去的几年里，这批社会学者的规模和影响力都稳步上升，随之产生了对经济学者治学工具的某些非难。对熟悉思想史的人来说，这些非难惊人地似曾相识。它们无异于教会和贵族对启蒙运动者的抽象的、个人主义概念的非难；伯克（Burke）以社会和集团的优先权高于虚构的'理性人'（reasoning man）概念的优先权为名对法国大革命的非难；19 世纪德国浪漫主义者以'民间的更伟大现实'（greater reality of the folk）为名的非难……这是以和谐、凝聚力和传统文化为名义对理性进行非难的最现代一幕。"

35. 威廉·富特·怀特以产业关系人际关系学派领军人物的身份，在

1963 年当选为 IRRA 的主席，似与这个说法相矛盾。但是，到 1963 年，ILE 和 PM 两派之间的人际关系论战实际上已经结束，人际关系群体已进入脱离产业关系的过程。因此，我的感觉是，1963 年的怀特是"政治"上的"安全"人选，因为此时人际关系运动已不再对 ILE 学派在该领域的霸权构成威胁，而如果他早 10 年当选的话，本来是有可能打开通往真正分享政治权力和学术观点的大门。（我的这种解读得到了怀特本人的支持，他在一次电话交谈中说得知自己当选后非常惊讶，他在 20 世纪 60 年代初就已基本不太积极参与协会的活动，所以他认为 IRRA 选择他的动机在于对他过去在该领域的工作和成就表示敬意，并显示一种迟来的大公无私的精神。）

如果 IRRA 确实真心包容各种观点和学科的话，那么其他的 PM 成员在 20 世纪 50 年代至 60 年代初就可能当选为主席。这些人包括道格拉斯·麦格雷戈，他是 MIT 产业关系分部的前主任，也是名著《企业的人之一面》（*The Human Side of Enterprise*，1960）一书的作者；克里斯·阿吉里斯，他是耶鲁大学劳资中心的研究主任，其著作《个性与组织》（*Personality and Organization*，1957）被广为引用；罗伯特·杜宾，一名社会学者，写过大量产业关系方面的文章和著作。怀特·巴克是 50 年代当选 IRRA 主席而又确实与人际关系学派密切相关的一个人。但也许并非巧合的是，在所有就人际关系问题著书立说的作者当中，巴克与经济学科及 IRRA 中的 ILE 学派走得最近［他和克拉克·克尔、查尔斯·安罗德（Charles Anrod）合著的《工会、管理方与公众》（*Unions, Management, and the Public*，1948）就是证明之一］。

36. "规则网"（web of rules）的概念和这些规则对于构建产业关系系统（ILE 部分）的重要性，最早由克尔和西根（Kerr and Siegel，1955）提出。

37. 这方面颇具讽刺意味的是，邓洛普在构建自己的模型时，从社会学者塔尔科特·帕森斯（Talcott Parsons）的著作中吸取了很多灵感（见《产业关系系统》第一章的附录），后者反过来又受到维尔弗雷多·帕累托（Vilfredo Pareto）的影响，而埃尔顿·梅奥在帕累托的启发下，确立了工厂作为一个独立社会系统的概念。

38. 邓洛普在一次电话访谈中进一步阐述了自己的立场。他认为，在20世纪50年代，产业关系（ILE部分）由一套使之具备科学研究价值、相互联系的学术概念构成，但人际关系主要是面向实务人员从事管理"工具"的开发和应用工作，因此对学术本身没有多大兴趣。他还坚持说，雇佣关系的实质基本是由企业的外部条件所规定（参见 Dunlop, 1993）。同时，他还相信，工作场所的规则（此处的规则泛指正式和非正式的惯例、标准和政策）包含雇佣关系中最适合进行科学研究的方面。因此，邓洛普不接受迈尔斯的折中方案，在他看来，迈尔斯试图解释的因变量（劳资关系的基调）变化，不是任何理论能说得清的问题。

39. 邓洛普早期的一篇文章（1954：92）对这个诠释提供了进一步支持。他在文章中说："本文（产业关系研究的回顾）认为产业关系的核心，是各级工会组织、管理方组织及两者之间的互动。"对这种把产业关系即狭义的劳资关系（labor-management）概念的理解，我能在"二战"之前的文献中找到的唯一"先驱"，是利欧·沃尔曼（Leo Wolman）发表在《社会科学百科全书》1932年版的一篇文章（7：710-17）。沃尔曼对产业关系领域的论述，几乎完全围绕着劳工运动和劳资关系（union-management relations）的发展。他之所以具有这种局限性的看法，可能与他在1931年以前一直担任"联合制衣工人工会"的研究主任有关。

菲奥里托（Fiorito, 1990）和梅尔茨（Meltz, 1991）都强烈反对我在这里做出的判断，即《产业关系系统》包含的理论模型过分忽视管理角色、非工会部门和雇佣关系的行为层面。但是,我认为他们的论据没有说服力。例如,菲奥里托主张,实际的 IR 系统模型包括上述所有的要素,然而,他所指的这个"实际"模型,不在邓洛普的书中,而是在他记录的、未公开发表的米尔顿·德伯的课堂讲义里。邓洛普的书必须根据它本身来评判,而不是别人对它的课堂诠释。同样,梅尔茨主张,很难理解人们为何批评邓洛普忽视了雇佣关系的行为方面,因为他明确区分了正式规则和非正式规则。但是,全书没有一个地方具体阐述了这些非正式规则(或通常制订这些规则的非正式工作群体)。

40. 邓洛普极为重视工会和企业作为组织之间的互动,但对于工人加入工会的动机,以及工会在谈判的要求、结构和策略方面的政策和做法由哪些条件决定等问题,却很少关注。从这个意义上说,他的产业关系研究视野甚至要小于 ILE 学派。

但是,邓洛普对"内部"维度的忽略,与他在之前两次学术辩论中的立场是一致的。第一次是与亚瑟·罗斯的辩论,围绕邓洛普(1944)的工会"经济"模型和罗斯(1948)的"政治"模型。罗斯在书中着力强调工会领导人、社会及心理因素(例如"强制比较轨道":orbits of coercive comparison)对工会的工资政策决定的作用。邓洛普主张,这种立场过分强调了工会的内部组织动力学,而忽视了外部经济环境的影响。第二次辩论是在邓洛普和威廉·富特·怀特之间(见 Dunlop, 1950;Whyte, 1950),论题是人际关系框架在 IR 研究中的利与弊。如前所示,人际关系框架强调多数的群体行为都有社会或心理上的根源(例如,渴望在社会群体中获得归属感,建立群体的规范和制裁来保护群体共同利益),而不是出于经济原因。邓洛普对此进行了严厉的批判。他在这个问题上的立场,使他很难在《产业关系系统》的理论模型中考虑类似"加入工会"等问题,因为关于这类问题的很多研究都往往强调常见于人际关系文献的社会和心理动机（如 Hoxie，1917；Tannenbaum，1921；Leiserson，1959：16-31）。

没有人比邓洛普更熟悉企业和工会的内部运行，因此，毫无疑问，他明白内部组织的层面真实存在。他在自己的理论中略去这一因素，只能解释为反映了他如下的看法，即内部的组织、心理和社会因素在产业关系系统的运行当中仅扮演相对次要的角色（如他1950年的文章所述）。这是一个完全可以接受的立场，但如果他能在书中明确阐述这个观点，并提供相应的实证支持，而不是将它作为一个暗含的假设，会更好一些。有一些证据表明，这些年来邓洛普的立场可能有所软化。他在1988年发表的一篇文章中，详细论述了企业内部的非正式社会组织对工资决定发挥的重要作用，并引用埃尔顿·梅奥的一本书作为证据。

| 第6章 |

产业关系的空洞化

第6章
产业关系的空洞化

从表面上看,产业关系在20世纪60年代和70年代,实现了作为一个研究领域的扩张和巩固。美国IR机构的数量持续上升,到1965年已达40多个(Derber,1967:8),并且直到70年代都保持增长。1960年以后,俄勒冈大学、俄亥俄州立大学、艾奥瓦州立大学、亚拉巴马大学、佐治亚州立大学、佩斯大学、纽约理工学院、北得克萨斯大学、泽维尔大学和克利夫兰州立大学都创立了新的机构。博士学位项目也在增加。一些学校(如伊利诺伊州立大学、密歇根州立大学)仿效康奈尔大学的模式,设立了单独的跨学科产业关系博士项目,而其他学校(如艾奥瓦州立大学、佐治亚州立大学)则是在商学或经济学的现有博士项目中设置了IR方向。

研究方面的进展尽管不如上述那么明朗,但也明显存在积极信号。例如,1961年,由加州大学伯克利分校产业关系研究所(Institute of Industrial Relations)主办的《产业关系》(*Industrial Relations*)杂志创刊[1]。在公共部门的集体谈判和人力计划等以前从未探索过的领域,也有大量的新研究成果问世。此外,学者们也在研究中运用更多的数学、公式化的理论模型和统计学。最后,值得一提的是,IRRA的学界会员人数从1960年到1979年几乎翻了三倍。小赫伯特·海诺曼对一项截至20世纪60年代末完成的IR研究的调查结果深感震惊,乃至于宣称(也许带有某种程度的

夸张）："本世纪前半叶两大最为重要的学科，是数学和物理学；而在后半叶，这一地位必属产业关系无疑。"（1968：49）

海诺曼这么说，是以产业关系领域涵盖工作"世界"的所有方面为前提，并且在他看来，工作世界的发展和趋势已成为一国经济社会进步的核心。但是，具有讽刺意味的是，在海诺曼写下这些文字的同时，该领域的内核正遭受着严重侵蚀，其中就涉及"工作"这个以前根本不存在学术"主权"争议的问题。尤其是1960年到1979年间，产业关系领域经历了一个走向空洞化的过程。它的领地大面积缩减，从一个研究工作世界的所有方面、由行为科学和非行为科学组成的联盟，变为一个只关注工会、集体谈判、特殊群体（如少数民族、老年人、穷人）雇佣问题的狭小领域。其核心的忠诚参与者主要是一小群制度劳动经济学者，且人数也在减少。

如果工会运动和集体谈判还像过去的20年那样，在20世纪60年代和70年代继续保持上升势头，研究对象的缩小或许有其学术上的理由，学术组织的存续也不成问题。但当时的情况并非如此。实际上，非工会经济部门才是新增就业的主要源头，也是雇佣关系实践创新的主要发起者（Foulkes，1980；Kochan, Katz and McKersie，1986）。于是，产业关系领域对工会运动和集体谈判研究的固守，使其自身渐渐走向衰落。这种状况在20世纪70年代还若隐若现，但20世纪80年代以后就再清楚不过了。

本章将探索产业关系空洞化的表现及其原因。首先将探讨的具体内容如下：20世纪60年代围绕产业关系理论和学科地位的争论；产业关系从包容"雇佣关系所有方面"的一个广义范畴，缩小为一个只涉及"劳资"（labor-management）的狭义范畴；PM学派决定中断与产业关系领域的联系，成为一个独立并居于产业关系对立面的研究领域；劳动经济学与产业关系不断疏远。之后我将探讨导致这些空洞化现象的四个原因：产业关系学界更加重视科学建构，同时贬低解决问题的研究；PM学派和ILE学派使用的理论模型互不相容；不利的社会局势；产业关系领域的学术领袖们偏向集体谈判的价值观。

关于IR的理论和学科地位的争论

20世纪60年代的IR学者明显感到，产业关系已迷失了学术方向。因此，大量的文章和书籍都用一种反省的、时常伴有批判的眼光审视该领域。这种气氛与短短几年前还很盛行的绝对乐观情绪似乎形成了某种怪异的反差。在一次围绕IR机构存在的多项问题进行讨论的会议上，唐纳德·伍兹（Donald Woods, 1968：87）的发言真实体现了这一时代氛围：

我本不太情愿做今天上午的工作，因为我觉得，我们的讨论不过是一个已经播放很久的唱片的一节而已。这个唱片多年重复着同一套老掉牙的旋律，唱着同一套陈旧的歌词。查看几乎任何一个产业关系或人事方面协会的年度论文集，总能见到对产业关系二流地位的公开贬低。话题永远是老一套——缺乏严谨的理论基础；理论和实践的脱节；缺乏学术凝聚力和声望；产业关系是否应该成为一个独立的学科；产业关系应该向传统意义的学科上发展，还是本质上即为一个跨学科的领域。

正如伍兹所说，这一时期有关理论和方法的争论，总是围绕着那么几个相关联的主题：IR 最应该被视为一门艺术，还是科学；IR 是否具备一个理论框架，如果尚不具备，那是否有可能具备；IR 是否已是一个真正的学科，如果答案否定，那是否可能并应该去追求这一目标；最后，在那些确信 IR 本不是一个独立学科的学者之间，人们讨论它的教学和研究应该是以结构松散的多学科为基础，还是应该以内部高度整合的跨学科为基础。实际上，正如我即将阐释的那样，IR 学者们争论的焦点，不外乎是该领域两种不同建构方法的优劣问题。

艺术还是科学？

到底应该把 IR 归为艺术还是科学的争论，其问题根源来自该领域创始者们的多个目标：变革工作场所的组织和制度；颁布实施新的公共政策；追求知识进步。20 世纪 50 年代以前，IR 领域严重倾向于前两个目标，因此明显呈现出应用性和问题导向的特征。制度主义对它强烈的学术影响，也强化了这一特征。因为制度主义偏爱归纳性、案例性和历史性的研究方法，而不是更为公式化的、演绎推导的理论和框架。

赞同 IR 是一门艺术或解决问题的活动的人们，基本上是站在改革、公共政策和制度主义的立场。因此，这个立场的早期倡议

第 6 章
产业关系的空洞化

者道格拉斯·布朗，在 IRRA 的主席就职演讲中曾这样说过（1952：6）：

产业关系不是一门科学。相反，它是对产生于思想、制度和个人情感中的价值进行研究，因为这些价值将体现在群体的组织和行动之中。要理解和解决群体组织及行动的问题，绝不可能脱离对这些价值的更为根本的理解，是它们决定了个人的行为。不管科学方法论在这一过程中可能多么有用，产业关系研究和实践的目标都超出了科学的边界（timber line）。

斯利克特、黑利和利沃纳什（Slichter, Healy and Livernash, 1960：6）也讲过类似的内容："产业关系包含的因素以及它们出现时的排列组合方式是如此之多，以至于很难建立确有价值的理论。重要的是了解正在发生的事情，并看到产业关系的每一种情形都带有或多或少的特殊性，且必须作为一个整体去解释。"

此外，乔治·舒尔茨（1968：1）也在 IRRA 的主席就职演讲中称："在我看来，产业关系领域是建立在问题导向之上的。它本身不是一个学科，而是借鉴很多学科的理论和技术，去理解和帮助解决工作场所、劳动力市场和谈判桌上的问题。"

其他 IR 学者的观点则与此相反。例如，约翰·邓洛普（1958：vi-vii）声称，该领域过分沉迷于网罗事实，这导致它缺乏科学的严谨性，它最大的需求莫过于建立一个理论框架。另一位"科学观"的支持者米尔顿·德伯也说（1964：604）：

185

我相信，注重特殊性的"艺术观"所起的作用常常是有限的……如果每个案例都是独一无二的，调查很多的案例又有什么意义呢？……对产业关系研究的社会科学态度，会促进发展不同的氛围。它首先意味着对科学方法的自觉认识。这种认识将推动研究者从问题的根本理论基础去解构这一问题；促使研究者对研究设计和更有效的数据收集技术感兴趣；鼓励研究者尝试各种不同的定量观察工具；激励研究者从更广阔的视野考察自己的研究问题和数据，得出假说和今后要研究的关键问题。

产业关系的学科地位

另一个争议之处，是 IR 是否已取得作为一个学科的地位，如果尚未取得，那么是否可能并应该取得。马丁·艾斯提在给 IRRA 的一份总结他对 IR 学术机构全面调查结果的报告中，以下面的说法证实了这一问题的重要性："也许，产业关系领域的教育者们最为之殚精竭虑的挑战性问题，是该领域从其自身而言，是否或能否成为一个学科。"（1960：99）

回顾这一时期的文献，会发现大多数的 IR 学者都认为，该领域尚未获得一个真正的学科地位（Tripp, 1964；Woods, 1968；Shultz, 1968；Heneman, 1969）。例如，杰拉德·萨默斯（Gerald Somers, 1969：vii）说，"即使是产业关系最为赤诚的支持者也必须承认，该领域还没有取得与那些传统学科相匹敌的地位"。有些人心安理得地接受这种地位的欠缺，还有一些人则相信这预示着该领域的衰落。前者的依据，是雇佣问题的研究既然需要多样化的理论和方法，那么多学科特征不啻为产业关系的强项（Aronson，1961：42-43；Shultz，1964）。而反对者则主张，多学科特征正是该领域的薄弱之处，因为缺乏统一的理论框架（学科成立的必要条件），将阻碍缜密严谨的研究，导致学者们抛弃 IR 而回到自身所属的学科（Somers，1969：40）。

产业关系理论

有关 IR 学科地位的争论，与是否能够和应该建立 IR 理论的争议密切相关。大多数 IR 学者都承认，尽管邓洛普尽了最大努力，该领域依然缺乏统一的理论框架（Aronson，1961；Chamberlain，1960；Derber，1964；Heneman，1969；Somers，1969）。但是，围绕框架建立的可行性和恰当性，争论相当激烈。

支持理论建构的人们举出了若干的理由。他们说，研究者需要在理论的指引下，选择研究题目、推导假设和解释取得的数据。罗伯特·阿劳森（Robert L. Aronson，1961：27-28）表达这一观点如下：

从理想上说，我们在构想研究课题时，应该有一个恢宏重大的理论框架作为参照。也就是说，我们应该始终将类似于某种学术架构的东西置于面前，它会帮助我们梳理知识，在具有社会意义的研究问题与默顿（Merton）所说的"科学上微不足道的问题"之间进行选择。……在我们这个领域，任何形式的理论建构，不论层次高低，实际上都极为罕见。我们最常做的，就是首先收集数据，之后才提出研究问题，或者是希望通过统计操作，使这些数据自动生成有用的关系模式。不用从逻辑上判断，经验也会自然告诉我们，凭这种幼稚的实证主义并不能够获得深层次理解。

理论缺位导致的另一个常见问题，是该领域的研究课题总是在学者们对报纸最新头条或基金动向的追随下变来变去。对此，德伯（1964：606）表示：

这份对战后研究的不完全概括可导出两个结论：（a）在相对较短的时间内（不到二十年），产业关系研究在不同学科领域间的波动非常大；（b）这种波动始终与当代公共问题的热点转移密切相关……问题具有一定多样性是可取的，这不仅有利于一般的研究者保持头脑的灵活，还可以充实后续的研究项目。但是，凭着"追随头条"或"跟从基金的诱惑"，无法建立确实可靠的概念、事实和原则。

支持 IR 理论建构的学者们指出，将自己建立在案例研究实证主义（类似于描述性、统计性的方法）的调查结果之上，就只能对雇佣问题的根源和建议的解决方案，提供一时的、事后的诊断评估。正如阿劳森（1961：34）所说，"理论框架在我们这个领域的缺失，是我们未能成功预测和应对公共政策和公众关心问题的原因。这也许是一个绝顶讽刺：我们回避理论而追求经验主义，

第6章
产业关系的空洞化

却在实际问题面前无能为力"。

另有一些学者则否认 IR 理论建构的可行性和恰当性。他们有两个基本论据,鉴于研究对象(雇佣关系)的本质,不可能建立一套产业关系自身特有的理论。对此,尼尔·张伯伦(Neil Chamberlain, 1960: 101-3)表示:

如果停步想想,什么是构成联系我们这个专业领域"居民"的纽带,那我们将会被逼倒退至一个薄弱的防线,即该领域包括所有研究兴趣与"劳动"相接的人们……然而,我还不能在劳动问题的研究中发现任何统一的主题……劳动一词——我甚至不能称为概念,因为它代表的是一系列概念——不会创造任何一以贯之或占据核心的研究焦点,以便为我们的联盟赋予其存在意义。没有一个广泛的问题能让所有人都团结起来,去寻求更多的理解。"劳动"可能以其众多的背景和概念形式,成为一种组织知识的工具,但它不具备作为一个总的研究方向的实质内容。在组织知识方面,打个比方说,它的用处无异于把所有提到货币的地方都说成是货币研究。

伍兹用不同的说法表达了同样的观点(1968: 88):

如果我们对"产业关系"的定义足够宽泛到涵盖与该领域相关的所有学科——劳动经济学、劳工法、劳工史、人际关系和行为科学——那么我们并不拥有一个统括所有这些领域的单一的、统一的理论,而且可能永远也不会拥有。是的,我们也许可以建立一些更广的理论框架,至少用来更好地理解产业关系运行的一些变量和关系,但这并不意味着可以提供一整套理论作为操作和分析的工具。

如果无法构建 IR 理论,那么次优的方法是什么呢?据这群学者给出的答案,首先应该认识到,如果学者们各自专注于在构成产业关系领域的每一个学科之内建立理论,那么就能在最短的时间内实现理论的发展;其次是将产业关系作为一个致力于解决问题的应用性领域,根据眼前的问题搭配使用各种理论和概念。张伯伦(1960:102-3)对此这样阐述:

我不是在批评一个人尽其能力去理解和吸取多个领域和学科知识的重要性。我只是想说,知识的进步由各种来源的零碎知识组成,这些知识以有意义的模式组合在一起,围绕概念进行组织,并与核心问题相关。我确信,这种需要就是我们每一个人对自己的母学科留有一份俄狄浦斯情结的原因……我的意思是,从其他领域获得的信息的重要性,会通过将其注入我们单个母学科特有的理论关注之中得到加强,而不是因此丧失。

同样,伍兹(1968:88)也说:

如果我们去看产业关系中的某些特定领域,比如劳动经济学,就会发现那里已经有一些现成的理论。这些理论建构中存在着缺口。而且，我们也没有尽可能严密或广泛地运用这些理论工具和概念。但是，解决方法不是抛弃我们的根本学科基础（不管它是什么），而是改进它，使之对它外围的产业关系领域更有意义。我的观点是，我们必须极大地依托各自的母学科去获取新的理论观点，但与此同时，也乐于接受相关学科已有的任何相关概念。

跨学科还是多学科？

争论的另一个维度，是关于 IR 研究基于跨学科或多学科的利弊。对这个问题，德伯（1967：16）做了如下表述：

跨学科方式的相对优越性依然备受争议。其赞成者提出，只有运用多个学科的概念和技术，才能恰如其分地研究和分析劳动问题。根据问题的需要结合相关的学科进行研究，就能够从这些学科的最前沿、最高度的发展中受益。而跨学科研究的反对者则认为，这种方法过于耗时，并迫使人们做出关系到降低学科标准的妥协。

人们普遍同意，20 世纪 50 年代中期以后，产业关系跨学科研究［即不同学科的学者整合各学科理论概念和（或）方法性工具所进行的研究］的数量明显下降（Derber, 1967: 136; Filley, 1968）。然而，这种现象是否值得惋惜、哀叹，意见并不统一。如德伯所说，那些认为本领域的宗旨主要是解决问题的 IR 学者偏好跨学科的方法。他们的基本理由在于，雇佣问题几乎总是牵涉到经济、社会、心理、法律和组织的各个方面，因此要充分理解和解决雇佣问题，就需要融合所有相关领域的理论和观点（Dunnette and Bass，1963；Shultz，1964）。

但是，有的学者持不同意见（Somers，1961，1969；Heneman，1969）。他们认为，研究的主要目标应该是不断推进知识的前沿，把产业关系建设成为一门科学，这就意味着应重点构建理论和检验假设。因此，这部分人对跨学科研究的优点持相当的怀疑态度，理由是跨越了学科界限，就很难去进行理论建构和提出假设。他们倾向于以下两种方案：较为理想的方案，是为产业关系领域创造一个自身特有的理论基础，使之成为一门独立的学科；退而求其次的方案，是将产业关系领域构建为一个松散的多学科领域，使研究者专注于本学科的学术建设，并在可能的场合鼓励思想的交汇融合。

意义

值得注意的是，20 世纪 60 年代以前，也就是产业关系作为一个学术领域诞生之后的整整 40 年间，没有出现过关于如何恰当构建产业关系领域的争议。鉴于人们早年对产业关系领域的基本特征存在普遍的共识（Miller and Form，1951；Wilensky，1954；Reynolds，1955），就应该把争议的出现看作一个有力的证据，它表明该领域的学术基础在近期产生了变动，或者处于重组的过程。

同时，这些争议代表了关于该领域性质和未来的两种针锋相对的观点。一种是"传统主义者"（traditionalists）的观点，他们希望产业关系保留作为学者联盟的特征，这些学者来自不同学科，围绕劳动问题从事应用性的、经验主义的跨学科研究。另一种则是"现代主义者"（modernists）的观点，他们更强调从事严谨的科学研究的重要性。

现代主义者成为该领域的变革推动者，因为该领域当时的状况不能提供他们最想要的东西——一个理论框架和追求"硬"科学研究的机会。对这一理论框架的渴望，将现代主义者引到两个潜在相反的方向。理想的方向是建立一个理论框架，以此整合与雇佣关系相关的各个学科，从而将产业关系建设成为一个与经济学、社会学并驾齐驱的真正学科。然而，如果整合的努力失败，现代主义者对理论和科学建构的追求则会导致一个迥然不同的结果，即产业关系领域的分崩离析。当研究者们撤回到各自的母学科和理论框架，当产业关系的各个学科领域被剥离出来，归入与当前研究问题最相关的理论框架所属的学科，这种情况就会发生。争议各方或许并没有充分认识到他们的选择会有何后果，但这些选择对产业关系领域的未来产生了重大的影响。

学术领域的收缩

在 IR 学者沉迷于解决问题还是科学建构的争论时，另一个转型也在发生。它的意义殊为深远，但很少有人提及。这个转型就是该领域学术范围的收缩：从包括雇佣关系所有方面的研究，尤其是涉及工会和非工会两类工作场所，收缩到主要聚焦于工会和集体谈判的研究[2]。

产业关系领域的收缩自何时开始，很难确切断定。但是，可以认为，随着产业关系领域在"二战"之后不久兴起的组织建设，收缩过程便已开始，并在20世纪50年代中期至末期的IR研究中体现明显，60年代初以后更是加速发展，直至70年代早期基本完成。

20世纪50年代中期以前，大家理所当然地认为产业关系兼容ILE学派和PM学派，因此涵盖雇主—雇员关系的所有相关问题，不论是在工会场所还是非工会场所，也不论是跨组织还是组织内部的场合[3]。如上一章所述，这一定位在IR学术项目和学术研究中都得到明确认可。在20世纪60年代和70年代，IR学术项目的课程始终覆盖ILE和PM两派的内容，坚守着该领域最初设想的广义、综合的理念。然而，在研究方面，该领域却陷入日益矛盾的境地。IR学者依然表示忠于该领域的广义概念（Heneman，1969；Somers，1969），但实际从事的研究却越来越远离管理学或行为科学，同时越来越侧重于集体谈判和劳动经济学。

产业关系的两大学术期刊——《ILR评论》和《产业关系》的论文主题变化，明显体现了这种收缩的趋势。我分别查阅了《ILR评论》在1955—1959年和1975—1979年这两个时期刊登的论文，计算了它们涉及工会和集体谈判、劳动经济学、人事和组织行为学（OB）三大领域的比例[4]。1955—1959年，68%的论文与工会和集体谈判有关，22%与劳动经济学有关，10%与人事和组织

第 6 章
产业关系的空洞化

行为学有关。1975—1979 年，这一比例分别为 33%、61% 和 6%。

对《产业关系》我也做了同样的计算，但考察的时期始于 1961—1965 年（该刊于 1961 年创刊）。1961—1965 年，50% 的论文与工会和集体谈判有关，24% 与劳动经济学有关，26% 与人事和组织行为学有关。1975—1979 年，这一比例分别为 51%、36% 和 13%。

显然，到 20 世纪 70 年代末，IR 核心期刊已近乎成为劳动力市场、集体谈判和特殊劳动力群体雇佣问题等 ILE 学派独占的研究领地。同样重要的是，纯劳动经济学的论文比例呈上升趋势，这在《ILR 评论》中表现得尤为明显，20 年间几乎翻了三倍。在同一时期，描述性的案例研究和使用参与观察法得到的数据（制度学者和行为学者最偏爱的两种研究方法）也从产业关系期刊中消失，因此到 20 世纪 70 年代末，已经越来越难以分辨 IR 期刊和面向劳动经济学者的其他应用性研究期刊的区别[5]。

产业关系研究协会出版的论文集所关注的问题，也提供了相似的证据。IRRA 在 20 世纪 50 年代末出版了两卷论文集，内容与产业关系的广义、综合性的概念明显一致。一卷是 1957 年出版的《产业人际关系研究》（Arensberg et al.），它有多个章节涉及管理和组织问题，而只有 4 章（全卷共 13 章）与工会相关。另一卷是 1960 年出版的《雇佣关系研究》（*Employment Relations Research*，Heneman et al.），共 6 章，管理问题、劳动经济学问题、集体谈判问题各占 2 章。

相反，20 世纪 60 年代的 IRRA 论文集则完全被集体谈判和劳动经济学的主题所占据。乔治·施特劳斯的表述证实了管理问题在产业关系领域中的边缘地位。他在 IRRA 于 1970 年出版的论文集《产业关系研究回顾》(*A Review of Industrial Relations Research*, Ginsburg et al.) 中撰写了《组织行为与人事关系》(*Organizational Behavior and Personnel Relations*) 一章，其中 (pp. 201 - 2) 写道："我不得不做出这样的预测，这可能是最后一次将 OB 作为产业关系的一个组成部分来处理。人事研究失去了它的地位，这意味着它不再能够发挥领域间的桥梁作用……尽管 IR 标榜自己的多学科特征，但实际上它已基本被经济学者掌控，对于该领域的许多人来说，产业关系和劳动经济学的概念是可以互换的。"

鉴于 IRRA 后来将组织行为作为 1974 年论文集主题的决定，施特劳斯的预言看起来过于悲观了。然而，1974 年论文集的前言还是暴露了人际关系和组织行为类研究的地位每况愈下的事实："在理事会上，就组织行为 (OB) 出版专辑的问题引起了激烈争论。有一部分人觉得 OB 并不真正属于产业关系，而另一部分人则愿意提供一个检验 OB 存在价值的机会。"若在 20 年前，绝对不会争论这样一个问题。

产业关系领域行为研究方面的三个论文专辑，也进一步提供了这场变迁的证据。第一个专辑是产业关系顾问委员会 (Industrial Relations Counselors, IRC) 于 1962 年出版的专题论文集，书名是《产业关系中的行为科学研究》(*Behavioral Science Research in Industrial Relations*)。IRC 的研究负责人理查德·布蒙特 (Richard Beaumont) 在开篇题为"产业关系的广角视野"的前言中说，本论文集的目的是帮助管理者"建立和维护有效的人际关系"(p.9)。他列举了履行这项任务的6个关键问题：遴选、激励、评价、识别、沟通和组织。本书余下的6篇论文探讨了这些问题的方方面面，作者都是PM学派的著名成员，如弗雷德里克·赫兹伯格、克里斯·阿吉里斯和雷纳德·赛雷斯（Leonard Sayles）。

本书值得关注的原因，是它提供了PM曾作为产业关系一翼的另一项证据。此外，它还证明，截至20世纪60年代初，至少有部分产业关系学者依旧认为，雇佣关系研究的管理和行为科学一方的学者包括在本领域之内。本书的价值，还体现在它是产业关系名下出版的最后一批有关人际关系和组织行为的文献之一。

第二个专辑《行为科学与产业关系》登载于1965年出版的《ILR评论》杂志。编辑们在前言中称该专辑的目的是"阐明组织行为领域与产业及劳工关系研究的关系，以及行为分析对于产业关系一般和特殊问题的应用"。在专辑的首篇论文中，威廉·富特·怀特（1965）阐述了组织行为领域的起源、发展和当前地位。其余5篇论文的作者分别来自社会学、心理学、管理学、经济学和政治科学，其中4篇论文是关于一般的管理和组织问题，1篇是关于集体谈判的一个特定方面即罢工的问题。与IRC出版的论文集一样，这些论文的作者也都认为产业关系领域包含传统属于PM学派的研究，即运用行为科学的理论和方法对组织和管理实践进行的研究。此外，该专辑还明确显示，行为科学和管理导向的研究已经从IR对雇佣关系研究的核心位置（如20世纪50年代初），赫然滑到了边缘位置。如果不是这样，为何该刊会觉得有必要组织这一专辑呢？

第三个专辑《产业关系的行为研究》发表于1983年，同样是刊登在《ILR评论》。它清楚地表明，在过去的15年里，随着IR与一般管理问题脱钩，越来越贴近工会和集体谈判研究，其领地也日渐缩小。因此，选来代表IR行为研究的7篇论文，全都涉及集体谈判的某个方面。甚至更为露骨的是，勒温和弗耶（Lewin and Feuille, 1983）在开篇序言中说是要全面回顾产业关系领域的行为研究，结果提到的却几乎全是与集体谈判相关的行为研究（例如工会代表权选举、谈判、罢工），基本忽略了20世纪50年代产生的大量非工会相关的人际关系研究，以及60年代和70年代的OB及人力资源管理（HRM）研究。也就是说，尽管行为科学研究仍在产业关系领域中进行，但人们的意识之中，IR研究已收缩到如今只关注工会化的雇佣环境，以及集体谈判的制度、实践和影响的程度[6]。

米勒和佛姆合著的教科书《工业社会学》（1951），是这种变化的又一例证。在该书的第一版中，两位作者绘制了一份产业关系领域的"家谱"（见图3.1）。它清晰地表明，两位作者连同其他行为科学的学者在内，都认为自身及所在的学科属于产业关系领域。这一点从作者们在第一章使用的产业关系定义中也能得到启示。虽然定义不是明确给出的，但含义涉及很广，实际上将产业关系视为一个从各种角度对"工作"进行研究的领域。而在该书于1964年发行第二版时，那份"家谱"不见了，"产业关系"一词也从第一章消失了。这些删除意味着米勒和佛姆不再认为工

第 6 章
产业关系的空洞化

业社会学与产业关系具有亲缘性[7]。

最后一条证据来自历史学者大卫·布罗迪（David Brody）的观察。他在谈到 20 世纪 60 年代和 70 年代的产业关系领域时说道（1989：9）：

一时之间，劳工领域存在多年的跨学科视野、方法论的折中主义等特色遭到遗弃。社会学者、政治学者和人类学者都失去了对劳动问题的兴趣，而劳动经济学则大用特用新古典分析，先是用于人力资本研究，之后普及到其他任何能够进行演绎的、个体层面微观分析的领域。同时，组织行为学这一新学科也占据了学术高地。它本来源于战后产业关系领域的人际关系学派，现在则宣称自己是一门行为科学，长于严谨的定量分析和理论分析。产业关系自身则萎缩成了一个"迷你"学科，一如既往地局限于工会部门的研究，但也不甘落后地奋力主张自己作为一门严谨的社会科学的资格。

正如布罗迪表述的那样，上述的一系列趋势，导致大多数学者和实务人士都将产业关系等同于工会和集体谈判的研究[8]。于是，该领域自称的学术疆域和其实际的研究范围之间，反差日益增大[9]。托马斯·寇肯的教科书《集体谈判与产业关系》（*Collective Bargaining and Industrial Relations*, 1980）尤为清晰地展示了这一矛盾。在该书第一章的第一句话中，寇肯将产业关系定义为"一个包含雇佣关系所有方面、广泛的跨学科研究和实践领域"。然而，在第三句话，他就引入了一个限定性说法，使自己迅速转移到了狭义的产业关系："在产业关系的这个大范围之内，学者们历来都对劳资关系（relations between labor and management）特别关注。"随后，本书余下的篇幅就全是阐述有关工会与管理方关系的理论和实践了。

IRRA 在 20 世纪 70 年代末为冬季年会选择的分会场主题，也进一步证实了 IR 领域标榜的理想和现实之间存在偏离。如前所述，IRRA 创立时的明确宗旨是促进雇佣关系所有方面的研究，包括工会和非工会的工作环境。在该组织创立之后的第一个 10 年，鉴于此前的 20 年中加入工会的工人迅速增加，劳资关系领域也存在大量值得关注的重要问题和难点，即使分会场主题大多涉及工会部门也情有可原。然而，到 20 世纪 70 年代末，参加工会的工人比例已经明显下降，并且雇佣实践的很多创新都发生在非工会部门，IRRA 所选的分会场主题是否反映了这种转变呢？查阅 1975 年至 1979 年间的 IRRA 冬季年会论文集，会发现答案明显是否定的。这一期间，25 个分会场的主题都与劳资关系（union-management relations）的某个方面有关，而涉及非工会环境某一方面的主题只有 5 个。

PM 学派的脱离

我在上一章表示，邓洛普的《产业关系系统》实质上界定了产业关系领域的学术岔道口，一条路相当于广义的产业关系（即 PM 学派和 ILE 学派的联盟，行为和非行为、工会和非工会部门的各种观点都在其中具有相应位置),另一条路则代表狭义的产业关系(近乎由 ILE 学派垄断,学科视角限于经济学和制度分析,重点关注劳资关系)。事实证明,人们选择了后者。结果导致该领域逐渐背离了它历来声称的涵盖雇佣关系所有方面的主张,而与工会和集体谈判研究联系在一起。而且,PM 学派也慢慢疏离产业关系领域,到 20 世纪 60 年代末,就很少有什么互动了。

之前的章节叙述了 PM 学派在 1960 年以前对产业关系领域的很多参与。而到了 70 年代末,在 50 年代的 PM 学派杰出人物当中,只有乔治·施特劳斯还算得上产业关系领域的正牌成员。这部分是出于死亡、退休等自然因素,但也同时反映了 PM 学派本身参与程度的下降,尤其表现在 IR 核心期刊的论文投稿和参与 IRRA 活动方面。其中,社会学者的疏远程度最为突出,这令人倍感惊异。因为 20 世纪 50 年代早期曾有众多的社会学者活跃在该领域,而且集体行动是社会学和产业关系都关注的对象[10]。

同时,在较晚一辈的行为科学和管理学者当中,只有一小部分活跃于产业关系领域,而且其中大多数都理所当然地从事集体谈判的相关研究。这类研究中最杰出的典范是理查德·沃尔顿(Richard Walton)和罗伯特·麦克西合著的《劳工谈判的行为理论》(*A Behavioral Theory of Labor Negotiations*,1965)。其他还包括发表在《产业关系》杂志上的一些论文(作者有英国人,也有美国人):一篇题为"社会心理学方法"的论文(Stephenson and Brotherton,1979);由社会学者撰写的几篇关于罢工趋势的论文(Britt and Galle,1974;Snyder,1977);关于加入工会决策的零星论文（Schriesheim，1978）[11]等。

在20世纪60年代和70年代活跃于产业关系领域、相对年轻的PM学者当中，只有少数从事与集体谈判无关的研究。其中包括爱德华·劳拉三世（Edward Lawler Ⅲ）、托马斯·莫哈尼（Thomas Mahoney）、唐纳德·施瓦博（Donald Schwab）、杰弗瑞·菲佛（Jeffrey Pfeffer）、黎曼·波特（Lyman Porter）和乔治·米尔科维奇（George Milkovitch）。这些人偶尔在IR两大期刊中发表论文和参加IRRA会议（通常是受邀）。但是，他们中没有一个人被视为IR领域本身的权威，尽管好几个人都在自身所属的学科拥有全国知名度。或许下面列举的一连串人名更能说明问题。他们都属于PM方向的学者，都因为从事雇佣关系某些方面的研究而获得广泛的认可，却没有和产业关系联系在一起。其中的典型人物包括理查德·斯蒂尔斯（Richard Steers）、大卫·麦克莱尔德（David McClelland）、沃伦·本尼斯（Warren Bennis）、斯坦利·希尔绍（Stanley Seashore）、杰伊·洛希（Jay Lorsch）、保罗·劳伦斯（Paul Lawrence）、维克多·弗鲁姆（Victor Vroom）、丹尼尔·凯茨（Daniel Katz）和弗莱德·费德勒（Fred Fiedler）。

有很多原因让新一代PM学者决定不再涉足产业关系，其中最重要的是组织行为学及其应用领域人力资源管理的诞生。20世纪50年代中期以前，也许PM学派管理方向的学者就已经对产业关系领域感到不满和不快，但别无其他选择。而组织行为学和人力资源管理在20世纪50年代末60年代初的出现，为其提供了一个选择。

第 6 章
产业关系的空洞化

组织行为学是融合两个思想分支,即人际关系和管理学的"组织管理"部分而发展起来的(Landsberger,1967;Strauss,1970,1992)。在大多数的商学院课程体系中,管理学都分为若干的领域,如生产、组织管理、人事、政策与战略(Bossard and Dewhurst,1931;Gordon and Howell,1959)。组织管理这部分起源于弗雷德里克·泰勒的研究,之后得到了亨利·法约尔(Henri Fayol)、马克斯·韦伯(Max Weber)、卢瑟·古利克(Luther Gulick)、切斯特·巴纳德(Chester Barnard)、詹姆斯·穆尼(James Mooney)和拉尔夫·戴维斯(Ralph Davis)等人的继续发展(Wren,1987)。它主要研究组织结构和有效管理实践的问题(例如最佳管理幅度、控制和计划系统)。

直到 20 世纪 50 年代末以前,人际关系与组织管理都基本保持着相互的独立。人际关系主要关注小群体情境下的面对面关系,大体上与组织结构问题无关。而组织理论则在某种意义上采取相反的路线。

引导巴克、阿吉里斯、麦克格雷戈、怀特和本尼斯等学者融合上述两个领域的原因,部分是出于回应批评者(如工业社会学者)指责人际关系理论忽视组织和结构性因素对企业内部雇主—雇员关系模式的影响[12]。随着 OB 领域的发展,它从很多方面都为 PM 学派的成员提供了远比产业关系更为契合的家园:它主要包括来自行为科学或管理方向的学者;OB 无疑是站在管理的角度,所以可基本避免关于意识形态和反工联主义的争论;它的存在与当时所有学术研究领域正在发展的专业化和分家势头相得益彰。

组织行为学的诞生和发展，也大大增强了人事管理领域的学术力量。人事管理领域在当时的学术界因明显缺乏理论和严谨性而被视为二等公民（Gordon and Howell，1959；Dunnette and Bass，1963；Strauss，1970），读一下该领域的顶级期刊［如《人事心理学》(Personnel Psychology) 和《人事》杂志］，就可以很快发现这一点[13]。但在 20 世纪 60 年代，随着组织行为学（以及与之密切相关的工业与组织心理学领域）新发明的理论和概念在薪酬、招募、甄选、绩效评估和培训等传统人事问题中的应用，人事领域开始发生重大改变。将雇员视为"人力资源"就是其中的一个新思想（Miles，1965；Armstrong，1988）。根据这一思想，如果管理者想获得雇员的忠诚和工作热忱，就必须让雇员感觉自己是企业有价值的资产或人力资源。这意味着雇员要能够分享组织的长期经济利益，作为对他们勤勉工作的回报。

这种思想引起了管理理论和实践的重大改变（Lewin，1991）。视雇员为人力资源而非人员（personnel）的观点，促使员工管理从注重短期、成本导向和策略性，向注重长期、投资导向和战略性的方向转变。人力资源管理，或这个很快就以 HRM 闻名的新兴领域，也带来企业管理方式的变革。如果说"人际关系"曾经通过敏感性训练等技术，让管理者重视企业内部人际关系和社会环境的改善，那么人力资源管理则鼓励企业去关注"工作丰富化"（job enrichment）、"知识工资"（pay for knowledge）等促进员工发展的方法和技术[14]。20 世纪 60 年代，随着人力资源管理知名度的上升，越来越多的企业将"人事部"或"产业关系部"更名为

"人力资源部",这些部门的专业人士也越来越致力于 HR,而不是 IR 的工作。这种名称和思想的变化,将在 10 年之后波及学术界。

劳动经济学与产业关系的疏离

产业关系与劳动经济学之间联系的弱化,也进一步加剧了前者空洞化的原因。如前所述,劳动经济学在 20 世纪 40 年代初从劳动问题转向对劳动力市场的研究,进入了发展的第二阶段。尽管这一趋势导致产业关系与劳动经济学的不断分化,但当时的劳动经济学者还是保留了跨学科的视野和实践导向,使他们能够横跨两个领域,并在两个领域分别站上一只脚。但是,随着 50 年代中期劳动经济学进入第三阶段,这种跨界越来越难了。

在这一阶段,研究转向劳动力市场的趋势加强,而劳动问题以及从管理角度解决劳动问题的方法则被抛弃。这本身就进一步拉开了产业关系和劳动经济学的距离,而新培养的劳动经济学者事实上都已成为应用价格理论学者,他们对雇佣关系本身和其中的问题都没有什么知识或兴趣[15]。本阶段还有一个突出特征,即劳动力市场研究在理论、方法和观念上都发生了重大改变,这些改变都与产业关系 ILE 学派的观点和宗旨背道而驰。

劳动经济学在这一阶段的发展,与芝加哥大学的一群经济学者密切相关,他们曾被克尔(1988)称为"新古典复兴主义者"(neoclassical restorationist)。其奠基性的代表人物是乔治·斯蒂格勒和米尔顿·弗里德曼(Reder, 1982; Kaufman, 1993),另外还有格雷格·刘易斯、加里·贝克尔、雅各布·明塞尔(Jacob

Mincer)、阿尔伯特·瑞思和梅尔维·莱德等人。

20世纪30年代的世界经济大危机似乎使新古典竞争价格理论名誉扫地，ILE导向的劳动经济学者对它的反对态度就是一个象征（L. Reynolds，1988）。而斯蒂格勒和弗里德曼从几个方面发起了一场大反攻。第一，弗里德曼试图利用宏观经济理论证明，这场经济危机并非来自价格体系的内在缺陷，而是由政府的错误决策所导致，因此否定了价格体系在总体水平上功能失灵的主张（Friedman and Schwartz，1963）；第二，竞争市场上的价格决定理论结构严谨，从而提供了其批评者欠缺的分析框架（Stigler，1942）；第三，竞争模型被运用到劳动力市场一系列新问题的研究，如工作时数、歧视、教育、家庭规模等，这条阵线上的反击始于刘易斯（Lewis，1956），但最为积极的是贝克尔（Becker，1957，1976）；第四，斯蒂格勒和弗里德曼从方法论角度对理论现实性的问题发起反攻（Stigler，1949；Friedman，1953）。ILE导向的经济学者们曾抨击竞争理论的假设前提不符合现实（Phelps，1955：421-45），但斯蒂格勒和弗里德曼辩解，对理论的真正检验是它的预测能力，而不是假设前提的现实性；最后一点，是这些复兴主义者开创了将统计学方法用于劳动力市场假说的分析和检验（Lewis，1963）。

这些发展对产业关系领域产生了明显的负面影响。以竞争理论的兴起为例，它同时打击了产业关系ILE学派的学术和意识形态的基础。产业关系以研究雇佣关系中的劳动问题以及解决这些问题的方法为学术焦点。这种研究路线的基础前提，是工业主义和

第 6 章
产业关系的空洞化

内在于市场体系的缺陷和不完善,必然会带来劳动问题的副产品,需要以各种制度和行政管理的变革来消解这些缺陷产生的后果。与此相反,新古典经济学的前提在于市场的运行相对有效,竞争性力量是生产效率以及雇佣条款和条件公平性的有效保证。因此,在新古典经济学者看来,自由市场没有任何需要改革的"问题",产业关系的存在几乎毫无学术理由,除非是可能作为专门研究工会的"资料库"。再从意识形态上看,ILE 学派主张需要借助工会和保护性劳工立法来恢复公平竞争,弥补"公共物品"和"外部性"等市场缺陷,并在工作场所实现劳资共同治理。但在新古典主义看来,ILE 学派声称的这些好处,与工会和政府立法带来的消极后果,如劳动力成本膨胀、资源分配低效、劳动生产率下降及阻碍竞争等相比,就黯然失色了。

芝加哥学派新古典经济学的兴起对产业关系产生不利影响的另一个原因,是它加剧了学科视野的狭隘性。如前所述,产业关系研究协会成立的一个主要动力,是 20 世纪 40 年代的劳动经济学者渴求以更具包容性和多学科的方式研究劳动力市场。因此,当这些经济学者试图汲取经济学的理论模型,并将社会、心理和制度性变量引入其中时,产业关系领域起到了重要的桥梁作用。但是,芝加哥学派的劳动经济学者则野心勃勃地追逐相反的方向。他们的目标可谓是"帝国主义的"(imperialistic),因为他们试图采用经济学者关于约束效用最大化(constrained utility maximization)和竞争市场的基本模型,并利用它来解释人类行为的尽可能多的不同层面(Backer,1976;Stigler and Becker,1977)。因而,经济学者不但失去了将其他学科的理论和概念整合到经济学的兴趣，还越来越否定那些做此尝试的人。这样，产业关系领域对于经济学者来说，就丧失了它作为前往其他学科入口的魅力，导致后者抛弃这个领域，只留下那些对工会相关的问题情有独钟的人。

所有这些变化加在一起，使产业关系逐渐丧失了它与劳动经济学在理论和信念上的大部分联系。曾经为两个领域牵线搭桥的"二战"一代劳动经济学者，到20世纪60年代初就不再承担这个角色。有些人的研究兴趣转移到其他领域（如发展经济学），有些人则晋升到了颇具影响力的职位，如克拉克·克尔、阿诺德·韦伯、埃德温·扬（Edwin Young）担任了大学校长，约翰·邓洛普、乔治·舒尔茨、雷伊·马歇尔（Ray Marshall）就任了内阁大臣[16]。而另一方面，作为"复兴主义者"的新一代经济学者又对产业关系了无兴趣，并理所当然地反对它偏向集体谈判的观点。施特劳斯（1978：535）对此总结说："如果说集体谈判代表着产业关系的最核心内容，那么劳动经济学者就已基本远离了这个核心。"

于是，自1960年初，产业关系就在两面夹击下开始了空洞化的过程。一方面，该领域逐渐失去了来自管理和行为科学的PM学者；另一方面，新一代的新古典劳动经济学者又极少选择投身于该领域。其余继续留在产业关系领域的学者分成两类。较大的群体由制度主义导向的劳动经济学者组成，也包括少数志同道合的法学者和历史学者。较小的群体由愿意研究工会和集体谈判的行为科学及管理学者组成。不幸的是，对产业关系领域而言，这两个群体作为未来发展的基础都存在致命的弱点。前者的问题在于，制度主义在劳动经济学处于垂死挣扎的状态,这大大限制了经济学者的新生力量进入产业关系领域。后者的问题在于,既然经济学者把持着领域的核心期刊和专业学会,并且主要研究工具是经济学理论和统计学方法,就永远不会吸引大量的成员,或者最优秀的人才进入这一群体。

导致空洞化的根源

至此为止,本章叙述了产业关系空洞化过程的表现。导致这一过程的根源是什么呢?我认为答案与四个因素有关。

科学建构

20世纪20年代至40年代初对解决问题和政策制定的重视,为这一时期的IR文献带来几个显著特征:论题多种多样,反映出雇主和工人所面临的劳动问题涉及范围之广;对当时的经济和社会状况持批判论调;研究方法上偏重应用性和案例分析,摒弃理论发展而收集经验事实;采取多学科,时而跨学科的研究路线;具有强烈的规范性,因为研究者不仅阐述"是什么"(what is),还有"应该是什么"(what should be)。

"二战"之后,学术界掀起了一场运动,要让所有的社会科学研究都更为科学。我把这种思潮称为"科学建构"(science-building)。科学建构的标志性特征,是在学术研究中严格运用科学的方法,包括发展一个理论体系,然后运用这一体系推导出解释某一现象或行为的假设,并通过数据收集和统计分析,去实证检验这些假设。这类研究成果具有如下几个突出特征：更重视理论的发展；利用演绎推理的方法去发展理论，而不是以解决问题为导向的研究者所惯用的归纳法；在研究课题上不太重视实务人士或政策制定者的需求或问题，而更多是出于方法论的考虑，比如该问题是否适合理论分析，是否能够获得用于实证分析的恰当数据等；注重统计评估和假设检验的方法和技术；重在单一学科内、对细小行为的研究；更严格区分实证的分析和规范性的结论。

解决问题型研究和科学建构型研究各具优劣。解决问题型研究的优势在于它的实际意义、现实主义和整体思维观，缺点是往往提出临时性的因果解释，从事漫无目标或非结构性的实证研究，让先入为主的规范性观念干扰研究。而科学建构的优势则在于它的严谨性、量化和一般化的能力，缺点是往往过度追求观点的"学术性"，导致与实务人士和政策制定者关注的现实问题脱节，并往往重研究方法、轻实际意义，过分关注细节而看不到整体。

尽管两种研究方法从产业关系领域兴起之初就同时存在，但解决问题型研究在 20 世纪 20 年代至 40 年代初的这段时间占据了主导位置。40 年代初至 60 年代初，两种研究的势力大体相当。但 60 年代初以后，科学建构型研究越来越占优势（Barbash，1979）。这一趋势在很大程度上解释了 IR 研究和产业关系作为一个研究领域正在变化的特征。

例如，产业关系研究在 20 世纪 20 年代和 30 年代所具有的强烈应用性、跨学科和改革主义色彩，并非出于偶然，而是因为这一时期正是解决问题型研究大行其道的年代。同样，这个事实也

第6章
产业关系的空洞化

可以解释同一时期 IR 研究的优点（例如与实践和政策直接相关）和缺点（例如它的非理论性）。类似的，50 年代成为研究的"黄金时代"，一定程度上也是因为这一时期的学者在科学建构和解决问题的两方面都受到了很好的训练，这种机缘巧合产生了杰出的研究，因为它们既有现实意义又有理论依据。不幸的是，解决问题和科学建构在 50 年代达到的这种平衡并不稳固，学术界的知识追求和内部报酬机制，推动 IR 学者在科学建构的方向上越走越远。这不可避免地导致两条研究路径的支持者在 60 年代爆发了一场冲突，其表现形式就是本章之前回顾的那些理论和方法的论战。

事后看来，显而易见的是科学建构赢得了最终胜利。对比 20 世纪 60 年代初和 70 年代末《ILR 评论》和《产业关系》发表的论文，就可以发现这样一些趋势：案例研究，尤其是传统风格的制度主义研究急剧下降；跨学科研究实质上销声匿迹；运用公式化理论或模型的论文显著增加；IR 研究（狭义）的学科方向随之转向经济学；提出假设，然后运用高级多元统计技术验证这些假设的论文在数量上明显攀升；从公司内部资料、个人实施的问卷调查或参与观察中获取一手数据的做法相对减少，而使用从政府数据档案等二手来源获取的大规模数据库的行为大量增加；对实务人士和政策具有实际意义的研究明显减少，而创新点主要在于理论、方法和数据改良（例如评估技术的改进或得到更为"充实"的数据集群）的研究则显著增加；明显丧失了历史视角和对制度现实的认识；只关注雇佣关系的一小部分问题（类似评价可见 Dunlop，1977；Strauss and Feuille，1981；Rehmus，1985）。

对于产业关系领域来说，转向科学建构有弊有利。最大的收益体现在实证领域。计算机、多元统计技术和大型数据库的发展，使研究人员能够严格检验假设，并量化因果关系。下面是取得了重大成果的领域：市场集中度、工会密度对行业工资水平的交叉影响（Weiss，1966）；雇主策略对工会是否赢得 NLRB 选举的影响（Getman，Goldberg and Herman，1976）；各种第三方争端解决方式的有效性（Kochan et al.，1979）。还有一些虽然影响力不及上述研究成果，但同样获得理论进展的研究，例如工会工资政策模型（Atherton，1973）、谈判与罢工模型（Cross，1969；Ashenfelter and Johnson，1969）和仲裁人行为动力学模型（Farber and Katz，1979）等。

虽然科学建构对知识进步来说可算福音，但它无疑也损害了产业关系作为一个研究领域的凝聚力和组织生命力。PM 学派和 ILE 学派尽管在理论导向和关注问题点上各不相同，但都有志于解决劳动问题，以及促进效率、公平、人类福祉这三大目标的实现。因此，解决问题的志向曾作为一种黏合剂，将不同的学科团结在一起，并为学科之间的互动提供理由。而当产业关系领域的目标转向科学建构时，一个多学科研究领域的存在合理性就大为消亡。因为理论发展和假设检验的效率提升，靠的是学科专业化，而不是跨学科合作[17]。

这样，科学建构产生的巨大离心力削弱了人们对参与类似产业关系这样的多学科领域的兴趣，同时增加了从事单一学科研究的动力。于是，随着行为科学、经济学、法学、历史学及其他相关学科的学者各奔东西，产业关系领域就越来越空。对该领域保持兴趣的群体只剩下制度劳动经济学者,因为他们没有学科家园可返;还有少数来自不同学科背景的学者,他们都共同关注集体谈判问题——一个被遗留在其他学科领域之外的问题。

多学科研究的魅力下降,对 IR 博士项目产生了严重的不良影响。当研究越来越专业化,在各个学科的边界之内进行时,IR 博士项目的学生也就越来越感觉到,要想在就业市场保持竞争优势,就不得不在课业和博士论文中追求专业化。在这种形势下,IR 项目采取的对策是允许学生在某一学科领域获得更深的造诣,而牺牲跨学科的广度。但这一做法首先就令人对跨学科项目的基本存在价值产生疑问,更何况这类项目的管理和组织本来就有难度[18]。

IR 理论的缺失

产业关系被公认为一个研究领域,正是因为它专门研究一项活动,即雇佣关系,而其他任何学术领域都没有将它作为明确的研究主题。产业关系领域的祸根,以及它沦为学术界二等公民的原因,在于它选作研究对象的这项活动不包含任何共同的、统一的行为过程或方式,可凭此建立自己的独特理论和推导出一整套的假设。本章之前引用的张伯伦的那段话恰如其分地表达了这一点。如他所言,雇佣关系包括如此之多的问题领域,导致它们之间在学术上只有一个"公约数",那就是劳动(或工作)。然而,工作问题没有任何内在的东西可以为理论模型本身提供基础。在这种情况下,当研究者回到各自更有利于理论建构的母学科,产业关系就进入解体的过程;同时,雇佣关系的问题领域也被分割,各个碎片转移到了那些最具理论建构比较优势的学科。

　　这一过程恰好就是产业关系领域在 20 世纪 60 年代和 70 年代开始部分瓦解的原因。首先蒙受其害的是 PM 学派和 ILE 学派的联盟。两个学派尽管学科背景和观点不同，但只要他们都基本从事旨在解决问题的应用研究，就有携手合作的共同理由。但是，当科学建构成为研究的主导目标，双方互不相容的理论框架就会造成跨学科研究的困难，既无法产生新的假设，又非常耗费时间，合作的收益就大大下降了。

　　事实上，就某些方面而言，行为研究者和经济学者的理论框架不仅互不相容，从科学建构的角度看还相互对立。正如我在其他地方（Kaufman，1989b）所说，雇佣关系的结果，反映了客观的外在条件（技术、经济、法律等条件）与人们对此作何反应的相互作用，而后者取决于各种内在、主观的心理和社会变量。一种理论要成为真正意义上的理论，就必须将上述两类要素之中的一个作为给定条件，以便推出可以证实的事前预测。

　　因此，在 PM 学派的行为研究中，研究者倾向于将外部环境及其变化视为给定，而从内部的社会、心理和组织条件（例如领导风格的差异、公司战略），去寻求关于 IR 行为变化（或水平）的解释。ILE 学派的经济学视角，走的则是相反路线。它将内部的社会、心理及组织条件视为给定，而希望从外部的条件（例如失业率的波动、生产技术的变化）求得解释变量或独立变量。

　　这一研究角度的差异，是造成 20 世纪 50 年代人际关系的拥护者和反对者意见分歧的根本原因。后来，杰拉德·萨默斯曾就这种分歧制造的学术圈难题发表意见（1969：40）："我们最需要的，是一个能让外部主义者（经济学者、法学者和政治学者）和内部主义者（心理学者和社会学者）同心协力的媒介"（还可参考Somers，1972）。然而，他并没有认识到这个问题有多难，因为他在文章余下的篇幅，就试图去构建这样的一个综合理论，而实际上即便他做得到，也不可能使该理论具备预测的能力。

科学建构一旦成为学术研究的价值所在，ILE 学派和 PM 学派就不可避免地分道扬镳。不幸的是，这个过程不仅发生在两个学派之间，还波及它们的内部。正如经济学和心理学的理论视角互不相容一样，作为昔日盟友的社会学和心理学之间，以及经济学和法学之间，也发生了冲突。于是，曾经连接各个学科的纽带逐渐弱化。

从逻辑意义上讲，科学建构的过程将导致任何多学科领域的彻底崩溃。对于产业关系领域的好消息，是这个结果还没有发生——至少现在没有。尽管雇佣关系的绝大部分研究都被其他学科所攫取，集体谈判仍是这一领域的知识资产。但坏消息是产业关系全凭"默许"而获得了集体谈判的"管辖权"，也就是说，不是因为产业关系对解释集体谈判的过程和结果创建了自己的理论框架，而是因为其他学科也没能做到这一点。

这个事实告诉我们，在产业关系自主开发出一个能够解释劳资关系（或处于该领域核心位置的任何其他问题）主要特征的理论框架之前，它的地位并不稳固。缺乏一个这样的理论框架，产业关系必将仍然是一个多学科的研究领域。在重视科学建构的大环境中，这种状况显然是一个学术弱点，而不是优势。它也同时解释了为何与早年相比，产业关系领域在"二战"以后更加具有经济学的导向。这是因为当前该领域专门研究集体谈判，这要比过去研究整个雇佣关系时，更适合于经济学理论的建构。

社会形势

社会形势的变化，也进一步助长了产业关系领域在1960年以后的空洞化趋势。

20世纪60年代，该领域似乎出现了明显的萎靡不振，部分原因无疑是由于IR学者意识到当前的社会形势已经将产业关系推到公众关注的中心舞台之外。当国家的注意力集中在罢工和工会权力的问题上时，就像20世纪40年代末和50年代初那样，学生和研究者都涌向产业关系领域，给它带来一种无比重要和激动人心之感。然而，到60年代初，随着集体谈判的制度化和常规化发展，并且罢工等引人注目的冲突形式降到经济危机大爆发以来的最低水平，有关劳资关系的新闻已经从报纸头版移到了最后。当公众的视线转移到其他的经济和社会问题，面对研究生课程报考人数的减少，以及一堆看起来越来越味同嚼蜡、庸俗乏味的研究课题，IR学者们不可避免地感受到些许焦虑。

随着劳资关系问题的新闻价值和政策热度下降，其他与劳动有关的问题取代了它们的位置，例如自动化与结构性失业、歧视与公民权利、蓝领工人对工作的不满和疏离、贫困、人力培训计划等。所有这些问题都是劳动问题，因此完全属于产业关系的学

第 6 章
产业关系的空洞化

术领域。同时，它们也非常契合该领域的多学科方向，因为它们涉及各种不同的经济、组织、政治和社会的影响。

如果产业关系真是一个解决问题的领域，它本可以追逐这些报纸头条新闻（按照其批评者的说法），将这些问题变成新的研究焦点。IR 学者们也在这个方向付出了努力，但最终不是很成功。一方面，学者们显然在 20 世纪 60 年代和 70 年代对这些新问题给予了很大关注。例如，IRRA 曾专门在多届冬季年会上设置相关问题的分会场，还就适应技术变化（Somers, Cushman and Weinberg, 1963）、贫困（Levitan, Cohen and Lampman, 1968）、人力培训计划（Weber, Cassell and Ginsburg, 1969）、公民权利（Hausman et al., 1977）等问题出版了研究论文集。但另一方面，IR 文献又清楚显示，集体谈判始终是产业关系的核心和灵魂。那些新问题在 IR 领域属于"摇摆不定"的主题，因为它们的研究意义随其新闻价值潮涨潮落。于是，60 年代初一个突出的问题是自动化，而到了 60 年代末和 70 年代初，贫困问题走到了前台，但随后就淡出了视线。而集体谈判，却是每一届 IRRA 年会和几乎每一期 IR 期刊都始终关注的主题。

不幸的是，集体谈判在 70 年代一跃成为核心主题，与当时的潮流并不合拍。就在产业关系领域与集体谈判的联系愈加紧密时，集体谈判的力度和影响却开始明显下降。拿工会覆盖率来说，会员人数占整个劳动力的比率从 1960 年的 32% 降到了 1980 年的 25%。而且，雇佣关系的大部分创新举措都不再来源于工会部门，而是一小部分但数量不断上升的非工会企业。在这些企业，基于行为科学的人力资源和组织开发方法得以成功应用（参见 Foulkes，1980；Beer and Spector，1984；Kochan, Katz and McKersie，1986）。

因此，就算没有科学建构和 IR 理论缺失的压力，产业关系领域也会因为工会部门的规模和影响日渐衰退，而失去部分组织活力。但在 20 世纪 70 年代末，这些变化似乎还没必要过分担忧，甚至也不无适度乐观的理由。例如，在采矿业、建筑业、制造业和运输业等经济的核心领域，工会的覆盖率和权力依然处于强势。同样，尽管会员人数占整个劳动力的比重下降，但绝对数量增长了 500 万，这很难说是衰败的标志。最后，雇佣关系在 60 年代至 70 年代有一项重大发展，即工会和集体谈判扩展到公共部门。这一发展催生出大量需要研究的新问题（例如，可取代罢工的其他的争端解决方式、公共部门工会的经济和政治权力并存问题），由此向 IR 学者的研究"磨坊"投入了新的稻谷，重新唤起他们对该领域的使命感。

因此，在 IR 领域 60 年代到 70 年代走向空洞化的进程中，社会形势只能算是一个不大的影响因素。但是正如我们将看到的那样，80 年代是一个大为不同的故事。

价值观

产业关系领域始终被一种独特的价值体系和意识形态所激励，其目标和方向也来源于此（Weber，1987a）。由于该领域涉及的问题庞杂，并缺乏统一的理论框架，它作为一个吸引加盟者、提供教学和研究焦点的兴趣共同体的力量，要比其他领域都显薄弱。

因此，它不得不更多地依赖价值观和意识形态，赋予人们结集的纽带和共同的使命感[19]。

产业关系领域在"二战"之前早期岁月的价值观，是改良和进步。创立该领域的制度劳动经济学者和人事管理者都相信，当时普遍流行的工作组织方法和劳动力管理，导致大量的浪费、低效、痛苦和工人与雇主之间的敌意，这是让他们走在一起的原动力。他们还一致同意，这些罪恶能够并且必须通过多种方法的组合加以铲除，包括改善管理方法，在工作场所引入民主，以及实施保护性的劳工立法和社会保障制度。

这套改革方案涉及广泛，足以容纳各种不同观点。因此，虽然PM学派和ILE学派的成员都秉持同一个理念，即某种形式的劳资共同治理体制，是雇佣关系改革不可或缺的关键部分，但他们在实现这一目标的最佳方法上保留了分歧。正如第二章阐述的那样，PM学派总体来说敌视行业工会和集体谈判，而赞同非工会形式的雇员代表权；ILE学派则力挺行业工会，对企业工会的有效性持怀疑态度。不过重要的是，产业关系领域在这一时期的意识形态和价值体系建构都足够宏大，让约翰·康芒斯、克莱伦斯·希克斯和埃尔顿·梅奥这些思想迥异的人们，都找到了共同的合作基础。

在20世纪50年代情况开始发生变化。一方面，产业关系领域继续包容着对雇佣关系持不同观点的各个群体，围绕人际关系的激烈争论就足以证明这一点。但另一方面，同样明显的是，由于劳动经济学者及其同盟把持着该领域的学术期刊和学术会议，致使 PM 成员得不到公平参与的机会,他们的权利从 50 年代开始被逐渐剥夺[20]。

"二战"之前,IR 领域处于学术建制远未成形的松散状态,因此无论是 ILE 学派还是 PM 学派,哪一个阵营都不可能获取掌控该领域的政治权力。但 1945 年以后,随着 IR 机构、IRRA 和《ILR 评论》等组织和期刊的创立,情况发生了显著变化[21]。这些新的组织通过控制 IR 授课科目、IR 学术期刊和论文集的选稿、受邀参会人员等方法,掌握了界定产业关系范畴和意识形态导向的权力。正如我们已经看到的那样,这一权力落入 ILE 学派之手。作为必然的结果,各种建制都被用来推动领域向着 ILE 而不是 PM 的方向发展,这一事实极大地促进了两个学派在 60 年代的最终决裂[22]。

在 ILE 学派的控制之下,产业关系领域的价值体系就等于是该学派精神领袖的价值体系。萨默斯(1975:1)将构成这一价值体系的元素概括为"自由集体谈判体系(free collective bargaining system)、自愿主义(voluntarism)、自由多元主义(liberal pluralism)、同意(consent)等独特性和价值"。巴巴什(1979:453)说:"据我看来,对抗原则(adversarial principle)和自愿原则(principle of voluntarism),是主导美国产业关系的美国意识形态的两个头号原则。"弗兰卡(Franke,1987:479)也表示,"也许可以公道地说,许多(IR)机构始终以研究行业工会和集体谈判,以及支撑这些制度的价值体系为突出特征"。

这些说法没有引发任何争论或反对。事实上,它们已成为产业关系领域的正统思想。产业关系的意识形态特征逐渐但明显从基础广泛、中庸路线的进步主义，转变到更为狭隘、自由派的、亲工会的立场[23]。这种变化反过来也通过多个途径助长了该领域的空洞化。首先，ILE 学派的意识形态"有效"缩小了 IR 领域研究共同体的范围，从而令许多潜在的成员失去了加入该领域的兴趣。其次，由于工会经济部门的衰落，以及非工会部门和人力资源作为一个研究领域的同时兴起，上述意识形态的主导地位导致 IR 专业的学生人数下降和学者对 IR 研究兴趣的减退。再次，ILE 学派对工会和产业关系新政体系的执着，让越来越多的人认为 IR 领域愈加地陈腐、被动和落后。最后，随着 PM 学派成员的离开，类似 50 年代围绕人际关系的那种关于理论和政策的争论也基本销声匿迹，IR 领域变得乏味而失去了魅力。

注 释

1. 该刊的第一任主编是亚瑟·罗斯。他在创刊号的卷首语中，简要说明了创刊的原因和宗旨（Ross，1961）。其中有三点值得一提。第一，罗斯极为宽泛地设定了产业关系的学术范围，使其涵盖雇佣关系的所有方面（参见每期封二对此的声明）。第二，创刊的动机显然是解决问题，而不是为了理论建构本身。对此，罗斯（p. 5）表示："问题的核心（创刊理由）在于，经济和政治的变化已经破坏了 1940 年或 1950 年产业关系中许多看似合理的既定规则。一系列新的问题产生了……（并且）我们期望参与研究这些新问题和探索解决方案。"第三，由上述引用所示，罗斯认为产业关系领域最需要研究的问题与 10 年到 20 年前相比，已经产生了极大的变化。他列举了四个值得关注的具体问题：技术变化；产品市场激烈竞争的影响；工人及其家庭对经济保障、生活必需品及设施的更大需求；年轻人及白领员工在工作价值观和态度上的变化。

时任加州大学校长的克拉克·克尔在创办该杂志的过程中发挥了重要作用。在一次电话交谈中，他提到该刊的部分目标是为产业关系规划一个新的方向，这个方向大体与《工业主义与工业人》（Kerr et al., 1960）采取的路线相同。也就是说，摆脱20世纪50年代的IR研究对工会和劳资关系的关注，转向对工业社会的演变、其主要制度、工作的组织和执行方式的动态的、比较的分析。他认为，尽管该杂志本身相当成功，但在引导IR研究沿着这条新路线前进的方面，它总体是失败的。正如我们将看到的那样，这种失败的主要原因在于，学术界纯科学建构的研究趋势与克尔及其同事规划的研究纲领互不相容。

2. 1960年以后IR研究范围的收缩，让"产业关系"（industrial relations）一词在本章及后来章节的使用产生混乱，因为它是指IR的广义（雇佣关系的所有方面）还是狭义（劳资关系）概念不再确定。1960年以后，大多数的学者和实务人士都使用狭义的"产业关系"概念，我从现在开始也遵从这一惯例（除非明显是指广义或有特别说明）。

3. 威伦斯基在《产业关系大纲》（*Syllabus of Industrial Relations*, 1954: 6）一书中的表述即代表了这一观点："产业关系相关的学生很少把它限定为劳资关系（union-management relations）或员工关系（employee relations）。"

4. 有少数文章不属于这些当中的任何一个问题领域，因此没有统计在内。

5. 我之前（本章注释1）提到，《产业关系》的创刊者们原打算接纳雇佣关系所有方面的研究。这里援引的数据表明，这方面该刊在20世纪60年代小有成功（当然胜于《产业与劳工关系评论》）。但是在70年代，它在很大程度上丧失了对学科和主题多样化的包容。

6. 在我的感觉中，20世纪60年代和70年代，即使是在狭义的IR问题（例如，涉及工会和劳资关系的问题）上，行为研究也有所下降。IR期刊中经济学者发表的文章比例上升（如前所述）这一点可以证实。但是，70年代末以后，产业关系领域对行为研究的兴趣小有回升。这类研究中的IR概念仍然是狭义的，围绕行为主题的另一个论文专辑就体现了这一点。该专辑发表于《产业关系》1988年冬季刊，在7篇论文中，有5篇探讨集体谈判的问题。

7. 威廉·佛姆在一次电话访谈中证实了这一说法。在撰写该书第一版时，工业社会学还不是一个独立的研究领域。因此，他和戴尔伯特·米勒搜寻与劳动有关、彼此在很大程度上没有关联的各种研究分支（例如，社会分层、社会关系计量学、组织理论、人际关系），将它们组织成一个知识系统。他们相信，所有这些研究分支都是产业关系的组成部分，于是制作了图3.1以表达它们之间的相互关系。佛姆说，到20世纪60年代初，图3.1已不能准确描述产业关系以及它与工业社会学的关系，因此撤掉了该图。

8. 制度主义者向来都特别关注保护性劳工立法和社会保障计划对解决劳动问题的作用，这一点体现为IR课程体系中的社会保障、失业救济、工伤赔偿等科目甚至专业，以及IRRA早期的年会对这些问题安排的分会场数量。但是，1960年以后，IR学界对这些问题的兴趣大为减退，让该领域的研究范围变得甚至小于20世纪50年代的ILE模式。不过，IRRA的年会对少数民族及贫困人群等弱势群体的劳动力市场问题给予了更多的关注（即使在IR课程中并非如此），部分抵消了领域的收缩趋势。而早期的制度主义者对这些问题基本是忽视的。

9. 据希尔德·贝伦德（Hilde Behrend，1963）、约翰·贝里奇和约翰·古德曼（John Berridge and John Goodman，1988）说，英国学术界也

就产业关系应取广义还是狭义概念产生过争论。多位权威学者［例如，休·克莱格（Hugh Clegg）、艾伦·弗兰德斯（Allan Flanders）、乔治·贝恩（George Bain）］支持的观点是，产业关系是"对工作规制的研究"（study of job regulation），这个定义在原则上覆盖工会和非工会工作环境，但实际却缩小到仅研究工会环境。

10. 威廉·佛姆在一次电话访谈中，提到社会学者基本不再积极参与产业关系领域的几个原因。他认为最重要的原因是，社会学者越来越沉迷于理论和方法论问题（即科学建构），导致研究更加内向封闭。另一个原因是，曾经主导社会学的结构主义学者逐渐被社会心理学者所代替。结构主义学者重视集体行为和制度安排，而心理学者则关注个人行为的决定。最后一个原因是，许多社会学者对劳动问题持马克思主义或激进主义的立场，这与产业关系较为保守、多元主义的意识形态并不合拍。但据佛姆说，尽管社会学和产业关系在20世纪60年代和70年代基本分道扬镳，但到了80年代，社会学者对IR问题的兴趣小有回归。

11. 勒温和弗耶（Lewin and Feuille, 1983）以及施特劳斯、加拉格尔和菲奥里托（Strauss, Gallagher and Fiorito, 1991）的各章，都载有关于工会和集体谈判行为科学研究的综合性文献目录。后者是行为研究在产业关系领域（狭义）复兴的很好例证。

12. 人际关系被组织行为学吸纳，与前者在20世纪50年代末声名扫地有关。造成这种状况的一部分原因是它的理论缺陷，以及它的追随者过分宣扬T群体（T-groups）、主管培训等人际关系应用技巧的有效性，却导致人们大失所望的结果。如施特劳斯（1970：145）所说："在许多管理者的固有观念中，人际关系并不是一个研究领域，而是一种矫揉造作、卖乖取巧的管理方法。那些将自己的领域视为研究型科学，而不是一套说教性价值观的学者，开始寻找一个新的名称和方法。"

第 6 章
产业关系的空洞化

13.《人事心理学》创刊于 1948 年，宗旨是推动将心理学理论用于人事管理的研究。可以说，它在人事类期刊当中最具研究导向，但学者也仅占编委会成员的四分之一，文章主题面也相对狭隘，并主要面向实务界。创刊号的几篇文章就比较典型，如《RCA 公司精密工人的视力检查》《兴趣测试降低工厂离职率》《测试项目吸引更好的求职者》和《一个典型制造厂的态度调查》等。

14. 在管理学的视角从人际关系向人力资源的转变过程中，多个"人本主义"的动机理论（例如马斯洛的需求层次理论、麦格雷戈的 X 理论和 Y 理论）起到了重大作用。人际关系学派重视改善社会环境，将之作为提升员工士气和生产效率的基本工具，而马斯洛和麦格雷戈则强调工作中的"自我实现"（个人潜力的发展和发挥）。对于管理实践来说，这意味着与其改善外在于工作的条件（如沟通技巧），不如改善工作本身，以及通过"自我管理的工作团队"与其他授权方式增加工人参与和决策的机会。这种新思维与"投资于人"的思想高度一致，很快就成为人力资源理论的核心。

15. 劳动经济学者新旧两代在研究方法上的区别，明显体现在莱斯特（1941；1964 第二版-修订版）、卡特尔和马歇尔（Cartter and Marshall, 1967）、弗莱舍（Fleisher, 1970）的这些教科书当中。莱斯特的教科书，是制度主义或劳动问题方法的最后范例之一，而弗莱舍的教科书，是市场导向或新古典方法的最初范例之一。卡特尔和马歇尔的教科书则试图结合这两种方法，一半篇幅用于劳动力市场供求分析，另一半篇幅用于更具描述性的工会和集体谈判分析。10 年之后，这种做法因为劳动经济学不断转向竞争理论和公式化的模型建构而遭到淘汰。关于劳动经济学的新制度主义和新古典主义的研究方法差异，还可比较罗斯（Ross, 1964）和贝克尔（Becker, 1976）。

16. 尽管20世纪50年代与ILE学派相关的这一代劳动经济学者已基本退出劳动经济学本身的研究，但仍有几位继续在产业关系领域著书立说。邓洛普和克尔是其中两个最显著的例子，他们在70年代和80年代都撰写了很多关于IR问题的文章和书籍（邓洛普比克尔更为突出）。这样的著述成果，再加上引人瞩目的公共服务经历和在劳资纠纷中担任最高级别仲裁人和调解人的工作，使他们成为80年代IR领域最具影响力的两位"掌门人"。

17. 跨学科研究在其他研究领域也呈衰败状态。例如，威廉·西威尔（William Sewell, 1989）提到，"二战"结束后不久，社会心理学领域旋即兴起跨学科研究的热潮，带动成立了几个重要的跨学科研究中心，但到了70年代，跨学科研究几近销声匿迹。他将衰败原因归结为以下几点：跨学科研究对美国大学传统院系结构产生的威胁；研究资金不足；缺乏综合性理论的突破；偏重研究方法的风潮。

18. 乔治·舒尔茨（1964：25）在这个问题上说："产业关系领域由此陷入两难境地。一方面，多个学科作为专业学科的潜在贡献被广为认可；而另一方面，旨在解决问题的传统，又诱使产业关系的学生成为这些学科的某种'样样通'。但是，'样样通'就意味着'样样松'，学生很可能会失去单个学科的基本分析能力，并在这个过程中失去真正的专业性，而它对细致和精确的分析是非常重要的。在这样设置产业关系学位项目的场合，跨学科的陷阱尤其危险……试图涵盖领域所有方面的努力，几乎会不可避免地导致各学科的专业内容被严重稀释。"

19. 杰克·巴巴什（Jack Barbash, 1989a：3）为此推断提供了支持："如果我们不是由一个理论联系在一起，就只有一个可能，即我们的工作体现了共同的价值观。"

20. 保罗·韦宾克（1954：103）在提到"一些经济学者对其他学科

的合作者或竞争者参与产业关系研究的明显抵制"时暗示了这一点。

21. 克拉克·克尔（1978：132）观察到，"在'二战'之前……该领域（产业关系）没有核心所在；它分成几个阵营：新古典主义者……制度主义者……马克思主义者……反垄断主义者和人际关系学派"。他接着谈到 20 世纪 50 年代的发展（p.134）："该领域现在有了一个核心。这个核心也许可以称为'新制度主义'，它借鉴有关竞争市场运行和组织化权力（organized power），以及它们各种混合体的理论和实践；关注制度对市场的影响，与市场对制度的影响。"

22. 我的看法是，PM 学派和 ILE 学派的分裂由三种"力量"导致，可以分别称为"推力""拉力"和"溶解力"。"推力"来自 ILE 学派对人际关系运动及其代表的政策含义的敌视态度；"拉力"来自从行为科学角度建立一个专门研究组织与管理的独立领域的诱惑；"溶解力"来自科学建构的压力，它削弱了跨学科合作的意愿。尽管来自 ILE 学派的"推力"是一个影响因素，并无疑加速了它与 PM 学派的分手，我怀疑"拉力"和"溶解力"同等重要，如果不是更为重要。两个群体间"联姻关系"的实际终止，是一个迟早而非会否的问题。

23. 戈达德（Goddard，1992b）的研究证实，产业关系领域在 1960 年以后更加向"自由派"（liberal）和"亲工会"（pro-union）方向发展。戈达德根据一项关于加拿大的雇佣相关课程授课教师的态度调查数据的统计分析，得出如下结论：IR 研究中心的教师要比管理系或经济系的教师更为"左翼"。既然后两个群体在 1960 年以后倾向于退出产业关系领域，结果就导致该领域的意识形态摆向更为"自由主义"的一端。

| 第 7 章 |

产业关系的衰落

第 7 章
产业关系的衰落

虽然上一章对产业关系作为一个研究领域的前景描绘得不太乐观,但是从 1980 年的时点看,还没有乌云压顶的感觉。例如,施特劳斯和弗耶(1981)在回顾产业关系研究时说,领域的学术成果似乎是在 70 年代中期触底,然后进入温和复苏,这可能预示着某种"复兴"。同样,在 1982 年的一次名为"产业关系的未来"的会议上,大家都认为,"尽管美国产业关系环境的主要因素已经或正在发生变化,与会者们仍然预期产业关系体系本身不会发生根本性的转变。即使大多数与会者对如何避免工会会员人数持续下降,都没有明确的解决方案,但他们还是期待出现新一轮工会组建热潮,正如过去屡次发生的那样"(*Industrial Relations*, Winter 1983:126)。

等到了 90 年代初,很明显,情况正好相反。尽管产业关系学术研究的质量和数量都有提高,但这个"加分"抵消不了太多负面因素的影响。这些负面因素清楚表明了该领域的学术和组织活力正在整体下滑,其中包括工会会员人数和工会权力在 10 年间急剧下降;IR 研究所和学位项目的现有数量显著减少;学生的求学需求明显从 IR 转向 HR;学术界和实务界都普遍感到,IR 已经丧失了作为雇佣实践和政策的变革及创新主导者的大部分作用;产业关系研究协会的会员人数及参与程度都明显降低。施特劳斯在 80 年代末又一次回顾该领域时,充分表达了这种形势变化及其在

IR 学界激起的悲观情绪（1989：241，257）："坏消息要多于好消息……如果工会不会意外地东山再起，IR 学术界将不得不做出重大调整。否则，它可能会重蹈国际雪茄制造商联盟和卧车列车员兄弟会的覆辙，两者可都曾是时代的弄潮儿。"

回顾 IR 学界 20 世纪 80 年代的发展历程，的确是坏消息多于好消息，至少在美国是这样[1]。在分析这些发展时，首先要从时代的变化讲起。

陷入危机的 IR 新政体系

新政时期的立法举措，如《瓦格纳法案》《公平劳工标准法》《社会保障法》以及 1946 年的《就业法》（Employment Act），都实践了 ILE 学派对改善产业关系的提案要点。到 20 世纪 50 年代中期，新政体系已在美国经济中得到基本确立。该体系的主要支柱和动力就是集体谈判。工会已成功覆盖了全部就业人口的三分之一，以及产品制造业一半以上的蓝领工人。无论是在工资和工作条件的决定，还是雇佣实践的创新方面，集体谈判都无可置疑地成为引导经济的力量。例如，从劳资谈判中产生了生活成本调整（COLA）条款、多年期劳动合同（multi-year contracts）、辅助性失业计划和员工申诉的约束性仲裁等。

从 20 世纪 50 年代中期至 60 年代末，新政体系表现极佳。工会获得巨大的成功：集体谈判带来工资、福利和工作条件的极大改善，让各行各业的蓝领家庭过上了中产阶级的生活；工会（或组建工会的威胁）促使企业系统地制定和规范自身的人事政策，改进对一线主管和工头的培训；工会创造了一套全新并更为公平的工作场所治理机制，它以正规的申诉程序、免于任意处罚和解雇的保护措施及共同协商工作条件为主要特色。

所有这些改变，都拉升了企业的劳动力成本，各种保护性劳工立法和社会保障计划也通过定期提高标准、覆盖率和福利而导致了同样的结果。但是，由于低罢工率及稳定的财政和货币政策，尤其是劳动生产率大幅提升这一最重要因素的存在，该体系与低通货膨胀和相对强劲的产出增长是相容的。劳动生产率的提升本身，在一定程度上也得益于 IR 体系的影响，因为集体谈判中提出的要求迫使企业改善管理方法，精简生产流程，采用新的技术和设备。

站在 20 世纪 70 年代初的时点上看，工会经济部门似乎继续在雇佣关系中发挥着主导作用，尤其是集体谈判在公共部门的迅速发展更加体现了这一点。但事后再看，实际上，传统 IR 体系显然已经在权力和影响力方面出现滑坡，而另外一种非工会体系正在迅速崛起（Kochan，Katz and McKersie，1986）。但是，前者的衰落和后者的成长在 80 年代以前还不到特别鲜明的程度。

70 年代的工会部门面临的根本问题是，由于谈判桌上和车间之内的发展变化，美国正逐渐丧失它的经济竞争力。10 年间，工会谈判者赢得了远高于非工会工人的工资和福利增长，结果导致工会和非工会部门之间劳动力成本差距的大幅拉升（G. Johnson，1984；Kaufman and Stephan，1987）。工会企业如果能够同时获得劳动生产率的足够增长，以抵消工资总成本的上升（从而保持单位劳动成本不变），那么还可以有效参与竞争。不幸的是，在薪酬成本的增长百分比达到两位数时，劳动生产率的增幅却直线下降。增速放缓的原因有很多，但工会企业日益陈旧、官僚、僵化的工作管理体系肯定是其中一个因素，还要考虑到政府对工作场所管制过多带来的影响（Denison，1985；Gray，1987）。

薪酬成本和劳动生产率之间的反向变动，使工会企业的利润率承受了极大压力。为保证自身的利润不受影响，这些企业提高产品价格，压缩新的投资和（或）产品开发，减少对"工会厂"的投资，转而建立新的非工会工厂，扩大自动化生产等，用尽种种类似的办法（Hirsch，1991）。在20世纪70年代，经济增长还足够强劲，限制低成本竞争的壁垒也足够高，因此工会密度（工会会员占非农业就业人口的比例）的下降程度尚属温和（从27%下降到23%）。但是，IR新政体系明显受到压力，并呈现疲弱迹象。

压力在80年代发展成了危机。危机来自学术、政治、经济和组织的各个方面。

首先，学术界对ILE政策方案的核心理念——利用集体谈判、政府管制以及积极的财政和货币政策，以确保获得经济竞争力和工业民主的支持大幅下降。在很多意义上，对ILE政策方案的攻击，是当代的古典经济学信奉者和PM学派发起的一场"反革命"。在经济学界，强调自由市场和竞争优越性的芝加哥新古典学派的理论，基本上取代了强调劳动力市场缺陷和劳资谈判权力不对等的制度及新制度学派的理论。从新古典经济学的观点看，工会、政府管制以及积极的货币和财政政策，都是不可取的制度性干预，会招致经济效率的低下和收入向各种利益集团的重新分配[2]。经济学者还日渐怀疑，充分就业的货币和财政政策以及集体谈判的普及，是否适合于低通胀状态。为解决这一矛盾，ILE 经济学者提倡进一步实施"收入政策"（如工资物价管制）形式的政府干预，但这一思想在 70 年代很快就失去了经济学者和决策者的支持。

管理与行为科学的许多学者也同样对 ILE 政策方案丧失了信心。在此情况中，"修正主义"的思想依据来自组织行为、组织发展、人力资源管理的相关领域（Beer and Spector, 1984; Walton and Lawrence, 1985; Lawler, 1986）。这些领域往往被归入"人力资源"（HR）的范畴，是诞生于 20 世纪 20 年代的 PM 学派在 20 世纪 80 年代的翻版[3]。同 20 年代的前辈一样，HR 学者也不看好工会和政府对工作场所大部分形式的管制。在他们看来，工会和政府管制是经济效率和工作满意度的敌人，因为它们将对抗主义制度化，扼杀工人的劳动积极性和创造性，助长组织结构体系的僵化、官僚化和敌对性。这些学者回归到 20 世纪 20 年代的人事管理者和 30—50 年代的人际关系学者提出的基本思想，寻求消除对抗主义，促进劳资的"双赢"。他们认为，这些将为企业带来更高的绩效，为个人带来更多的经济和心理报酬。这一结果的实现，是通过建立和实施工作组织的"承诺模式"（commitment model），该模式使用协商型领导方式、参与型管理、团队型生产、绩效薪酬体系和规范化的争端解决方法，在工人和企业之间达成一致的利益。

20 世纪 80 年代的政治环境也转向敌视 IR 新政体系。1980 年，罗纳德·里根当选美国总统,这促使政府的劳工政策发生重大改变,走向了政治保守主义。里根大张旗鼓地捍卫市场自由和政府的最小化角色,这种思想与过去半个世纪所建立的 ILE 政策纲领正好完全相反。在里根上台之后的 10 年间,里根政府以及一定程度上的乔治·布什政府,都实施了多个直击新政体系心脏的政策措施。例如,国家产业关系委员会对法律和判例的解释产生了不利于工会的变化,极大制约了工会的组建和谈判能力(Weiler,1990)。同样,1981 年,里根下令解雇罢工中的空中交通管制员。人们普遍认为这是向私营雇主释放的一个信号,告诉他们可以和工会玩硬的。里根和布什还试图废除或放松对工作场所的大量管制或保护,如最低工资、职业安全和健康等相关法案。最后一个打击是里根政府很少就国家的经济和社会政策与工会领导人商议,这实际上破坏了劳方、资方和政府三方的社会协商机制。

其次,20 世纪 80 年代的不利经济环境是促成 IR 新政体系衰落的另一个原因。尽管工会企业的成本和定价结构在 70 年代已经日渐失去竞争力,但国内经济稳健强劲的增长,以及在很大程度上保护它们免受低成本竞争者威胁的各种产品市场准入壁垒,使这些企业活了下来。但 80 年代经济领域发生的 4 件大事,使它们受到远远大于以往的竞争压力。这 4 件事分别是:1980 年和 1981—1982 年连续发生的经济衰退;运输、通讯等关键行业的放松管制(卡特政府实施的一项政策);随着企业在南部开设新工厂或增加新的"双排扣"经营部门(double-breasted operating divisions),以往高度工会化的几个行业都出现了大片的工会空白;国际竞争明显加剧，这部分也是由于80年代前半期美元大幅升值所致。这些情况引发工会企业的大规模解雇、工厂关闭和破产。于是，在工会化程度较高的制造业经济部门，出现了就业人数和工会会员人数大幅下跌的情况。

最后，组织的发展，特别是管理实践和战略方面的发展，在IR新政体系的衰落中扮演了重要角色。在任何人看来，美国管理层都变得更加坚定地制止工会活动（Mills, 1981; Kochan, Katz and Mckersie, 1986; Barbash, 1986）。实施这一战略有两个途径（Cappelli and Chalykoff, 1985）。一个途径是"替代工会"（union substitution），即企业试图通过实行进步的雇佣关系措施，打消工人组织工会的念头。其典型的做法就是引入HR思想所倡导的工作组织承诺模式。另一个途径是"打压工会"（union suppression），即企业试图采用威胁报复和裁员、非法解雇及拖延诉讼等手段，打击或阻挠工人组建工会。管理策略的另一个重要组成部分是永久替代罢工者，这会从根本上削弱工会的力量。

这些情况和变化的发生，最终令IR新政体系深陷危机，首当其冲的是工会运动。1979年至1989年的10年间，工会丧失了近500万会员，工会会员占整个劳动人口的比例从23%下降到17%。更为糟糕的是，在80年代末，工会通过NLRB代表权选举机制获得的新会员人数不足10万，而由于工会解散、工厂关闭、临时解雇、替代罢工者等情况而失去的会员则要翻上很多倍（Freeman, 1988）。事实上，工会运动正慢慢失血濒死，而且它在学界和政界的支持者也在不断减少而无力扭转这一局面。工会的前景自20世纪 20 年代以来还从未如此黯淡（Dubofsky，1985）。与此同时，美国经济在 10 年间创造的超过 1900 万个就业机会，几乎都是来自非工会企业。这给出了明显的信号：IR 新政体系及其核心的集体谈判机制的规模和重要性都在迅速萎缩，而非工会经济部门正不断成为新工作和新思想的创造源泉。不难想象，这些趋势在学术界产生了强烈反响，给产业关系领域带来了令人沮丧的后果。

20 世纪 80 年代的学术项目

总体来说，20 世纪 80 年代是雇佣相关专业迅猛发展的时期。例如，乔治安娜·赫尔曼（Georgianna Herman，1984：A-5）发现，人事、产业关系和人力资源管理领域的人文硕士和科学硕士的学位项目，从 1974 年的 26 个增长到 1984 年的 66 个[4]。同样领域的博士学位项目数量翻了一倍还多，从 6 个增加到 14 个。类似的，约瑟夫·克里斯劳夫和约翰·米德（Joseph Krislov and John Mead，1987）也对 20 世纪 80 年代中期的 IR 和 HR 项目做了调查，结果发现在 77 个调查对象中，有 23 个创立于 70 年代，有 9 个创立于 80 年代。1988 年 6 月，《人事月刊》（Personnel Journal）出版了一份关于设有 HR 和 IR 项目或专业的大学目录，其中共列出了 150 余所大学[5]。

这些态势对于 IR 领域来说喜忧参半。喜的是水涨船高，学生对雇佣相关方向的需求增加，IR 的重点学术项目也会成为受益者。IR 作为一个学术领域的根基，在于那些具有多学科特色并授予学位的 IR 项目，如康奈尔大学、明尼苏达大学、伊利诺伊大学、威斯康星大学、罗格斯大学、密歇根大学的项目。(其他重要的 IR 项目,如加州大学伯克利分校和洛杉矶分校的项目仅从事研究。)这些项目拥有庞大优秀的教师群体,并且在学界就业市场上享有良好或卓越的声誉。因此,即使工会经济部门的就业人数在 80 年代直线下降,顶尖的 IR 项目不仅在这 10 年间毫发无损,其研究生录取人数还实际稳健增长。产业关系与人力资源项目大学评议会(原为"IR 中心主任团":IR center directors' group)收集的未公开数据显示,IR 专业的博士生在学界就业市场的走势也持续看好。

而 IR 领域的忧虑在于,即使市场本身在扩张,充其量也只有顶尖机构能够自保,而规模小或知名度低的项目则大幅滑坡。一个基本问题是,学生对雇佣相关专业的需求急剧向 HR 一端倾斜,而远离曾传统主宰 IR 课程体系的 IR 一端(狭义 IR)。例如,瓦尔特·弗兰卡(Walter Franke,1987:476)写道,20 世纪 50 年代伊利诺伊大学 IR 项目的研究生在选修课程时,半数以上是劳资关系领域的课程,人事和组织行为相关的课程只略超三分之一。但 30 年后,这一比例关系几乎逆转。

同样,康奈尔大学 IR 项目的前负责人查尔斯·莱荷莫斯(Charles Rehmus,1985:592)看到,"对人事、人力资源管理、组织行为学领域的课程和师资的需求,在过去 10 年大约增长了一倍"。导致这种需求变动的原因包括:学生们认识到 HRM 和 OB 专业或方向的毕业生会有更好的就业机会;IR 因为与工会运动和亲集体谈判意识形态的关联,而在就业市场声名不佳;商学院的入学人数大幅增加,也往往让校方更为重视与 HR 相关的课程;"美国大学商学院联合会"的认证条件要求,工商管理硕士的教学体系中至少要包含一门组织行为课程,但是对 IR 却没有规定(Begin, 1987; Franke, 1987; Fossum, 1987; Lewin, 1988a)[6]。

这种对 HRM 和 OB 课程和专业的需求转变,对各机构和大学造成的冲击并不一致。顶尖 IR 项目的基本架构和地位遭到的破坏是最低的。有几个因素对它们有利。首先,这些项目原本就设置了 HR 方向及相关的多门课程,所以相对易于(如果不考虑内部的政治因素)强化这方面的课程和师资力量。其次,它们已经享有盛名,因此尽管 IR 本身名声不佳,雇主还是愿意雇佣其毕业生,学生也因为好就业而继续报考这些项目。最后,几乎所有这些顶尖的项目都位于工会密度相对较高的州,这给 IR 学位的毕业生提供了更多的就业机会,也能更多借助工会的政治影响力保护项目持续得到资助。

相反,那些规模较小、不太出名或者位于工会密度较低的州的机构,则通常必须大幅调整。一个普遍的做法,是从机构名称中剔除"IR"字样,换成与 HR 有关的词汇,如佐治亚州立大学的"人事与雇佣关系"(Personnel and Employment Relations)、阿拉巴马大学的"人力资源研究所"(Human Resources Institute)[7]等。还有一些机构保留了"IR"标签,但是添加了与 HR 相关的词汇,比如洛约拉大学(芝加哥)将研究所的名称由"产业关系"(Industrial Relations)改为"人力资源与产业关系"(Human Resources and Industrial Relations)。无论是哪种情形,机构都保留了基本的多学科架构,但以放弃 IR 名称最初代表的"雇佣关系所有方面"的含义作为代价。

还有一些机构被迫进行了更为痛苦的调整。学生对 HR 的需求转向,雇佣关系跨学科研究(甚至多学科研究)的凋零,工会会员和政治力量的流失,都削弱了独立的 IR 机构存在必要性的最初理由。随着课程体系和学生报考的专业向 HR 倾斜,这些机构也越来越像一个传统的管理系当中的人事与 OB 分支(Begin,1987)。同时,教研人员的研究也因为持续的理论建构压力而越来越专业化,所以他们对跨学科研究的兴趣和参与都逐渐消失,大学方面也开始审视跨学科机构在研究上的收益,与管理上的复杂性和成本是否相称。

最后,工会部门规模和劳资关系方面就业机会的骤然缩减,对 IR 机构的必要性和合理性提出了疑问。同时,工会政治权力逐渐消失,也使大学当局更容易考虑以前无法想象的举动——关闭或大幅重组这些机构。

于是,有些独立的 IR 机构就被并入或吸收到商学的项目或院系。普度大学 IR 机构的经历就是一个典型。

1957 年,普度大学从全校区召集了一个跨学科的师资团队,管理运作产业关系专业的硕士和博士学位项目。根据詹姆斯·德沃金(James Dworkin,1988:462-63)的叙述,尽管该项目也设有一些人事管理的课程,但最初具有很强的"劳工关系"导向。随着时间的流逝,该项目发生了几个变化。1962 年,它转型为商学院。之后在 1967 年,跨学科的博士项目因教师缺乏参与而取消。接下来就是项目重组,有更多的一般商学科目成为必修课(部分是出于资格认证的压力），同时传统的 IR 课程遭到削减。最后，在 1986 年，硕士学位项目的名称从"产业关系"改为"人力资源管理"。目前，该项目与组织行为学和人力资源管理的博士项目一样，都是由商学院的"组织行为与人力资源管理系"的老师授课。硕士项目的学生必修 16 门课程，其中包括 5 门 OB 和 HRM 课程，4 门一般管理的课程，4 门研究方法的课程，1 门劳动经济学课程，1 门劳工法课程和 1 门集体谈判课程。

普度大学 IR 项目最后的结果，是"产业关系"一词从项目名称中消失，项目本身被安置到商学院，并带有强烈的管理导向。体现 ILE 思想的课程，尤其是工会相关的课程比例大幅下调。该项目仍旧包含经济学和行为科学两个领域的课程，但行为科学所占的比例大幅提升，而经济学则被大大压缩（劳动经济学是目前 16 门课程当中唯一的 1 门经济学课程）。最后一点是，课程体系和师资的多学科特色也大为减退。

在 20 世纪 80 年代，许多其他的 IR 项目都与普度大学一样，在结构和课程体系的方向上经历了大体相同的变化[8]。是欢迎这些变化，还是为之悲哀，在很大程度上属于见仁见智的问题。ILE 学派的倡导者一般认为这些变化近乎灾难，因为它们威胁到 IR 名称的生存、教学和研究的跨学科方法以及强调劳资关系对立、集体谈判与接纳冲突的学术和意识形态导向。然而，大多数的 PM（HR）学派倡导者都欢迎这些变化，并将它视为一种摆脱 30 年代对待雇主—雇员关系问题的陈腐方法，走向现代的、进步性方法的姗姗来迟的转变，后者才与行为科学研究的革命和市场经济环境的现实相契合。

第 7 章
产业关系的衰落

无论个人立场如何,很显然,美国的 IR 学术项目正在经历根本性的转型,它代表的是 PM 学派的复兴和 ILE 学派的凋落。

上述在 80 年代严重冲击现有 IR 项目的力量,也同样影响了新项目的成立。实际上,拥有多学科师资、授予学位的独立 IR 项目已停止设立。据我所知,80 年代没有成立任何名称中含有"产业关系"的机构[9]。

IR 学位项目和专业的设立也放缓到仿佛滴水细流。赫尔曼对 IR 和 HR 项目的调查(1984)显示,1974 年到 1984 年间净增的 43 个硕士学位项目中,只有 8 个项目在名称中包含"产业关系"(industrial relations)、"劳工关系"(labor relations)、"劳工研究"(labor studies)、"雇员关系"(employee relations)中的一个或多个词汇,其余的项目都是包含"人事"(personnel)、"人力资源"(human resource)、"人际关系"(human relations)、"组织"(organization)、"管理"(management)中的一个或多个词汇。在某些情况下,这些新项目具有多学科的特征,但更普遍的做法是设在管理系或商学研究生院,对雇佣关系问题基本站在行为科学、非工会的角度。

在新 IR 机构的设立陷入停顿的同时,现有机构缩减或"消亡"的数量也在上升。有些大学,如哥伦比亚大学、芝加哥大学和佩斯大学选择完全废除 IR 项目。而其他学校,如密歇根大学、加州大学伯克利分校和马萨诸塞大学则大幅削减了运营预算和(或)师资编制。不管哪种情况,IR 机构都很容易受到大学方面削减预算的影响,因为后者越来越把它们从事的领域和服务的对象放到次要的位置。

IR 研究

80 年代产业关系领域的亮点是它的研究成果。根据大多数人的看法（Strauss and Feuille，1981），IR 研究在 60 年代和 70 年代初经历了一段低迷期，并在这 10 年间的某个时候降到了学术和创造的低谷。依我所见，IR 研究随后出现了轻度反弹，这种现象一直持续到了 80 年代。

反弹的最明显的证据在于 IR 研究的专著。60 年代的"大作"，当数理查德·沃尔顿和罗伯特·麦克西合著的《劳工谈判的行为理论》（1965）。而 70 年代选不出这样的代表作，虽然存在几本确为高水平的学术著作（Getman，Goldberg and Herman，1976），但它们都不是公认的 IR"经典"。

但是，80 年代却出版了几本重要专著，它们对产业关系的教学和研究产生了巨大影响，并可能在未来多年都受到 IR 学者的引用。它们分别是（按出版时间排序）：杰克·巴巴什的《产业关系要素》（The Elements of Industrial Relations，1984）；理查德·弗里曼（Richard Freeman）和詹姆斯·麦道夫（James Medoff）的《工会做什么?》（What Do Unions do? 1984）；托马斯·寇肯、哈瑞·卡兹（Harry Katz）和罗伯特·麦克西的《美国产业关系的转型》（The Transformation of American Industrial Relations，1986）。

上述三本专著的共同特点，也是 20 世纪 80 年代 IR 研究的一个总体特征，即对于理论建构的重新关注[10]。这必须列为 80 年代

第7章
产业关系的衰落

最令人振奋的发展之一。80年代以前，尽管也有很多抱怨IR缺乏理论的声音，但很少有人试图去纠正这一缺陷。最著名的理论化尝试，是邓洛普的《产业关系系统》（1958）。其次值得一提的是杰拉德·萨默斯的努力成果（1969）。萨默斯认为，交换过程是雇佣关系中所有行为的共同点，交换分析可以提供IR领域所需的一体化框架。但他的观点始终没有获得普遍认同。

在萨默斯的专著问世后的10年中，美国IR领域极少有人再触碰理论问题（但Hills，1975除外）[11]。但是，进入80年代以后，理论建构再次来到台前，这无疑也是挽救该领域学术不振的对策之一。这方面的第一个建树，是托马斯·寇肯的《集体谈判与产业关系》（*Collective Bargaining and Industrial Relations*，1980）。该书尽管表面上采取教科书体裁，但寇肯实际是以它为载体处理更大的问题，即整合来自劳动经济学、产业关系（制度主义）和行为科学领域的观点和研究发现[12]。

寇肯的另一个研究成果，就是与哈瑞·卡兹和罗伯特·麦克西合著的《美国产业关系的转型》。该书的主要学术贡献是建立了一个三重策略选择框架，来分析工会与非工会经济部门的演化及其互动。该框架与邓洛普模型的相同之处，在于它们都强调产业关系系统所处的外部经济和政治结构的重要性，但前者还对系统的不同决策层面、经营战略的角色、工会部门和非工会部门的相互依赖性做了阐述[13]。寇肯因为上述的两部书，再加上其他的大量成果，而被广泛誉为产业关系研究年轻一代的领军人物。

劳动经济学者理查德·弗里曼是另一位在80年代对IR研究做

出重要贡献的人物。弗里曼是一位笔耕不辍的作者，文章和著作涉及工会和集体谈判的各个方面，并经常被引用。其最重要的作品，是与詹姆斯·麦道夫合著的《工会做什么?》。该书的主要理论贡献在于提出了工会的"退出或发言"模型（exit/voice model）。其基本观点是认为工会通过赋予工人申诉、抱怨和建议的正式渠道，达到降低离职率、提高劳动生产率、改善管理方法等方面的效果，从而有助于提升经济效率。在新古典经济学视"工会为垄断力量"的标准分析中，上述的所有因素都常被忽略或低估[14]。该书还有一点值得关注，即它运用非同寻常的数据集群和高级计量方法，分析了工会对工资、边际收益、离职率、劳动生产率和收入不均等多种经济变量的影响[15]。

制度劳动经济学者、威斯康星大学名誉教授杰克·巴巴什，也对 80 年代的 IR 研究做出了重要的理论贡献。巴巴什是产业关系 ILE 理论的重要评述者，也是康芒斯对产业关系领域发展贡献的阐释者。他最重要的学术著作是《产业关系要素》（1984），该书首先指出雇佣关系中产生劳动问题的根源，然后分别剖析了管理方、工人和政府对这些问题的回应方式。在巴巴什看来，劳动问题源于管理者对效率的追求和工人内心深处的安全需求之间的冲突。工人的这种需求，引导他们寻求建立各种限制性或保护性的工作规范与规制（work rules and regulations），其手段或者是非正式工作群体的社会制裁，或者是工会的经济权力。本书对于 IR 领域奠基者们所构想的产业关系范式，做出了最忠实于历史并富有学术洞察力的概括，尽管这些概括过于偏重 ILE 学派的观点。

其他贡献于产业关系理论发展的重大成果，包括霍特·惠勒（Hoyt Wheeler，1985）的工业冲突统合模型、詹姆斯·贝甘（James P. Begin，1990）的雇佣关系体系模型、威廉·库克（William Cooke，1985）和斯蒂芬·希尔斯（Steven Hills，1992）的工作场所控制模型。虽然这些学者和前面提到的任何人，都没能发现产业关系领域的"圣杯"（也就是让该领域变成一门真正学科的统一理论框架），但每个人都添加了它亟须的理论概念[16]。

80年代出版的各种产业关系期刊，也体现了IR研究方向上的某种积极态势。《劳工研究杂志》（*Journal of Labor Research*）和《雇员责任与权利杂志》（*Employee Responsibilities and Rights Journal*）等发表IR研究成果的新刊面世，年度论文集《产业与劳工关系的进展》（*Advances in Industrial and Labor Relations*）也发行出版。另外，《产业与劳工关系评论》明显致力于扩展内容的丰富性（不幸的是，在该领域的另一核心期刊《产业关系》的征稿方针中没有看到这一努力）。该刊关于人事和HRM问题、历史案例研究和行为研究的论文比例上升，还在行为研究、劳工史和薪酬等方面组织了专题系列，尝试恢复IR曾经具有的多学科联盟特征[17]。最后一点是，我感觉这10年当中，IR期刊的文章在理论和统计方法上的成熟性以及学术性都有所提升。

另一个积极动向，是IR学者对于研究管理的实践及政策如何影响产业关系系统的结构、绩效和长期发展，产生了更大的兴趣。20世纪60年代和70年代，雇佣关系的管理一方基本淡出了产业关系研究的视野。到了80年代，这种相对片面的研究导向越来难以为继，因为很显然，产业关系的变革动力来自企业，而不是工会（Strauss，1984）。对此的回应产生了一连串高质量、有意思的研究，其中包括对管理战略的研究（Kochan，McKersie and Cappelli，1984；Verma，1985；Kochan，Katzand McKersie，1986；Ehrenberg，1987），以及企业的 IR 和 HR 政策影响利润和劳动生产率的研究（Clark，1984；Voos and Mishel，1986；Kleiner et al.，1987；Ehrenberg，1990）。它们带来四个良性效应：管理问题的研究重新回到产业关系领域；为产业关系领域的理论建构提供了一个更具活力、长期持久的视角；推动 IR、OB、HRM 的学者从事交叉性研究；促使劳动经济学者对薪酬、雇佣合同的结构、工作激励等人事及 HRM 的问题产生了兴趣。

也有一些消极的动向，与上述积极的发展相抵触。第一，年轻一代的 IR 学者比以往更加沉迷于方法论和数据问题，这种趋势往往会以牺牲实际意义和洞察力为代价。第二，多学科和跨学科研究在 IR 领域依旧凤毛麟角，延续着学术狭隘主义之风。第三，IR 的大量学术研究都局限在解释过去或当前行为的细枝末节，而很少去研究大问题（但 Heckscher，1988；Hirsch 1991；Voos and Mishel，1991；Weiler，1990 例外），如美国劳工法案的适当性、美国 IR 实践的竞争力、现行雇员代表制度的替代方案（假如存在）等问题。第四，美国 IR 学者倾向于忽视国外的论著，尤其是英国的论著。第五，如果工会部门在 20 世纪 90 年代继续衰落，那么 IR 研究（狭义）的远景必然堪忧。80 年代爆发性地出现一些颇具影响力的研究成果，最有可能是反映一种短期现象，即学者们急于了解工会时运戏剧般衰落的根源及其后果。30年代和40年代IR制度体系的迅猛发展，也曾激起类似的研究潮。上述的矿脉一旦挖空，且如果工会部门的规模和影响力继续缩水的话，就可以合理地认为学者们将抛弃传统的IR问题及相关期刊，投身于其他更为富饶的问题领域。

IRRA

20世纪80年代的风云变幻严重侵蚀了产业关系研究协会的组织活力。如前面几章所述，其背后早有诸多根源，但80年代的各种不利形势加剧了它们的发酵。

表面上看，IRRA的"健康状况"相对良好。IRRA综合评估委员会（Comprehensive Review Committee）在最终报告中的表述，最为清晰地体现了这个观点（IRRA，1988a）。该委员会于1986年由协会理事会任命，目的是对协会的组织结构、会员状况、财务、年会议程及出版活动进行评估和提出建议[18]。协会早年的两位主席克拉克·克尔和约翰·邓洛普，共同领导这个委员会。评估报告称（pp.2-3）：

至少在四个基本方面，IRRA是一个行之有效的组织：第一，其会员人数多年来始终保持稳定增长……第二，其财务状况比较健全，令人满意……第三，协会极大地得益于它精干、专业成熟的管理团队……第四，协会不仅着实吸引了各学科领域的学者，还吸引了来自工会、企业管理层、各级政府和中立派的实务人士成为会员……这些事实和情况都支持了一个观点，即 IRRA 的创会宗旨依然有效，为履行这些宗旨而创立的协会也依然具有价值和活力。

严格审视上面说到的四个方面，以及衡量组织健康的其他指标，得出的结果则远不那么乐观。先以会员情况为例进行考察。

如报告所称，IRRA 的会员人数自协会创立以后一直稳步增长。其全国性会员人数从 1948 年的近 1000 人增长到 1990 年的 4780 人。引人深思的是，会员人数在整个 80 年代也保持了上升趋势，尽管程度很有限（从 1979 年的 4589 人上升到 1990 年的 4780 人，增长率为 4%）。地方支部会员的增长幅度更大，从 1979 年的 6619 人上升到 1990 年的 8900 人（增长了 34%）（参见 IRRA，1990：405）。

但报告严重忽略了另外三个较为不利的动向。第一，尽管全国性会员在 80 年代保持了增长，但学术界会员人数却下降了（从 1590 人降到 1499 人，降幅为 6%），且表现在所有类别的学科（除"其他"类别）。第二，在 IRRA 学术界会员人数下滑的同时，其主要学术竞争对手"管理学会"（Academy of Management）的学术界会员人数却在迅速上升。该学会属于组织行为、人事管理和人力资源管理领域的会员人数在 80 年代增长了 42%，从 3580 人增加到 5078 人。第三，IRRA 会员增加的群体是非学界人士，但即使在这一点上，IRRA 也落后于其他吸收 IR 和 HR 实务人员的专业组织。例如，人力资源管理学会（Society for Human Resource Management，简称 SHRM，其前身为美国人事管理学会：American Society for Personnel Administration）的会员人数，从 1980 年的 27501 人增长到 1990 年的 44299 人，增长率为 61%。在 IRRA 的非学界会员中，80 年代增加最多的两个职业群体分别是工会活动者和仲裁人员，他们都是经济中未来成长可能性最小的群体。

报告列举的第二个和第三个代表组织活力的指标，是"健全的财务状况"和"精干、专业成熟的管理团队"。确实，健全的财政状况是组织行之有效的先决条件，同时，高素质的专业管理人员也有很多益处，但这些指标真能告诉我们，IRRA 是发展强劲，还是走向停滞吗？我认为其中的关联性相当薄弱，反而给人刻意寻求好消息的感觉。

最后再看一下列举的第四个指标，即 IRRA 有能力从各学科吸引学术界人士，并从管理层、工会和政府吸引实务界人士。IRRA 确实吸收了来自广泛学科的学界会员，覆盖与雇佣关系相关的绝大多数领域。但报告并没有提到，来自行为科学（雇佣关系的成长领域）的会员比例很小，并且可能还在下降。例如在 1990 年，IRRA 的学界会员中只有 15% 的人将自己的专业方向归入人力资源、组织行为、社会学或心理学的类别。

IRRA 在 80 年代中期变更了所属专业的分类方法，这就很难分别准确地比较行为科学的各个领域（组织行为学除外）在整个 80 年代会员人数的变化。就 OB 来说，该领域的会员人数在 1979 年到 1990 年为净下降。而且，社会学、心理学及政治科学领域的会员下降幅度是如此明显，以至于这些学科在 1987 年被划入"其他"类别。

IRRA 的非学界会员确实分布广泛，且非常均衡。1990 年，全国性非学界会员的群体分布及比率如下：商界（18%）、工会（10%）、政府（9%）和仲裁、法务及咨询（22%）。我唯一的疑问是，商界管理层中有多大比例来自非工会企业。这个数据无从得知，但我推测比例会很小。如果是这样，那么 IRRA 还是把自己与未来成长前景渺茫的雇佣关系部门绑在了一起。

根据上述理由，我认为各项数据并没有支持 IRRA 综合评估委员会关于协会保持着活力和效能的判断，反而证明了相反的结论，即 IRRA 的会员人数和参与者都已严重缩水。离开上面四个指标去看，更加强了这个结论。

协会最令人忧虑的衰落迹象，是积极参与协会活动的会员当中，属于全国知名学者的人数大幅减少。尽管全国知名度确实很难测量，但还是有些证据能够支持这个判断。例如，许多劳动经济学者都公认，国家经济研究局（National Bureau of Economic Research：NBER）的劳工研究小组是经济学领域研究工会和集体谈判的权威，但它的研究人员中只有 28% 加入了 IRRA。另一条证据涉及人力资源管理知名学者在 IRRA 会员中所占的比重。在《人力资源管理评论》（*Human Resource Management Review*）的 30 名编委会成员中，只有 9 人（占 30%）是 IRRA 的会员。

IRRA 的学术人才不足，既反映了产业关系领域的宏观变化，也反映了该协会自身存在的组织问题。其中第一个问题，是绝大多数学者都认为 IRRA 出版物在学术性和分析水平上，都无法和顶尖学术期刊或其他专业协会的论文集相媲美[19]。第二个问题，是 IRRA 的冬季年会（夏冬两个年会中更具学术性的一个），与美国经济学会的年会在同一时间和地点举办，这种安排并不受管理和行为科学学者的欢迎。第三个问题，是 IRRA 的年会安排阻碍那些还不是会员，或者与协会活跃分子缺乏交往的学者参会。主要障碍在于夏冬两个年会设置的自由投稿分会场很少，而邀约分会场则较多，这大大助长了"熟人网"运作之风[20]。第四个问题，是协会与工会和集体谈判在学术及意识形态上的密切联系。在研究层面上，工会运动的衰落已导致从事劳资关系研究的学者减少，但即使很多人反对渗透在协会中的"亲工会"价值观，劳资关系仍然是年会议程和出版物的关注焦点[21]。第五个也是最后一个问题，是 IRRA 内部的政治程式倾向于让 ILE 劳动经济学者及其同盟有效地把控组织大权，看过去的 20 年间谁被选为 IRRA 主席，就会清楚这一点[22]。狭隘的政治性以及它所招致的失落感，同样阻碍了其他学科及思想背景的学者加盟 IRRA[23]。

注 释

1. 20 世纪 80 年代，加拿大的工会会员从 320 万上升到 400 万，而同期美国工会会员从 2200 万下降到 1600 万。两个国家的不同发展趋势，也同样反映在产业关系学术领域的不同命运上。加拿大的 IR 领域随着新学术机构的建立及人员聘用，出现了一个小高潮，而美国的 IR 领域却遭到了明显衰落。英国劳工运动在 80 年代也经历了会员人数和影响力的下降（撒切尔夫人的社会和经济政策与里根相似，所以这个结果并不意外），但是，英国 IR 学界比它的美国"表亲"更好地度过了这 10 年。

2. 亨利·赛门斯（Henry Simons，1948）和米尔顿·弗里德曼（1951），是芝加哥经济学派对工会抵触看法的两个早期例证。这方面还可以参考哈里·约翰逊和彼得·米耶史考斯基（Harry Johnson and Peter Mieszkowski，1969）。在接受芝加哥学派学术训练的经济学者当中，艾伯特·里斯（1989）对工会的看法比较平和。

3. 关于"人力资源"（human resources）一词的起源和含义，约翰·斯道雷（John Storey，1989：4）说："这个词实际上不是个新词：近40年之前就有人用过……但是多年以来，这个词都没有特殊含义，并往往或多或少地与一大堆其他的说法互换使用，来表示大多数人所理解的人事管理。但在20世纪80年代，它开始代表一种极为不同的管理劳动者的哲学和方法……在这一新用法中，它常常标榜自己具有多个要素特征，让它总体上与通常理解的'人事管理'划清界限。"

4. 卡普莱斯（William G. Caples，1958）在20世纪50年代末的一项调查发现，当时共有12个研究生层次（硕士或博士层次，或两者兼有）的IR项目。不无矛盾的是，赫尔曼（Herman，1984：A-5）的数据显示，IR和HR方向的人文硕士（M.A.）和工商管理硕士（M.B.A）项目在1974年至1984年间大幅减少。但是，我相信这一结果具有欺骗性，因为1974年的数据与1984年相比，一些旁门支系的领域（如劳动经济学、教育学、政治学）也包括在内。

5. 如这里所引的数据显示，人们对美国IR和HR项目数量的估计不一。属于"产业与人力资源项目大学评议会"的IR与HR机构共有57个，但其中有6个不在美国，且有部分数目不详的机构不具备学位项目。据霍特·惠勒（1988b）估计，独立的IR和HR研究生学位项目在25到30个之间，其中大约有三分之二是IR方向，三分之一是HR方向。

6. IR学术项目对管理教育的立场向来比较暧昧。一方面，无论是50

年代，还是最近若干年，都有大量的 IR 毕业生从事管理工作（Caples，1958；Fossum，1987）。另一方面，这些项目的大多数行政管理人员和教师都信奉多元主义和集体谈判。因此，面向学生的课程内容和价值体系普遍带有超出于大多数企业愿意接受的亲工会倾向，但又把这样做的理由归结为给学生提供一个平衡的视角。阿诺德·托尔斯（Arnold Tolles，1958：253）的表述明确反映了这一立场："大多数毕业生将受雇于管理方的事实，并不意味着课程内容必须是管理导向的。教学应该少关心提供手段和工具，而多关心扩展学生的视野。"托尔斯的主张在 50 年代还切实可行，因为当时没有几家商学院提供人事方面的多种课程或项目。但今天，当商学院提供明确为管理需求打造的 OB 和 HRM 的全套综合课程时，他的观点就越来越站不住脚（即使不为学术原因，从就业市场的考虑也是如此）。

7. "产业关系"一词即便对那些一直坚持 ILE 方向的项目来说也成了包袱。例如，克里夫兰州立大学最近将其"产业关系中心"更名为"劳资中心"（Labor-Management Center）。据该中心主任说，这样做的主要原因是克里夫兰市公共部门工会已成为中心最大的服务对象，而他们反对使用"产业"（industrial）一词，因为它错误地提示该中心主要服务于蓝领制造业工人。

8. 以艾奥瓦大学为例，20 世纪 50 年代，它在商学院开办了一个跨学科的"劳动与管理系"（department of labor and management）。该系最初的核心是劳资关系（labor-management relations），大部分师资具有制度经济学或法学背景。70 年代早期，该系进行了重组，引入了更多的人力资源和组织行为学成分，系名也改为"产业关系与人力资源系"（Department of Industrial Relations and Human Resources）。1989 年，该系再次改组，增加了组织行为学的专业和师资，并再次更改系名为"管理与组织系"

（Department of Management and Organization）。这些变化的结果是，该系稳步从 IR 过渡到 HR，再过渡到 OB。产业关系留下的仅有印迹，是几门传统的 IR 课程和一个 IR 人文硕士学位。该系前任负责人托尼·辛尼克罗皮（Tony Sinicropi）在电话中对我说，IR 处于"系里的最底层"，并很可能逐步消亡。

佐治亚州立大学的 IR 项目也是一例。它在 1973 年创立于商学院，直到 80 年代末以前，它的重心都在于劳资关系，活跃的研究人员均属于 ILE 方向。1987 年，管理系的人事专业移入该项目，项目名称也更改为"人事与雇佣关系"（personnel and employment relations）。目前，在其 10 个必修或选修科目中，只有 1 个直接与集体谈判相关。PM 学派和 ILE 学派在师资中虽然都有代表，但较为活跃的劳动经济学者比例已大为下降。

9. 据我所知，符合以 IR 命名、具有独立地位、跨学科并授予学位等条件的 IR 项目当中，最晚设立的一家是纽约理工学院的劳工与产业关系中心，设于 1978 年。80 年代也产生了两家与 IR 相关的研究机构，即罗得岛大学的劳工研究中心和哥伦比亚大学商学研究生院的产业关系中心。后者在 80 年代末随即解散。

10. 对 IR 理论重新产生兴趣的一个标志是，国际产业关系协会（International Industrial Relations Association）在 20 世纪 80 年代中期成立了一个致力于产业关系领域和产业关系理论的特别研究小组。

11. 与美国不同，英国在 20 世纪 70 年代发表了很多 IR 理论方面的文章，包括布莱恩和根纳德（Blain and Gennard, 1970）、沃德等人（Ward et al., 1975）、辛格（Singh, 1976）和沃克（Walker, 1977）的研究。还可参考哈米德（Hameed, 1982）的文章。不过，这些文章中的论述往往比较松散。

12.《产业关系》1982 年冬季刊载有 6 位 IR 顶尖学者对寇肯这部著作

的述评。其中德伯的述评尤其值得关注。

13. 对这部书的系列述评可参考《产业与劳工关系评论》1988年4月刊。其他的深入评论还可参考切里乌斯和德沃金（Chelius and Dworkin, 1990）。

14. 弗里德曼和麦道夫也有几个值得批评的疏漏。尽管他们并不承认，但工会带来多种经济效率（如降低离职率、提高生产效率）的思想早已有之，米雷斯和蒙哥马利（Millis and Montgomery, 1945: 370–73）就是其中一例。他们还忽略了ILE学派为集体谈判辩护的基本经济理由——消除劳工谈判权的不平等，从而向"工会的工资收益是一种垄断性的价格扭曲形式"的批评意见做出了让步。

15. 这一点可参考《产业与劳工关系评论》1985年1月刊对该书的系列评论。

16. 20世纪80年代对IR理论重新燃起的兴趣，引发了与60年代近似的反思，涉及该领域的学科地位、IR理论的缺位、跨学科研究的利弊和研究方法论等问题。对此可参考卡佩利（Cappelli, 1985）；亚当斯（R. Adams, 1988）；赫伯特、杰恩和梅尔茨（Herbert, Jain and Meltz, 1988）；切里乌斯和德沃金（Chelius and Dworkin, 1990）；戈达德（Goddard, 1992a）。

17. 该刊1989年10月期刊登的"投稿者须知"，证明了人们曾认为该刊的选稿变得偏向于劳动经济学和集体谈判问题的看法。须知上说（p. 3）："许多学者相信本刊只欢迎劳动经济学和集体谈判方面的论文，编委会成员对此表示担忧……我们愿意向潜在的投稿人保证，我们欢迎来自本领域所有专业方向的稿件，包括组织行为、劳工法、劳工史、人力资源、人事管理、收入保障、工会管理以及国际与比较劳工关系。"

18. 10年之前（1976年），理查德·莱斯特领导的一个评估委员会履行过许多与克尔-邓洛普委员会相同的职能。该委员会的结论与建议发表于它的最终报告（IRRA，1977）。

19. 莱斯特委员会的报告（IRRA，1977）提到经常有会员抱怨 IRRA 的出版物需要提高学术价值。尽管近年来这方面有些进步，我相信这个抱怨仍然成立。为提供确凿证据，我查阅了《产业与劳工关系评论》的 42 卷和 43 卷期刊（1988 年 10 月至 1990 年 7 月），统计了其中的文章引用下述 IRRA 三种出版物的数量：冬季和春季年会的论文集，以及年度研究文集。[春季年会论文集的文章也刊登于《劳工法杂志》（*Labor Law Journal*）的 8 月期，因此我把对此处的文章的引用也列入统计。] 出于对比的目的，我还汇总了该刊文章引用《产业关系》和《劳工研究杂志》（*Journal of Labor Research*）的数量。我的假设是，一个刊物的文章被引用的数量将代表这家刊物的"质量"。我得到的结果如下：IRRA 冬季年会论文集，24 次；IRRA 春季年会论文集，包括《劳工法杂志》8 月期在内，3 次；IRRA 年度研究文集，10 次；《产业关系》，49 次；《劳工研究杂志》，38 次。我相信，这些数据显示，春季年会论文集对 IR 研究的影响近乎为零，年度研究文集的影响很小 [半数以上的引用是对克莱纳（Kleiner）等人主编的 1987 年文集的几篇文章]，冬季年会论文集的影响还算显眼，但也不大。因此总体来说，IRRA 的出版物对于雇主—雇员关系领域的学术研究来说相对无关紧要。

20. 莱斯特委员会的报告（IRRA，1977：10）在这方面称："常有年轻的会员，甚至也有一些 50 岁以上的会员，批评那些老资格的会员对年会和协会其他活动过于一手遮天。"克尔-邓洛普委员会的报告（IRRA，1988b：1）也提道："我们需要年轻的会员更积极参与 IRRA 的活动。很多时候，学界新人感觉他们不太容易得到在年会上发表论文的机会。"最近采取了几个积极步骤解决这一问题，包括设置论文张贴会场、举办博士生论坛、在论文提交期限和程序方面改善与会员的沟通、以公开征集取代"邀约"的方式为冬季年会选题等。但是,怨言产生的最主要根源,即冬季年会的自由投稿分会场数量有限的问题,并没有得到彻底解决。在莱斯特委员会的建议下,IRRA 开始在每次冬季年会中设置 3 个到 4 个自由投稿分会场(分会场共计有 18 个到 20 个)。但克尔-邓洛普委员会没有提出进一步增加此类分会场,这是一个非常遗憾的决策,因为它延续了相当一部分成员长期存在的感觉,即能否在年会上发表论文,至少部分取决于认识"谁",而不是懂得"什么"。

21. 埃弗雷特·卡萨洛(Everett Kassalow, 1985:13)在 IRRA 主席致辞中说:"美国仍然需要一场猛烈和不断壮大的劳工运动。"一个组织的意识形态氛围很难衡量,但几乎可以肯定的是,表达与之相反意见的人既不会在组织中受到欢迎,也不会被提名担任高层职位。

22. 1975 年以后担任过 IRRA 主席的学者有杰拉德·萨默斯、欧文·伯恩斯坦、雷伊·马歇尔、查尔斯·基林斯沃思(Charles Killingsworth)、杰克·巴巴什、米尔顿·德伯、杰克·施蒂贝尔(Jack Stieber)、埃弗雷特·卡萨洛、劳伊德·埃尔曼、菲利斯·华莱士(Phyllis Wallace)、罗伯特·麦克西和詹姆斯·斯特恩。除两人(伯恩斯坦和麦克西)之外,其他所有人都是经济学者,并且属于我认为的 ILE 学派(当然没有一位是芝加哥学派的新古典经济学者)。同时,他们中也没有人在文中对工会运动的基本原则和宗旨发表过哪怕是温和的批判意见,有几位学者(如马歇尔、德伯、巴巴什、卡萨洛)还明确支持工会运动。看那些没有被选为主席的人们,也能有所启示。他们中有执教于芝加哥大学的著名劳动经济学者(如艾伯特·里斯、梅尔维·莱德、格雷格·刘易斯),始终对工会和集体谈判持批判态度的学者(如赫伯特·诺斯拉普),以及主要兴趣在于雇主—雇员关系中管理一方的人们〔如爱德华·劳拉(Edward Lawler)、彼得·德鲁克、保罗·劳伦斯]。

23. 这种被剥夺感和疏离感很难加以量化，但有一条旁证。克尔-邓洛普委员会对 IRRA 会员做过一次问卷调查，广泛询问了协会活动和年会安排方面的问题。调查问卷的回收率只有 18%。大卫·勒温（1988b：9）给委员会的一封信中写道："人们不禁要问（不无沮丧地）是否大部分的 IRRA 会员已经无所谓了。最近这次调查的 18% 的回收率，已经给出了'是'的答案，调查报告中引述的很多意见也是如此。在 1987 年的芝加哥年会上，许多会员都疑惑评估委员会中甚至没有一个'年轻些'的学者。我提这些敏感问题不是为了责备谁，而是想说，评估委员会可能已经掌握了大量的证据，表明协会的大部分会员——特别是年轻会员——已经心灰意懒。"

| 第 8 章 |

20世纪90年代及未来的产业关系

第 8 章
20 世纪 90 年代及未来的产业关系

各种证据表明，产业关系的学术和组织活力在 20 世纪 80 年代严重衰退。假如该判断正确，那下一个问题就该考虑这种衰退是周期性现象，随后会有复苏到来，还是属于长期走势的一个阶段，终将导致该领域偏居一隅，即使不是彻底消亡。

我在分析上述两种可能性之后得到的结论是，按照产业关系领域目前"ILE 属性"的状态而言，其 80 年代的经历预示着将继续衰落的走势。如果这个悲观的预测正确，IR 学者将面临制定和实施变革策略的重大挑战。该策略不仅要确保产业关系领域的生存（即便名称改变），还要确保它在未来的繁荣。本章将致力于提供这一策略。

未来的可能前景

预测 IR 领域的未来，就如同预测股票市场的动向，存在着潜在的风险。这是因为两者都受到外部经济和政治事件的重大影响，而这些事件又基本不可预测。我们还必须警惕根据最近的过去对未来进行线性推断，因为该领域的历史显然是以一种非线性的方式展开。考虑到 20 世纪 20 年代和 80 年代之间经济和政治事件的众多相似之处，我们就更应该加倍警惕按照 30 年代雇佣关系领域巨大的变化去揣测 90 年代的倾向（Dubofsky，1985）[1]。

作为一个研究领域的 IR

产业关系作为一个研究领域的未来，主要取决于如何定义它的学术边界和如何称呼它。目前存在两种定义方式。一种是广义的、兼容并包的方式，将该领域等同于研究雇佣关系的所有方面。根据这一定义方式，产业关系的学术范围包含 ILE 和 PM 两个学派及其各自的主要二级学科，即劳动经济学、劳工史、劳工法、组织行为和人力资源管理、工业与组织心理学、工业社会学。这是产业关系在 20 世纪 60 年代以前的原始定义。

第二种定义方式出现较晚，也更为狭义。根据这一定义方式，上述的领域被分为两支，即 HR 和 IR。HR 是 PM 学派的现代翻版，IR 则是 ILE 学派的现代翻版。这样，IR 就成为研究劳动问题和雇主—雇员关系的一种特定方法。这种方法立足于某些特定的假设和价值观（例如，雇佣关系中无法消解的对立；劳方不平等的谈判权；雇员独立代表权的必要性；接纳而不是排斥冲突的重要性；经济、社会和政治多元主义的有效性等），以及解决或改善劳动问题的某些特定的方法或政策理念，如集体谈判、保护性劳工立法、社会保障计划、充分就业的宏观经济政策以及在国家层面上由三方（管理方、工会、政府）共同制定政策和解决问题等。实际当中，对 IR 的这种界定易于将该领域等同于工会和集体谈判研究，尽管其学术范围实质要更大一些。

为该领域赋予什么样的名称，也会影响它的未来。一种方式是根据它研究的问题笼统地定义它，另一种方式是以一个特定的标签定义它。从第二种方式来看，只有贴上 IR 这个标签，它才是"产业关系"，标签不存在了，领域也就消亡了。从第一种方式来看，产业关系领域可以称作雇佣关系（employment relations）、人力资源与劳工关系（human resources and labor relations）或其他任何名称，只要处理问题的基本思维方法不发生根本变化，它在内容和精神上就仍然是产业关系。

产业关系领域的未来，关键取决于采用哪一种组合方式。例如，如果将该领域广泛界定为涵盖雇佣关系的所有方面，并且给它一个大家公认的笼统称呼，那它的前途就是光明的。雇佣关系的结果，以及影响它的组织与管理活动，可以说是社会科学所有领域当中最为重要的研究课题。工资、工作条件、劳动生产率、劳资冲突和雇员工作满意度水平高低，都处于两个基本社会问题的交汇点，一个问题是经济体系的运行绩效，另一个问题是劳动力的报酬及福利。随着从事有偿工作人口比例的提高，美国经济承受的全球竞争压力加剧，国家向过去 20 年劳动生产率增速迟缓和实际收入停滞不前宣战，上述的社会问题只会更加重要。这些趋势之外，美国还兴起了员工和工作方式作为战略竞争资源的热潮，产业关系（作为雇佣关系——译者注）的前景可谓相当乐观。这很有可能带来新的 IR 学术机构和学生录取人数的强势增长，让产业关系成为商学院与营销、金融不相上下的重点研究领域，IR 相关的各专业学会出现会员人数的大幅增加。

但是，不同的构建方式则会导致截然相反的结果。比如说，如果将该领域限定于工会和集体谈判研究，并且贴上"产业关系"

的标签，那前途就相对渺茫了。最有可能发生的一个预测，是工会经济部门的规模和重要性将持续下降，直降到覆盖劳动人口10%以下的比例（Freeman，1988）。以工会研究为基础的学术领域，也必将随之萎缩。例如，由于工会部门的衰退和就业机会的减少，以及 IR 名称因与工会牵连而沾染负面色彩，学生会越来越远离名称为 IR 的项目和与工会相关的课程，从而首先迫使那些实力较弱的项目向 HR 转型，然后轮到实力较强的机构。随着 IR 课程和 IR 机构缩减，接受 IR 学术训练的博士研究生人数也会下降，导致该领域的学术人才逐渐凋零，IR 研究、期刊和学会随之衰败。只要工会存在，产业关系领域就不会消亡，但是会成为一个仅在少数几所大学容身的"小众"领域。

产业关系的真实未来就处于上述两端之间的某个地方。我猜想，在没有重大变化发生的情况下，后者应该比前者更接近未来的图景。有以下几个原因。

第一，产业关系在大约 30 年前就舍弃了它对雇佣关系的学术主权，这中间发生了太多的事情，使该领域无法重新申领这一主权。它目前不具备要完成这个任务所需的学术人才、统一的理论和灵活的价值观。因此，不论是好是坏，"产业关系"都将继续被视为研究雇佣问题的其中一种方法，这种方法目前等同于 ILE 的政策方案，即赞同集体谈判和政府对劳动力市场的各种管制。

第二，由于产业关系领域 ILE 导向的存在，其未来大大取决于雇主—雇员关系的走向，尤其是工会运动的命运。如果工会的会员人数和政治权力持续下降，在没有重大经济或政治事件影响雇佣关系的情况下，学界和公众对产业关系的兴趣将进一步降低。反之，如果工会运动重新活跃，或者国家劳工立法有所变更，大大增加工会赢得新会员的便利，或者新型的雇员代表制度（例如工作委员会：work councils）广泛普及，或者某种全国性的危机导致企业内部发生重大的冲突和骚乱，则产业关系领域将迎来复兴的大好机遇。尽管上述两种情况都有可能，但前者胜算更大。

第三，产业关系的未来，还取决于它能否创造出令人耳目一新、脑洞大开的科学思想，并以这些思想为催化剂，产生与工作场所相关的新的进步性商业实践和公共政策[2]。依照目前的做法，ILE 导向的产业关系领域远没有达到这个目标。一个严重的问题在于，学术研究在科学建构的风潮及其激励的作用下，已变得更加狭隘，更沉迷于方法论，与实践和政策脱节。这一点反过来也体现在 IR 期刊发表的研究成果当中，虽然大多数研究都对知识创新有所贡献，但同时也过于狭隘保守，无法提供该领域需要的"新思维"来源。

阻碍这种"新思维"诞生的另一个问题，是很多学者都在学术和理念上强烈固守产业关系新政体系，并因此害怕如果批判性地审视这个体系，以及（或者）赞成某种其他方案，会被人们置于"反工会"的立场[3]。也许正是出于这种对过去惯例和政策的执着，导致产业关系领域对必将成为 20 世纪 90 年代的两大 IR 政策问题，即全面修订《瓦格纳法案》和探索新的、更好的工作场所治理及雇员代表模式的问题，总体上反应消极。

最后，产业关系有一个前景明显黯淡的部分，就是该领域的名称。大多数人都将"产业关系"一词与工会和集体谈判,以及蓝领工人、制造业经济挂钩。这种负面形象对学位项目的影响最大,因为它们必须积极争取获得学生,但学生却越来越把标有"产业关系"的学位当成找工作的障碍。作为一个学术研究领域以及相关期刊、专业学会的名称,"产业关系"的标签也是一种负累,但程度相对小些,毕竟在这个方面,它代表的是一套思想,而不是就业市场的敲门砖。有些学者曾为了延长"产业关系"一词的使用寿命,主张"产业"一词适用于雇佣关系所有方面的研究,而不仅仅限于制造业和(或)工会企业[4]。但据我估计,这种努力终将失败,"产业关系"一词将逐渐淡出(并不总是悄然地)学术界,尤其是从学术机构的名称中消失。

IR 研究所与学术项目

IR 研究所与学术项目的前途,将密切反映 IR 作为一个研究领域的未来。预计会发生下面几件事。第一,美国不会再成立带有 IR 字样的新学术项目。第二,现有的几个以 IR 冠名的项目将彻底抛弃这个名称,或者进行大幅修改,加入与 HR 相关的字样。这个进程将首先始于那些规模较小、名气不大,以及在工会化程度较低的州设置的 IR 项目,但最终会波及绝大多数的顶尖项目,即使不是全部。第三,几乎所有的 IR 项目都会通过冻结或直接砍掉工会和集体谈判领域的教师编制及课程,以及(或者)通过新招 HR 领域的师资和新设同领域课程,使项目的 ILE 程度降低。第四,有些独立的 IR 机构将被并入商学院,导致跨学科色彩和 ILE 导向的极大淡化，而其余的 IR 机构则被完全废除。最容易遭到废除的对象，是那些最倾向于集体谈判和劳工研究的机构，以及主要资助研究活动的机构（对大学来说，关闭这样的机构是节约管理费用的一种相对简便的方法，并且一般也不会威胁到教师编制和学位项目，况且今天的教师对跨学科研究也远不是那么感兴趣了）。

另外，在下一个十年，HR 学术项目极有可能进入繁荣期。商学院录取人数的迅猛增加，HR 由商业实践的战术性领域向战略性领域的转型，企业人力资源活动和措施的复杂程度及成本的上升，都促使曾经属于学术"死水"的人事和人力资源管理成为不断发展的新兴领域。可想而知，大学将大幅扩展 HR 方面的课程、师资力量和学术项目。但是，这些项目将大大区别于"二战"后不久创立的 IR 项目。例如，几乎所有的新 HR 项目都会设在商学院。另外，大学将基本废除以前设立带教师编制的研究所或研究中心的做法，而采用其他方式。最低调的方式，是在商学的本科或研究生课程体系中分设一个人事及 HRM 的方向或专业，一般由管理学的师资负责教师配备和运营管理。更雄心勃勃的方式，则是在商学院开设一个单独的、多学科的 HR 学位项目，通常属于研究生层次，并配备一名协调人员，教师由商学院教师兼任。

这些新项目的课程将严重向商学科目倾斜，注重雇佣关系管理一方的角度，其大部分的知识和研究内容也将来自行为科学。这些项目的学生和老师都不会认为自己的研究领域是"产业关系"，而是会从某个与 HR 相关的名称去考虑。"产业关系"一词即便被使用，它也是指劳资关系（labor-management relations）这部分的课程。

研究

20世纪90年代的产业关系研究模式，以及与之相关的优势和劣势，将与80年代极为相似。据我评估，既然80年代的IR研究取得了较好的成绩，90年代的前景也就比较乐观，尽管程度有限。

我预期会看到一些影响广泛、评价较高的IR著作和文章面世。目前影响产业关系新政体系的危机，以及随之而来的困扰产业关系的思想危机，造就了一系列重要的研究问题，对这些问题，学者们刚刚开始研究。从这个意义上说，90年代的研究成果很可能会类似于50年代的表现，因为这两个时期都伴随着工会密度的剧变。其中最值得关注的重大课题包括：国内劳工政策，特别是《瓦格纳法案》是否仍旧合适的问题；雇员代表权的新形式，例如工作委员会和联合工会（associational unionism）；国际工联问题，例如各国在经济增长率、组织和法律结构以及经济效果等方面的差异；工会为扩大对非会员的吸引力，以及应对工会企业竞争力等问题，而在工会惯例和合同方面做出的创新；工作场所中的IR惯例对经济竞争力的影响。

除了与集体谈判相关的课题，美国劳工阶层面临的许多严重的经济问题，都提供了探索其根源和解决方法的丰厚土壤。这些问题包括工作不稳定性上升、实际收入停滞不前、种族分化加剧、教育和培训不足等。此外，IR研究者还需要以工作组织和管理的

HR模式为对象，对它的知识前提和在工作场所的表现进行批判性分析。

有利于IR研究的另一项发展，是越来越多的学者正在将现代统计学技术与早期制度学者开创的案例"实地调研"（go and see）方法相结合。IR研究在20世纪70年代和80年代初乏善可陈的部分原因，来自过分讲求方法论和使用二手数据，结果导致研究玄而又玄，高深莫测，对政策制定者和实务人士来说没有实际意义。可喜的是，越来越多的IR学者正下到现场，对雇员参与计划、争端解决程序、NLRB代表权选举活动等从事案例研究。与此同时，他们也尽可能基于已有的理论框架进行研究，并采用多元的数据分析技术。这样，IR研究就综合了传统案例研究方法和现代分析技术两方面的优势。我预计（并希望）这种趋势将持续下去。

多学科研究也有一定程度的增加。例如，近年来，出现了更多将管理学和行为科学的各种概念和思想，用于分析工会和集体谈判的研究。这一点尤其体现在关于管理战略与产业关系的论述（Kochan, Katz and McKersie, 1986; Lewin, 1987）、心理学和社会学概念对罢工模型的应用（Wheeler, 1985）、加入工会（Fiorito, 1987）、工会参与（Gallagher and Strauss, 1991）等领域。此外，最近还涌现出一股热心于国际产业关系研究的小高潮，这类研究有望让更多的政治学者、社会学者和历史学者与主流的IR领域相接触。

在这些积极发展的背后，也存在若干消极方面。产业关系研究将继续过于偏重工会和劳资（labor-management）问题。如果工会经济部门的规模继续萎缩，长远来看，IR 研究活力的前景渺茫。而且，尽管多学科研究在 90 年代会有一定程度的增加，但由于专业化研究趋势的影响，以及研究者希望避免遭到不同学科背景的审稿人轮番轰炸，跨学科研究很可能一直寥寥无几。最后，我相信，如果更加重视应用性、解决问题的研究，IR 作为一个领域将会从中受益。这类研究对实务人士和政策制定者更有意义，并促进更为全面的、跨学科的研究视野。但是，我怀疑大量的 IR 学者（尤其是面临升职和取得终身教职压力的年轻学者）将继续侧重于学术理论问题和研究方法论。

IRRA

IRRA 的问题之一，是它的学界会员基础已经越来越小而空。尽管该组织名义上承诺包含所有关注雇主—雇员关系问题的学科和思想元素，实际上却已成为产业关系 ILE 学派的拥护者，以及代表工会及其经济、政治同盟（例如仲裁人）的主要学术利益集团的知识园地。久而久之，该组织与上面两个群体的结盟，令愿意入会的学者大为减少，因为最受欢迎并将被提名担任高级职务的人正越来越稀有——这些学者不仅要热衷于劳资关系研究，还要在意识形态上过关（即在思想上要总体信仰多元主义，具体拥护工会和集体谈判）。鉴于未来具有这些属性的学者会更加少见，我估计 IRRA 的学界会员人数在 90 年代将继续下跌。

然而，IRRA 的麻烦不仅仅是缴纳会费的学界会员的减少。一个重大的问题是该组织面临战后一代新制度经济学者退休离开的前景,他们在过去几十年里实际一直掌控着该组织。鉴于IRRA对年轻学者的吸引力下降,在"侧幕"等候上场接替领导职位的"新星们"将是凤毛麟角[5]。

同时,IRRA也不再能够吸引领域内许多最优秀的研究者参加年会,事实上,这个群体中有越来越多的人甚至已不是协会会员。一个问题出在意识形态是否过关的检验,但还有一个问题是协会出版的年会论文集和专著被认为相对"缺乏分量",因此对那些想获取终身教职或"大名气"的学者来说不具魅力。我认为,如果不做出重大努力,至少提高协会部分出版物的严谨性,这种趋势会愈演愈烈。

IRRA在传统上也一直忽视行为科学、非工会和管理导向的研究,而产业关系领域正是这部分发展最为迅速。但是,协会适应这种变化的能力受到学术和政治因素的限制。当今的产业关系理论和概念内核,与大多数HR学者使用的理论和概念并不相容。因此,让更多的HR学者进入该组织,也许会导致同等数量甚至更多的IR学者叛离。如第7章所述,IRRA大幅转移自身研究重心的能力,也受制于内部的政治因素。具体来说,出于思想和经济上的原因,相当一部分会员可能会强烈抵制任何将协会的研究重点转向非工会部门和(或)管理实践的尝试[6]。

另一个潜在的问题是,在未来的某个时点上,产业关系与人力资源项目大学评议会(UCIRHRP,原为"IR中心主任团")可能重新安排自己的年会日期,以便与管理学会等其他专业学会的年会同步举办(或者轮流与IRRA和其他的学会同步)。迄今为止,各 IR 研究所和中心的大部分主任都来自领域的 ILE 学派，因此对 IRRA 有一种天然的亲近感。但随着领域当中行为科学、HR 一方的壮大，这些研究所和中心的 HR 学者很有可能在人数上超过 IR 学者。那么可想而知，这些机构将更多被呼吁放弃 IR 标签，未来的机构主任将更有可能是 OB 或 HRM 方向的行为科学学者担任，同时也会推动中心主任的年会改到不同于 IRRA 的时间和地点举行（比如与管理学会的年会同步）。中心主任的年会总是会给 IRRA 的冬季年会带来圈内的一些关键人物，他们的流失对 IRRA 将是沉重一击。

最后一个阻碍 IRRA 发展的问题，是协会的学者和实务人士两个群体之间，距离越来越大，互动越来越少。IRRA 创办者的一个基本目标，本来是促进学界和实务界思想和观点的交流，以丰富产业关系的研究和实践活动。然而，随着时间的流逝，两者渐渐疏离，现在已基本各守一方。学界的势力范围是 IRRA 冬季年会，主要吸引教授和研究生。实务人士的势力范围则是 IRRA 的地方分会，学者极少参加，也殊无贡献。

一个生存发展战略

如果上述评估接近于正确，产业关系领域及其主要组织将陷入困境。要怎样做才能扭转局势呢？本节将提出一个变革方略[7]。

作为一个研究领域的 IR

产业关系起死回生的第一个必要条件，是更换名称。尽管

"产业关系"（industrial relations）一词拥有历史的荣光，但近年来它的含义已过于狭隘陈腐，越来越成为领域发展的包袱。"雇佣关系"（employment relations）是替代它的最佳选择。这个名称好就好在继续突出该领域的核心——雇主和雇员之间的关系，但同时也把领域焦点从经济中的工业部门扩展到雇佣关系整体[8]。

第二个必要条件，是拓展和重新定位领域范围，以及重新界定核心课题。当今 IR 领域的学术范围，在很大程度上是该领域 ILE 学派进行科学建构和解决问题的历史产物。因此，该领域的拓展和重新定位，需要从根本上重新审视科学建构和解决问题应涵盖的对象。这两个角度所包含的问题和概念的组合，即是我提议的"新 IR"的核心内容。

从科学建构来看，产业关系这样的研究领域需要围绕一个特定的现象或行为去组织研究，才能构建理论和推导假设。产业关系领域在 20 世纪 60 年代以前关注的现象，是雇佣关系，正如当时广泛使用的 IR 定义表述的那样："研究雇佣关系的所有方面。"这种构建方式的问题是，它包含了如此多样的活动和行为，以致难以进行理论建构和假设检验。如第 6 章所述，该领域在 1960 年以后就大体放弃了将雇佣关系作为统领研究的概念，而将注意力缩小到工会和集体谈判的问题上。尽管这些问题为理论建构和假设检验提供了更多的机会（也因此更有可能在研究者之间形成兴趣共同体），但弊端在于，当年选来进行研究的现象，现在只存在于美国的少数雇主。

我想提议一个中间方案。IR 研究应该完全以雇佣关系为核心，尤其是那些影响效率、公平、个人成长和福利的雇佣关系。这样，产业关系研究将始于组织内部的层面，因为雇佣关系的结果，如工资水平、加入工会的决定、劳动生产率的提高、罢工、晋升机会等，正是在组织（车间、工厂、企业等）当中获得。但是，思考这些问题并不是产业关系领域的专利，而是要与人力资源领域共享。两者的分工遵循我所认为的雇佣关系研究领域的一条基本学术分界线。这条分界线的一边，是"内部主义者"的 HR 一派，而另一边则是"外部主义者"的 IR 一派[9]。

内部主义者寻求从组织内部的因素解释雇佣关系的结果，如管理实践的特质、组织结构、工人和管理者行为的心理决定因素、管理者和工人之间社会关系的基调等因素。这一阵营的学者主要来自管理学相关领域，如组织行为学和人力资源管理，以及人类学、心理学、微观部分的社会学等行为科学学科。

相反，外部主义者寻求从组织外部的因素解释雇佣关系的结果，如产品和劳动力市场的经济状况；一地或一国的人口、职业、阶层、城乡结构的社会特征；围绕雇主和雇员关系行为的法律结构；社会普遍流行的文化、政治和社会规范等。这一群体的学者主要来自经济学、法律、政治学、历史学及宏观部分的社会学等领域[10]。

这种概念上的划分有几个优点。第一，它突出强调 HR 和 IR 在雇佣关系研究中拥有共同的学术渊源，方便两者更多地互动和对话。当今许多学者都将 HR 和 IR 视为不同的学科，前者研究人力资源管理，而后者关注劳工关系的问题。而我主张的观点表明，它们关注的是同一个大问题,但代表不同的方法和看法[11]。

第二,IR 得到了拓宽和重新定位,从而覆盖更多的学科,吸引更广泛的学者。如前面构想的那样,IR 要从研究工会和集体谈判,转向研究所有与雇佣关系相关的实践、行为和制度。这样,不仅传统的工会和劳动经济学问题,那些经常被视为领域之外的问题,例如雇员工作努力的决定因素、员工的招募和甄选方式及企业的组织结构,也都将包括在 IR 的研究范畴之内(或可被当作因变量)[12]。

第三,尽管 IR 研究要覆盖所有与雇佣关系相关的问题,但如果重点放在关注组织的外部环境,以及这个外部环境如何影响组织结构、组织的人力资源政策和实践、工人和管理者的行为,该领域就拥有了可用来发展概念模型的学术基础,来自经济学、法学、社会学等不同学科的学者,也就能够围绕这些模型建立兴趣共同体。邓洛普的产业关系系统模型(1958)是这样的一个模型,寇肯、卡兹和麦克西的策略选择模型(1986)也同样如此[13]。"外部环境"能够成为该领域调动研究力量的一个有效策略,是因为它将在研究理论和方法上具有足够互补性的学科聚拢在一起,学者们会发现彼此的合作是一种有益于思想的体验。互补性包含了对雇佣关系影响条件的共同关注,这些条件产生于企业之外,是行为聚合的结果(例如市场运行、社会群体和政治制度),并且更容易量化用于截面和时间序列的大规模实证研究。由于这些共性的存在,上述不同学科的研究者们更有可能对很多相同的独立变量和研究设计产生兴趣,而 HR 研究者不可能在相同程度上分享这一兴趣[14]。外部导向型学科的共同点，还在于它们对国家雇佣政策问题的关注度和关联度远远高于其他学科。

"科学建构"的方面确定了产业关系研究领域的一个"面孔"，而"解决问题"的方面则将确定它的另一个"面孔"。这里也同样需要重新定位。

当今的产业关系领域对工会和集体谈判的关注，反映的不仅是学术方面，还体现了 ILE 学派对关于雇佣关系的一系列假设和价值的坚守。从"解决问题"的角度来看，执着于工会和集体谈判是否可取，取决于它们（以及 ILE 政策方案的其他内容）是否仍然是促进产业关系目标，即改善效率、公平、个人成长和福利的最有效方法。显然，在这个问题上众说纷纭。例如，社会和经济的保守派（如 Heldman, Bennett and Johnson, 1981; Reynolds, 1984）通常赞成政府少干预劳动力市场，尤其是减少以法律保护和鼓励组建工会和集体谈判的权利。而处于另一个思想极端的人们则坚持认为，进一步发展工会和加强劳工立法的保护网将促进国家的福利（Freeman and Medoff, 1984; Weiler, 1990）。那么产业关系应该怎样给自己定位呢？在此我同样确信，取中间路线是最佳良策。

以我对现实的理解，工作场所内外的经济和社会条件在战后的变化，已严重削弱了产业关系新政体系对实现上述三个目标的净贡献。与一些批评者不同的是，我认为这种变化并没有让现行的 IR 制度过时，也不应该为建立一个放松管制、没有工会的环境而废除它。但是，它确实需要重大变革。如果我们审视当初建立它的理由，会很清楚这一点。

如第二章所述，ILE 学派对雇佣关系的看法，为 20 世纪 30 年代《瓦格纳法案》和其他保护性劳工立法的制定提供了一些依据。其中的一个重要支柱，是假设劳动力的流动性限制、雇主的共谋行为以及经常存在的大量非自愿失业，会使非工会条件下的个体工人面临不利的竞争失衡，导致工资、工作条件和管理方式低于正常标准。ILE 学派支持工会和集体谈判的另一个基本理由，是它们引入工业民主制度，取代工作场所专制的主仆关系，从而确保提供正当的程序和机会，让雇员参与企业管理和工资及工作条件的决定。

在 20 世纪 90 年代的经济和社会背景下，这些理由还成立吗？我认为，答案是有条件的肯定。"肯定"是因为在最基本的层面上，ILE 的主要前提依然有效。但是得加上强烈的限定"条件"，因为它们要在今天的经济和工作场所发挥作用，就需要重大的修正和调整。

这方面的一个典型，涉及《瓦格纳法案》出台的一个主要理由，即劳工的不平等谈判权。事实证明，在 20 世纪 30 年代，劳动力市场对许多工人来说不是一个公平竞争的环境，而行业工会以及全公司和全行业集体谈判的发展，帮助恢复了工资决定过程中的力量均衡（参见 Kaufman，1989a，1991a）。但在过去的半个世纪里，造成劳动者不利地位的大部分原因，已经通过充分就业的宏观经济政策、劳动者地域流动性的增加、反歧视立法等因素而显著减少。因此，在 30 年代，工会的谈判权有理由被认为是一种倾向于抵消雇主市场力量的反作用力。但到了90年代，处于弱势谈判权的工人较少，且弱势程度也较低。因此，竞争环境更加公平，从而减少了无组织工人对集体谈判的需求，并使工会一旦得到承认，它对谈判权的行使将会随着时间的推移导致垄断性的工资溢价，和随之而来的资源错配。那么，这意味着一套在30年代有意义的公共政策可能会不再合适。

类似的逻辑也适用于工会的话语权功能。支持工会最有力的论据之一是，它会向工人提供独立的代表权形式（或话语权），从而不仅通过谈判和申诉程序确保工作场所更加公平，还会通过降低离职率、提高劳动生产率等方式改善工作效率。即使承认这些说法的正确性（这个问题存在激烈争论，尤其是对后一点），人们仍然要问，根据《瓦格纳法案》实施的传统的集体谈判是否会像几十年前那样成功实现这些目标。例如，有证据表明，加入工会的工人仍旧认可正式申诉制度的价值，但这类制度的有效性因为较高的成本、争端长时间悬而不决以及结案后遗留的对立，正面临越来越多的质疑（Dalton and Todor, 1981）。

同样，虽然40年前的研究发现，工会发声的过程对劳动生产率和企业人事惯例有积极的影响（例如 Slichter, Healy and Livernash, 1960），但今天的证据则正反不一（Freeman and Medoff, 1984; Hirsch, 1991）。判断集体谈判是否继续有效的一个尤为突出的问题是，作为该制度基础的"对抗原则"是否仍然与实现产品质量和生产效率的世界级标准相容[15]。例如，最新一代的"标杆"（best practice）工厂特别依赖于建立信任、雇员参与和灵活的工作规则，这些特征似乎很难成功引入工会企业并坚持下来（Kochan，Katz and McKersie，1986）。

尽管上述证据充其量只是间接性的，但还是表明了一种趋势，即ILE政策方案及它的基石——工会和集体谈判，已经在相当程度上失去了解决雇佣关系问题的效力。如果我的评估是正确的，产业关系领域就需要更加积极地发展新的法律、制度和实践，以更好解决这些问题，无论是通过修改现有的IR新政体系还是建立新的（也许从国外引进）体系。不管是哪种方式，这些新的法律、制度和实践将确定产业关系作为一个研究领域的另一张"面孔"。这张面孔会是什么样子？在IR学者重新评估和制定作为该领域基础的基本假设，并设计出解决当前问题的制度方案之前，答案无从知晓。这一过程已经启动（参见Kochan，Katz and McKersie，1986；Weiler，1990；Katz，1991），但进展不大。据我猜测，当这一重建过程结束时，IR"解决问题"的一面将由以下几个问题主导。

产业关系（或雇佣关系）解决问题的第一个决定性特征，将是继续强调"关系"（relations）一词，而不是像HR领域那样以"管理"（management）一词为核心。对"关系"一词的强调，传达了该领域两个恒久不变的信息：第一，劳动的载体是人，其作为"人"和生产要素的利益和诉求，必须与管理者和消费者的利益和诉求一样，得到同等的重视；第二，雇佣关系所体现的内在利益冲突具有足够的重要性，要求具备一个单独的领域专门研究这些"关系"。

该领域的"解决问题"方面在未来若干年的第二个显著特征，将是它与工作场所治理体系的关联性。工会和集体谈判仍将是产业关系领域的一个重要主题，但不再是定义它的核心问题。相反，集体谈判将越来越仅仅被视为关于控制、规则制定和雇员代表等众多的制度，或统称为"工作场所治理体系"中的一种。考虑其他的治理形式，是为了寻求某种制度手段，它会在工作场所提供有效的公正和话语权，同时比集体谈判更好地促进生产效率，并吸引目前没有组织起来的劳动者。

尽管 HR 一方也会对工作场所治理感兴趣，但鉴于产业关系领域历来坚持促进和保护工人的权利和平等利益，这一问题将被认为是该领域的学术支柱。对工作场所治理的关注，也将延续 IR 的一个研究传统，即 IR 一贯重视工作场所制度，以及制度在补充市场和管理作为雇佣关系控制机制的作用。

产业关系领域解决问题的第三个特征，将是继续关注劳资冲突及争端解决。该领域诞生于公众对 20 世纪最初 10 年的罢工、劳工暴力的规模和强度不断上升的关注，其早期研究的主要宗旨（如产业关系委员会的活动所体现的那样）是找到这种动荡的根本原因以及促进和解与妥协的方法。在此后的岁月里，该领域的高潮时期大体都与类似的劳资冲突爆发和随后对解决冲突的关注相对应，这并非巧合。鉴于该领域继续注重雇主和雇员之间的关系，我预计劳资冲突和争端解决在未来若干年内，都将持续占据产业关系领域所关注的问题核心。然而，随着该领域从对于集体谈判的狭隘关注转向对于工作场所不同治理形式的更广泛关注，必须同时扩展它对工作场所冲突的研究,包括冲突的各种表现(例如怠工、辞职等不同的个体退出行为方式)和解决冲突的不同机制(如同事评价)。

产业关系领域解决问题的第四个显著特征,将是更加关注竞争力、生产效率和产品质量等问题。过去,该领域在很大程度上忽视雇佣关系的管理一方,以及 IR 政策给企业经济绩效带来的影响。德国和日本等强大国际竞争对手的出现,以及美国经济在生产力增长方面的表现平平,都将导致这种忽视在未来难以为继。即便是以工人权利为主要焦点的领域,也不能忽视国际竞争力的丧失对就业机会、雇佣保障、工资率和生活水平的不利影响。在解决这些问题时,IR 领域必须愿意批判性地审视目前的劳动力市场制度和做法,以确保它们是解决方案的一部分,而不是问题本身。

总之,产业关系领域不会拥有一个统一的研究焦点和理论模型,如经济学的市场运作和供求模型,但它会拥有一系列相互关联的学术问题,由该领域在科学建构和解决问题两方面的兴趣点所决定。该领域的核心将处于这两方面的交叉点,即研究外部环境力量对工作组织和工作绩效的影响,以及由此产生的雇主—雇员的关系,并建立与这些外部力量相适应的工作场所治理体系,促进企业内部运行效率,保护劳动者的公平利益,推动国家人力资源的发展和壮大。

我认为,上述的学术问题具有足够的普遍性,可以在社会科学中为该领域划定一片独立的天地。它将吸引来自众多学科的众多学者的兴趣，但在学术上又具有足够的凝聚力，可供建立基础广泛的概念框架和明确界定的研究共同体。这些学术问题必须具有足够的弹性，使该领域在政策和实践方面始终与改革和进步主义保持一致，但又避免与任何特定的制度或惯例捆绑在一起。我认为，上述提议的研究问题符合这些标准，可以为产业关系领域的新生和再造提供基础，这个新的领域既与过去的大部分传统内容相衔接，又得到了扩展和更新，使其在未来的岁月中具有更大的竞争力[16]。

IR 机构与学术项目

产业关系领域复兴战略的下一个部分，关系到保留现有的并创建新的 IR 机构和学术项目。这些机构和项目对于促进统一的、跨学科的雇佣关系研究和教学，以及提供雇佣关系的 ILE 和 PM 两种观点都至关重要。

这项工作最重要的步骤是成功地"推销"一个概念："雇佣关系"（employment relationship），才是界定产业关系领域、组织该领域教学和科研的核心。这个概念一旦得到接纳，一个全面综合性的项目将理所当然地拥有多学科背景的师资和课程，并覆盖雇佣关系的雇主和雇员双方，以及研究的内部（HR）和外部（IR）视角。这种建构的优势在于，它允许学术项目具有足够的灵活性，可以根据自己的战略目标和学生的需求，改变师资和课程设置中 HR 和 IR 的比例，但它同时也包含学术上的自我制约，防止项目采取其中的某一种极端立场（全 IR 或全 HR）。但是，如果单纯以

第 8 章
20 世纪 90 年代及未来的产业关系

IR 或 HR 来定义领域架构，这场战役就会失败，因为大多数学校会选择一种相对纯粹的 HR 路线，而这种路线在学科覆盖面、问题焦点和意识形态上都会片面得多。

如果以雇佣关系（employment relationship）界定 IR 项目的重点方向，那么项目的名称必须反映这个方向。我已经建议用"雇佣关系"（employment relations）取代"产业关系"（industrial relations），作为代表该领域 ILE（或外部）一派的名称，这个建议如果被采纳，"雇佣关系"一词就过于局限，不能单独用来为横跨 IR 和 HR 的学术项目命名。我们需要的是一个全新的标签，来显示它所代表的学术领域涵盖整个雇佣关系，尤其是 IR 和 HR 两方。据我断定，这样的标签并不存在，这种情况既说明雇佣问题相关的学术领域太过分散的性质，也说明过去试图发现一条概念上的主线，将这些散落的领域串联成一个单独学科的努力，是一种徒劳。考虑到这一空白，次佳的解决方案是使用组合冠名法，例如芝加哥罗耀拉大学 IR 项目的新名称"人力资源与产业关系"（Human Resources and Industrial Relations）[17]。

传统 IR 机构的生存，也取决于它们能否保持就业市场对其博士毕业生的强劲需求。更改领域的名称并扩大领域的范围，使其能够从宏观层面、雇佣治理的角度看待雇佣关系，无疑将有助于 IR 专业的学生，特别是就读商学院的学生更好就业。

另一个重要步骤，是提高跨专业学位的就业市场价值。前面已经概述了这一路线，即强调高质量的雇佣关系教学和研究，需要行为科学和非行为科学两方面的训练。这是产业关系与人力资源项目大学评议会（UCIRHRP）应大力宣传的信息。

最后，IR 的博士项目可能需要进一步弱化项目的多学科性质，以便学生能够在商学相关科目上获得更大的专业性。有些 IR 机构已经这样做了，因而它们课程中的社会科学和人文科学比重，已较二三十年前大为下降。

还应鼓励大学在设立 HR 项目时，提供多学科的师资和课程，兼设 HR 和 ILE 两方面的科目。例如，UCIRHRP 应积极推动在商学院设立独立的 HR 专业和学位项目，与管理学的课程设置和学位项目分开。这些项目的独立地位将有助于开发更全面、更综合的课程，其中部分课程要涉及一般不包括在管理学学位中的科目（如劳动经济学、雇佣关系理论）。UCIRHRP 也可以建立一个认证项目，将某种程度上平衡 ILE 和 PM 观点的多学科课程作为其要求之一。最后，UCIRHRP 应积极邀请多学科的 HR 项目加入该委员会，并且当这些项目不是属于某个独立的机构时，则鼓励项目负责人去争取独立的地位。

研究

产业关系领域要想在未来生存和发展，还必须重新定位 IR 研究。第一步是拓宽研究范围。采取的方法应直接遵循前几节的讨论。不考虑细节差异的话，Strauss（1990）、Cappelli（1990）、Cutcher-Gershenfeld（1991）和 Sherer（1991）也提出过类似建议。按照我的设想，IR 研究的目标是解释工会和企业外部的经济、法律、技术、社会和政治环境条件如何影响这些组织的结构、实践和政策,以及在雇佣关系中出现的行为结果。这样,产业关系研究就包含了各种各样的问题。其中当然也包括产业关系传统擅长的问题——工会和劳资关系。但还有其他问题也符合条件,尽管按照传统的定义,它们与产业关系研究的关系并不明确。现举两例进行说明。

例如,商业战略、公司投资决策和人力资源实践之间的关系,是一个因寇肯、卡兹和麦克西(1986)而流行起来的问题。这一问题完全属于 IR 研究的范畴,因为它侧重于从宏观角度解释组织层面的雇佣结果——国际竞争的加剧对公司商业战略的影响,以及因此做出的关闭工会工厂、在南方开设新工厂、引进自我管理的工作团队等决定。

雇佣制度是另一个例子(参见 Osterman,1987;Begin,1990)。雇佣制度是用来组织生产和工作的各种技术和社会制度。每种雇佣制度都有一套关于招聘、甄选、薪酬和留人的特定人力资源政策。各个企业之间的雇佣制度及相关的人力资源政策都存在一定的差别(比如快餐店、银行和汽车装配厂之间的不同)。企业为何会选择某个特定的雇佣制度?企业为何放弃传统的"控制"型工作组织模式,转而采用"高度参与"模式?产业关系能够很好地回答这些问题,因为雇佣制度和单个人力资源实践(因变量)的横向差异以及随时间的变化,多与企业外在或外生的经济、技术和人口条件(独立变量)的变化有关(Dunlop,1993)。

研究战略的第二步是提高 IR 研究的质量或社会"增值"。IR 研究的特殊优势,在于它的综合性和它对实践及政策问题的意义。

综合性特征来自该领域位于多个学科的交叉点，这带动了独特的"中范围"（middle-range）理论的发展，这些理论在中等普适的水平上整合各个学科的概念（Kochan，1992）。IR 研究的现实意义，来自该领域对解决应用性问题的关注。20 世纪 50 年代成为产业关系领域的黄金时代，正是因为这一时期的研究产生了丰富的中范围理论和现实价值。IR 研究没有理由不在 90 年代达到同样的声望，特别是考虑到国家面临着大量严重的雇佣问题。但是，果真会如此吗？

我认为答案是否定的。20 世纪 50 年代的 IR 学者在研究过程中带来了他们在各自母学科受到的理论和研究方法上的优秀训练，对多学科研究方法的接纳，以及亲身参与企业、工会和政府活动的广泛实践经验。上述当中，虽然只有第一个特征是单个学科内取得成果的必要条件（如《劳动经济学刊》和《应用心理学刊》的论文所示），但在多学科、以问题为导向的领域（如产业关系）进行高质量的研究，所有这三个特征都是必要的。不幸的是，现在的 IR 学者（特别是年轻的学者，他们仍然为获取终身教职和晋升而受到"不出论文就出局"的压力），虽然往往具有出色的理论和方法论技能（当然在任何方面都令 50 年代的研究者相形见绌），但缺乏实践经验和对跨学科研究的兴趣。因此，相当一部分 IR 研究，特别是发表在研究型期刊上的研究，都表现出一种狭隘和贫瘠，这是局限于单一学科、过分追求方法论、作者与被调查对象相对较少个人接触的产物。责任不在于研究者个人，而在于学术界过分强调科学建构的奖励制度和文化氛围。

第 8 章
20 世纪 90 年代及未来的产业关系

解决办法是设计一些机制,促进和鼓励学者进行跨学科研究,收集原始数据,采访企业和工会官员,深度关注制度和日常行为的重要细节。(有些研究者已经在这样做了,但还需要更多这样的研究者。) 学者们要想发现雇主和工人面临的劳动问题的真实本质,并发展解决这些问题所需的理论和实践,就必须经历这种平淡琐碎的过程。然而,在美国大学当前的科学建构环境下,完成这一目标是困难的。尽管如此,采取下列几项行动,可能会使情况有所不同。

为帮助拓宽和强化该领域,主流 IR 期刊需要重新决定采纳稿件的结构比例。例如,应减少"纯"劳动经济学文章的发表,因为这些文章往往与雇佣关系只有间接联系,而且极少(即便有)提供跨学科的观点。同时应该鼓励发表人力资源经济分析方面的文章,因为这些文章与该领域直接相关,而且在内容上更有可能跨越学科界限。另一个步骤是增加来自其他具有"外部性"学科,如社会学和政治学的作者发表的论文。同时,如果 IR 要树立一个区别于 HR 的统一形象,那么明显具有"内部性"的研究(如组织承诺研究)就应该在其他地方发表。主流 IR 期刊也应优先考虑涉及原始数据、访谈企业和工会官员以及参与观察者技术(participant-observer techniques)的文章,以鼓励更有现实意义、解决实际问题的研究。这些步骤中的每一步,都可能需要采取"优惠性差别待遇"(affirmative action)式的编辑方针。期刊编辑告诉我,单靠更多征集这类文章,不会有什么改变。

另一项有益的行动,是为案例研究和政策导向的应用研究开辟更多的发表渠道。这种研究有助于获得富有洞见和意义的理论及经验性成果，但往往被拒之于主流 IR 期刊之外。因此，创办一个新的期刊、专著系列或年度出版物，体现更多的应用性、案例研究的特色，会使该领域从中受益。

IRRA

产业关系作为一个研究领域的未来，在很大程度上还取决于产业关系研究协会（IRRA）的战略选择。该协会的每况愈下在很多方面都是领域命运的折射，两者互为因果。

IRRA 与 IR 学术项目和期刊一样，陷入了同一个思想矛盾，即自称奉守广义的产业关系概念，但实际执行的却是狭义版本。IRRA 无论如何都需要解决这一矛盾。有两种方法可选：一是继续目前的 ILE 导向，同时放弃宣称自己代表 IR 和 HR 的所有学术领域；二是保留自己代表 IR 和 HR 所有学术领域的宣言，同时广泛实施一系列改革，扩大协会活动内容和会员的覆盖面。

后一个选择要求协会至少采取五项行动：改变协会名称，使其包含 IR 和 HR 两翼；年会日期和地点的确定独立于"社会科学联合会"（Allied Social Science Association，包括美国经济学会在内的一个总团体），或者采取轮换制，比如某年度与经济学者的年会同步，下年度就与社会学者的年会同步等；大幅增加 HR 专题的年会分会场和年刊的数量；在协会所有的年会和出版物中平衡对待和考虑非工会的雇佣关系实践；对 HR 学者和非工会企业的管理层及实务人士，给予平等的政治代表权和担任高级职务的机会。

我怀疑这套修订方案无法在 IRRA 得到足够的支持而获得认同，它也不可能在不严重损害甚至很可能破坏该组织存续能力的情况下实施。因此，我倡议采取另一种次优战略，它包括三个部分：

第一，需要人们接受 IRRA 只是服务于半个领域的专业协会，即 IR，而非 HR。同时，协会应努力重新定位其年会议程及活动，以符合本章前面提出的更为宽泛的产业关系定义。实际上，这意味着要重构冬季年会的议程，减少"集体谈判"问题的比重，而更多关注与外部环境和雇佣治理相关的问题。它还意味着要付出同步努力，鼓励目前比例偏低的"外部导向"学科（如社会学、政治学）的学者更积极参与。还应促进 IR 学者和 HR 学者之间更多交流，尽管核心必须是围绕领域内的问题（而不是组织行为方面的自由论坛）。最后，应变更协会名称，去掉"产业关系"（industrial relations）一词，改成"雇佣关系"（employment relations）或具有包容性的其他名称[18]。

第二，需要协会推动对产业关系当前的基本假设和政策方案进行全面检视（即重新审查该领域"解决问题"的一面）。该领域要重获新生，IRRA 就必须通过年会和出版物的途径发挥核心作用，确立一种新的看待雇佣关系的方式，既切合当代的实际，又能够从中引申出促进效率和公平的新做法和新政策。具体来说，IRRA 必须在年会上组织若干专门的论文报告专场并出版相应的年刊，以全面、批判的眼光审视当前的集体谈判制度和劳工立法、

IR 体系的改革提案以及工会与非工会部门的创新型雇佣实践和制度。

第三，既要扭转协会全国性会员减少的趋势，又要增加 ILE 学派之外的学者的参与。这可以通过解决几个重大的结构性问题来实现。第一个问题涉及学界和实务界的互动。尽管鼓励两者的思想交流在意图上特别好，但很大程度上达不到这个目标。更糟糕的是，它还严重阻碍了学者对全国年会的参与。学者们参加年会（尤其是冬季年会）的主要诱因是理论研究，尤其是有机会讨论和发表学术成果。然而，为了方便产学对话，IRRA 对实务界降低了门槛，对年会提出很多约束条件（例如，对发表论文的篇幅限制、安排实务人士担任学术论文的评论人、论文采纳的严谨性标准较低等）。这些条件加在一起，大大削弱了学者参会的积极性。最后导致双方都不满意——实务界人士仍然认为就他们关心的问题来说，年会和出版物基本没有意义，而学者们则认为年会和出版物掺水太多，失去了真正的价值。

对此，我建议冬季年会专门用于学术研究，而春季年会专门用于解决问题。这样，冬季年会就成为一项严谨的学术活动，研究发表、论文筛选过程和出版论文集都始终以理论建构为目标。而春季年会则成为应用型研究的论坛，在论文筛选过程中，可以优先考虑使用原始数据来源、访谈企业管理者和工会官员以及其他"参与"型方法的研究。

IRRA 面临的第二个结构性问题是冬季年会的时间和地点。目前，它与隶属"社会科学联合会"（ASSA）的其他学会的年会在同一时间举行，其中最重要的是美国经济学会。这种安排既有好处也有代价。一个主要的好处是，比起与 ASSA 分开时间办会，能吸引更多的劳动经济学者参会。这在过去经济学者代表协会最大的学术群体时，是一个重要的考虑因素。而现在，经济学者在协会的整个学界会员中占比不足五分之一，协同效应就没有那么明显了。另一个重要的好处是，通过与 ASSA 的年会挂钩，IRRA 可以节约大量的办会经费。在代价方面，目前的安排阻碍了经济学以外的学者参会，这或者是因为他们负担不起本学科之外一个单独会议场合的差旅费，或者是因为他们认为 ASSA 年会由经济学主导的环境不具有吸引力。此外，这种安排还固化了人们对产业关系是劳动经济学一个学术分支的看法。

这个问题没有明确的解决办法。1991 年出任 IRRA 主席的詹姆斯·斯特恩在主席致辞（Stern，1992）中提议，冬季年会与所有 IR 相关学科的年会轮番同期举办（即某年与美国社会学学会同期举办，次年与美国政治科学学会同期举办，依此类推）。他还建议将春季年会改到初夏时期，与其他学会的年会分开举办，并围绕解决问题对它定位，使春季年会，而不是冬季年会，成为 IRRA 的"招牌"会议。他关于春季年会的修订建议似乎很有价值，但我担心他提出的冬季年会轮番与其他专业学会同期举办的方案，会导致协会的核心群体大幅降低参会率而进一步弱化。如果必须做出某种选择，我宁愿让冬季年会在独立于 ASSA 或其他任何学会的时间和地点举办。尽管这在短期内会降低经济学者的参会率，但从长远来看，将实际有利于协会的发展：它将吸引更多其他学科的学者参会；为协会提供一个重塑愿景和形象的机会，并在此过程中促进前面倡导的领域重新定位；赋予协会更大的自由来组织年会（如分会场的数量、长度和形式），以参会者认为最有收获的方式进行[19]。

IRRA 要逆转会员人数和参与程度下降的趋势，还必须实施另一项结构性改革。这牵涉到从政治和意识的形态上，向更多的人和信仰开放协会大门。因此，除了根据莱斯特评估委员会（1977）和克尔-邓洛普评估委员会的报告（1988a）已经实施的措施，IRRA 还需要采取步骤，确保所有的群体都觉得受到欢迎和平等对待。

例如，学界会员普遍抱怨的是年会议程中的自由投稿分会场太少。增加这类分会场不仅会促进机会平等，还会提高研究质量。意识形态的中立性在选择分会场主题和论文时也非常重要，将冬季年会的筹办权完全交给学界（这项改革与前面提出的将冬季年会严格限于理论研究的建议相契合），将推进这一目标。最后，值得考虑像管理学会那样采用"分轨制"（track，如劳动经济学、集体谈判、劳工法、人力资源管理、组织行为等）的做法。每个"分轨"都在本领域的教研人员当中选出一名主席，负责筹划一个或多个分会场和筛选论文。这种制度将鼓励更多专业方向的学者参与 IRRA，有助于扩大领域的论题和学科基础，并提供协会管理的更广泛政治基础和未来领导人的培训园地。鉴于管理学会"人事和人力资源分轨"的很多成员都对工业和组织心理学者的把控深怀不满，如果 IRRA 能为他们提供一个明确的家园，并且将冬季年会与 ASSA 分开筹办，也许这个群体会有更多的人积极参与到 IRRA 中来。

注　释

1. 据欧文·伯恩斯坦（1985），"改革周期"在美国每 30 年发生一次。它有过三个高潮，分别出现在进步时代（progressive era）、新政时代、新边疆和伟大社会时代（period of New Frontier and Great Society）。因此，他推测 20 世纪 90 年代中期将见证另一次改革运动的诞生，主要是出于对里根和布什年代的矫正。尽管有些情况的出现让这一猜测不无道理（例如，美国各阶层的劳动者丧失工作保障和实际家庭收入停滞不前），但仍然是大有疑问。不过，如果改革运动真的出现，它对产业关系来说显然会是一个可喜的变化。

2. 产业关系领域的 HR 方面近年来出现了很多颇受好评、偏于大众类的书籍，涉及人的管理和雇主—雇员关系行为等内容。其中就包括《成功之路》（*In Search of Excellence*, Peters and Waterman, 1982）和《巨人学舞》（*When Giants Learn to Dance*, Kanter, 1989）。IR 一方面临的挑战，是推出一批同样重量级的作品。也许近年来最值得一提的是《狼终于来了》（*And the Wolf Finally Came*, Hoerr, 1988），尽管它传达的信息激发不起研究和从事产业关系的热情。

3. IR 学者对新政体制的忠贞不渝，明显体现在《产业关系》1983 年冬季刊发表的一篇报告（pp. 125-31）。报告对一个为期两天的会议进行了总结，会议名为"产业关系的未来"，有 29 位代表性的产业关系学者参加。报告中说（p. 129, 131），"与会者强烈认同自由集体谈判……如果说会议有一个主题的话，那就是继续信奉集体谈判作为美国产业关系系统基石的有效性……会议结束时近乎达成一个共识：我们的经济和社会问题可以通过工会—管理方—政府的三方协商和合作得到最优的解决"。

4. 托马斯·斯贝茨（1944）是最早质疑将"产业关系"一词用于服务型白领经济的人。IR 学者们为驳斥这一批评而提出了两个论点。例如，巴巴什（1989b：114）称，必须将"产业"广泛解释为包括所有大型的、以效率为导向的企业，而马歇尔（1987：67）则称"产业"应该从一般的意义上解释为意指某一特定的商业活动领域，如服务业或银行业。我怀疑这些论点都不会奏效，因为学界和商界人士都普遍倾向于把"产业"等同于"制造业"。

5. IRRA 会员平均年龄的上升，反映了该组织的萎缩状态。1977 年，会员的平均年龄是 46 岁，莱斯特报告（IRRA，1977：3）将之形容为"相当成熟"。IRRA 在 70 年代末停止向会员询问生年，但有旁证强烈暗示，会员平均年龄的上升几近无疑。例如，根据从 1972 年和 1990 年的 IRRA 会员名单中抽取的一份学界会员样本（他们拥有哲学博士、商学博士或法学博士等学位，姓氏以 A—D 打头），我发现，这两个人群获得博士学位的平均年份分别是 1959 年和 1972 年。因此，在 1972 年的样本中，学界会员从离开学校算起的平均年数是 13 年，而在 1990 年的样本中，这个数字为 18 年（上升了 38%）。

组织衰退的另一指征是协会越来越难以找到符合条件的主席候选人，这些条件要求对该领域贡献卓著并在协会中表现活跃，包括任职执行委员会的经历。符合第一个条件的大多数人［例如理查德·弗里曼、爱德华·劳拉、威廉·尤塞里（William Usery）］都不是活跃的会员，而活跃会员当中在全国有名气的人又越来越少。

6. IRRA 的创立者们想推动学界和实务界的积极交流，因此向两方打开了大门。协会还努力在实务人士之间取得平衡，从雇佣关系的三方，即商界、劳动者和政府中都吸纳会员。学者和实务人士的混合，是为了促进学术研究与现实世界的交流融合，我非常支持这个目标，IRRA 也为它的实现做出了重大贡献。

但是，这个组织结构也导致工会代表对协会的活动方案和政策产生了过度的影响。从理论上说，商界人士的加入应该会提供与工会相平衡的政治力量，尤其是前者的全国性会员比后者占有更大比重。但在现实中却并非如此。第一，工会要比企业从协会留在 ILE 阵营中享有更大的利益，因此工会一方在协会表现得更为积极。第二，被提名担任 IRRA 管理职务的商界人士都来自工会企业，出于理念和私利的原因，他们都有强烈的动机避免采取可能被工会会员视为反劳工的立场。第三，IRRA 的学术领袖历来都对工会在协会政策和活动方案问题上的意见过分敏感，这既与他们的 ILE 思维有关，也因为他们希望避免内部的政治斗争。上述原因的存在，让工会与其他在维护传统的集体谈判制度上享有既得利益的盟友（如仲裁员和调解员）联合起来，在 IRRA 行使着超出其会员人数代表的政治力量。在我看来，这让他们对政策实质性问题拥有了有效否决权。这一观点得到了 IRRA 的一位资深会员的支持，他给我的信中说："企业的管理方满不在乎，但劳方对 IRRA 的一切事务都拥有几乎铁定的否决权。"

7. 卡特尔·格申菲尔德（Cutcher-Gershenfield, 1991）也提出了自己的战略方案。他的有些建议与我相似。

8. "雇佣关系"一词与"产业关系"出现在同一时间，但从未达到后者的知名度。例如，20 世纪 20 年代的几篇博士论文曾在标题中用过"雇佣关系"一词，但之后它就基本上从文献中消失了（Yoder et al., 1958 是个例外）。不过，它在近年来有回潮迹象，像佐治亚州立大学、南卡罗来纳大学和辛辛那提大学将它纳入学位项目的名称，就是其中的体现。惠勒（Wheeler, 1988a）主张应该用"雇佣关系"一词取代"产业关系",主要理由是"雇佣关系"更好地表达了该领域的核心问题——雇佣关系。惠勒对该词的用法（以及我认为的它被用于上述学位项目名称时的用意），不同于我在文中提出的建议。我提倡的是把它作为狭义产业关系领域的新名称，而惠勒是要用它为广义的产业关系领域（包括当今的 IR 和 HR）命名。尽管我在其他地方（Kaufman, 1991b）也曾经使用过后者的诠释方式，但经过考量，我认为这个词的一般性还不足以使它成为涵盖 IR 和 HR 的总名称。原因在于，"雇佣关系"一词侧重于"关系"，这对于 IR 来说是核心，但却没有将任何显示 HR 的部分包括在内，如人力资源（human resources）或管理（management）。而且，实务人士经常把"雇佣关系"视为人事管理的一个分支"雇员关系"（employee relations），而不是一个学术概念。

9. 关于雇佣关系研究当中内部视角和外部视角的区别，可参见萨默斯（1969, 1972）的阐述。约翰·邓洛普（1950）和威廉·富特·怀特（1950）就人际关系模型的好处展开的辩论，也明显体现了这一区别。

10. 内部和外部的分界线并不是一个硬性规定，而是为了便于区分研究组织内部（和组织间）的相关雇佣结果的两种方法而进行的一般概括。考察两个代表"单纯情况"（pure cases）的领域——微观组织行为学和新古典劳动经济学，可以最为清楚地看到这种区别所在。微观 OB 寻求以内在于组织（往往内在于个人）的变量解释雇佣结果，而一般将外在于组织的环境或"背景"作为给定条件（Cappelli, 1990）。与此相反，新古典劳动经济学将外在于组织的市场力量视为解释同一现象的原因，并通常把内在于组织的因素作为给定条件（或称"黑匣子"）（Lewin and Feuille, 1983）。

两个其他的领域提供了沟通上述两种极端情况的学术桥梁。它们分别是产业关系和组织理论（宏观 OB）。产业关系是研究分布于多个学科的外部环境力量,向组织内在的结构、做法和行为传递的过程。组织理论也大体相仿,但它的视角是从组织内部向外观察。既然内和外明显存在概念的重叠,在实际当中,内外的区别往往在接近于两者互动的研究项目中变得模糊不清(Begin,1990)。不过,作为划分 HR 和 IR 领域的不同理论和实证研究方法的一般方式而言,内部与外部的区分还是具有相当的解释能力。

11. 当今传统的 IR 和 HR 课程中使用的教科书,充分表明了我所倡议的重新定位的含义和它之所以必要的理由。一门典型的 IR 课程使用的教科书专门讲述集体谈判和劳资关系,而一门典型的 HR 课程使用的教科书则重点关注人力资源管理实践的内容。尽管两者有些内容交叉(HR 教科书会有一两章内容是关于劳工关系,IR 教科书会有一两章内容是关于管理的结构和功能),但给学生的印象仍然是 IR 和 HR 在很大程度上分属不同领域,区分它们的主要界限是一个涉及工会,另一个涉及管理。这种二分法不仅从根本上歪曲了雇佣关系 PM 和 ILE 观点的实质,而且考虑到工会部门在经济中的规模较小并不断缩小,它显然会使 IR 课程和教学体系的延续性陷入危险。

从知识和教学两方面的角度看,最好的办法是将 IR 和 HR 课程合并为一门概论;将它的目标定为研究雇佣关系的制度、实践和结果,以及构建和规制这一关系的公共政策;把 IR 和 HR 作为分析这些问题的不同方法提出。反过来说,IR 和 HR 的划分应该基于它们关于雇佣关系的不同前提假设(例如,利益冲突还是利益一致)、研究这一问题的不同理论方法(例如,注重内部还是外部的环境)以及对于政策和实践的不同建议。这种划分方式基本上是 20 世纪 30 年代的劳动问题教科书采取的方法,需要被重新发掘和启用为每一所大学雇佣关系概论的基础。(例如,我认为在 MBA 项目中,从这样一门课程中得到的知识增值,将远远超过从组织行为学的标准核心课程中获取的价值。）托马斯·寇肯和托马斯·巴洛西合著的《人力资源管理与产业关系》（1985）对我倡议的方法提供了一个实例。

12. 一个必然的结果是，一些传统上被认为属于产业关系的工会相关问题将成为 HR 的一部分，例如会员对工会作为一个组织的承诺影响因素研究、工会会员的战斗精神研究。

13. 邓洛普的产业关系系统模型以雇佣关系为核心，整合了各种外部环境变量（例如，技术、法律、产品和劳动力市场的力量、意识形态），具有跨学科的视野，并明确以科学建构为宗旨。尽管模型的某些方面存在问题（例如，注重将规则作为 IR 研究的因变量），它依然证明了我这里倡议的方法的可行性和建设性。对邓洛普模型的这个总体上的褒扬，与它在第 5 章受到的批评形成鲜明对比。我在那里主要提出的批评，是它尽管号称为产业关系的一般模型，却实际忽略了对 PM 学派的内部视角的考虑，而后者在 20 世纪 50 年代仍然大体属于产业关系的一个部分。这种批评虽然从历史的角度看依然成立，但以现在对产业关系领域更为狭义的界定方式，如同这里所倡议的那样，就没有实际意义了。但是，我仍然觉得，这部书对 PM 学派采取的过分"帝国主义"的姿态，阻碍了建设性的对话。

14. 罢工研究是个好例子。HR 和 IR 学者都发表罢工方面的研究，但这些研究在 HR 和 IR 内部的共性，远远多于在两者之间（参见 Gallagher and Gramm, 1991）。也就是说，经济学者和社会学者等外部导向的研究者从事的罢工研究，通常运用来自时间序列或截面数据群的罢工数量作为因变量，并试图以各种衡量外部环境特征的自变量（失业率、工会会员规模等）来解释其变化。与之相反的是，HR 的研究者往往会把与罢工意图相关的态度概念，或罢工行动的心理结果作为因变量，并试图用测量个人人口学和心理特征的自变量（性别、不公平感）来解释其变化。

15. 在这方面，福克斯（Fox，1974）的论点是对 ILE 模式的一个特别挑战。他认为，建立在多元主义意识形态基础上的工作场所治理体系，将因为工人和雇主之间存在的低信赖、高冲突关系，而不免导致持续的绩效下降。

16. 关于 IR 重建方式的其他建议，可参见施特劳斯（1990）和卡佩利（1990）。两者都主张 IR 应该从一个相对宏观的角度看待组织和雇佣问题。施特劳斯还进一步阐述说，应将"雇佣体系"（employment system）和"公正体系"（justice system）作为 IR 的两个主要问题领域。尽管这两个概念富有洞见，它们并不代表明确区分 IR 与 HR 的知识分工，而我认为这种分工不仅是雇佣关系研究所固有的，而且还会促进科学建构的发展。

17. 康奈尔大学 IR 项目在 20 世纪 40 年代采用的名称"产业与劳工关系"（industrial and labor relations），最初具备必要水平的一般性，但现在并非如此。按照我的理解，这个名称是想传达该项目涵盖雇佣关系（"产业关系"一词的原始含义）的所有方面，但是会特别关注工会雇佣情境（"与劳工关系"代表的含义）。既然今天的大多数人都认为"产业关系"等同于"劳工关系"，这个名称的含义就大大缩小了。实际上，该项目也仅仅涉及工会雇佣情境。由于其名称的含义既不正确，从市场营销的角度看也没有长远的合理性，我预测康奈尔大学的 IR 项目最终将会改名（或采取其他实现相同目标的策略）。果真如此的话，这将标志着一个时代的终结。

18. 对协会中人数大幅超过学界会员的实务人士来说，"研究"一词没有什么意义，因此应该在协会名称中去掉这个词。我建议新名称改为"美国雇佣关系协会"（American Employment Relations Association）或"雇佣关系促进协会"（Association for the Advancement of Employment Relations）。

19. 但是，计划和组织一个单独的年会对 IRRA 来说要增加很多费用，鉴于协会极其紧张的预算情况，它可能无法承担这笔费用。一个选择是取消春季年会，用省下的资金单独举办冬季年会。

概要与结论

本书从分析中得出了若干要点，现概述如下。

概　要

- 产业关系领域（IR）诞生于 1920 年前后。它的诞生有两个标志：威斯康星大学在经济学专业设置了一个产业关系方向，这是第一个产业关系方面的学术项目；美国产业关系协会（Industrial Relations Association of America，IRAA）成立，这是第一家专门致力于产业关系研究和实践的专业组织，为美国管理协会（American Management Association）的前身。

- 该领域的建立是出于科学建构（science-building）和解决问题（problem-solving）的双重考虑。科学的动机是希望提升雇佣关系方面的知识状况，特别是更好地理解雇主和工人之间产生矛盾的原因。解决问题的动机是希望通过改进产业界的组织和实践方式以及颁布进步的公共政策，找到解决劳动问题的途径。这些新做法和新政策的最终成果，将是生产效率的提高、工厂内部经济报酬和权力的公平分配以及赋予个人的成长和幸福的机会。

- 在 IR 诞生之后的 20 年，吸引研究人员进入该领域的动机多为解决问题,明显超过科学建构。由于解决问题的动机占主导,IR研究特别强调对事实的收集、对制度和实际做法的描述性分析、劳动问题的多学科研究方法以及强烈的规范意识和政策导向。"二战"结束后的15年间,解决问题的动机依旧强劲,但科学建构得到了更多的重视。因此,继续强调研究的现实意义、多学科方法和案例实证研究方法的使用,同时对发展理论和运用科学的研究方法予以更多的关注,是这一时期的研究特征。1960年以后,IR研究的主要动机变成科学建构。这种转变带来的结果是,多学科研究和收集经验事实的案例研究,以及研究对政策和实践的相关性日渐减少,而构建演绎模型、推导及检验假设的研究方式,以及二手数据来源和高级统计技术的运用显著增加。

• 产业关系领域从诞生之初,就在解决劳动问题的最佳途径上分为两个主要的思想学派。人事管理(PM)学派主张劳动问题主要是由不良的企业组织、工作场所实践、领导风格和沟通等形式的管理缺陷所造成。为解决这些问题,他们倡导在人事管理中引入科学的方法(例如,规范化的遴选测试和激励薪酬体系),使用人际关系的做法对待雇员,建立非工会形式的雇员代表制度。其目标是达成工人和企业的利益一致,结束工业冲突,共同致力于企业的有效运营。

相反,制度劳动经济学(ILE)学派主张劳动问题主要由两大因素所致:一是企业外部的市场制度的缺陷,它使雇员在竞争中处于不利地位;二是专制性的主仆关系,在这种关系中,雇员被剥夺了民主权利和正当程序的保护。因此,劳动问题的解决牵涉到各种制度性的干预手段，如工会、保护性劳工立法、社会保险计划和美国联邦储备银行的充分就业货币政策。其目标是建立一个确保劳资谈判权力对等的经济政治多元体系（权力大体相当的社会经济团体之间的竞争），通过工会独立代表工人的方式实现工业民主，以制度化的冲突解决方式缓和劳资之间的对立。

• PM 学派基于两个互补的知识领域，即管理学领域的组织和管理科学部分，以及人类学、心理学和社会学领域的行为科学学科。PM 学派的早期（20 世纪 20 年代）作者主要是专业的管理者和管理顾问。它进入学术界大体通过两个途径。一是 20 世纪 20 年代和 30 年代，主要在克莱伦斯·希克斯的大力推动下，美国的五所大学成立了产业关系分部；二是美国西部电力公司的霍桑实验衍生出一系列的研究，先是埃尔顿·梅奥著书立说，后来又有弗里茨·罗斯里斯伯格和威廉·迪克森撰写了有关的专著。霍桑实验，再加上当时的其他研究工作（如库尔特·勒温的群体动力学研究），引发了人际关系运动的出现，使人际关系成为 PM 学派在 40 年代和 50 年代最为重要的部分。

20 世纪 50 年代末，人际关系与之前管理学当中关于组织和管理研究的独立分支相结合，共同形成了新的组织行为学领域。组织行为学和它的应用学科"人力资源管理"（原为人事管理），构成 PM 学派在当代的核心。

• ILE 学派的主要知识基础来自经济学，但也大量吸收了法学、历史学、政治学和工业社会学宏观部分的成果。ILE 学派以及美国产业关系研究领域的奠基人，是制度经济学者约翰·康芒斯。

20世纪20年代和30年代，ILE学派的学界代表主要为劳动经济学者，但"二战"之后，上述其他领域的学者也加入进来。40年代和50年代，劳动经济学逐渐分成两支，一支由ILE导向的经济学者组成（包括约翰·邓洛普、克拉克·克尔和理查德·莱斯特等人），另一支由新古典导向的经济学者组成。

ILE导向的这一支与他们的"母学科"因研究兴趣的不同，以及理论和政策方面的分歧而渐行渐远，导致50年代末以后，产业关系领域成为他们事实上的家园，让劳动经济学本身由新古典学派（包括格雷格·刘易斯、加里·贝克尔、雅各布·明塞尔等人）所控制。ILE学派在当今的产业关系领域依旧保留着最初的阵地，尽管由于制度主义作为劳动问题一种科学研究方法的式微，以及工会运动在同一时期的衰落，该学派的成员人数和学术地位都大为下降。

- "二战"结束后的15年，是产业关系作为一个研究领域的黄金时代。由于工会和集体谈判的迅速普及，前所未有的罢工程度，对劳资双方权力平衡的关注，以及集体谈判影响通货膨胀和生产力的担忧，公众对产业关系的兴趣达到一个高潮。大学纷纷成立了独立的、多学科的IR项目，并有一个新的专业组织"产业关系研究协会"和一家新的学术期刊《产业与劳工关系评论》问世。就此，产业关系从学术界一个小打小闹、建制相对不足的研究领域，转变为一个主要的教学和研究成长领域，具有真正的科学研究领域建制的所有特征。

- 在1945年至1960年期间，产业关系涵盖的学科范围及其学术研究的水平也达到高峰。来自人类学、心理学、历史学、法学、经济学和政治学等多类学科的学者活跃于产业关系领域，在管理的组织与行为、工会结构和内部政治过程、集体谈判的过程与结果等方面贡献了大量的文章和著作。

同期的另一个突出特征是高度重视跨学科研究，学者们为打通学科界限而通力合作，融合各种理论和概念，形成对产业关系更为全面的看法。这种努力产生了一些影响至今的开拓性研究成果。

- 从20世纪20年代到50年代早期，PM学派和ILE学派都认为自己属于产业关系领域。但是，"二战"结束10年后，曾经维系各个学科的纽带开始明显弱化，最终导致两个学派的联盟在60年代瓦解。它们分手的原因，首先是两者在理论框架、研究方法、政策观点和价值体系（尤其是关于工会）方面格格不入，其次是学术界越来越重视理论建构，这助长了研究向学科专业化发展。

进入50年代末以后，PM学派总体放弃了与产业关系的联系，并以HR（human resources，人力资源）为旗号成为一个与IR对立的思想派别，而ILE学派则成为产业关系领域的主要所有者。曾经的联合体因此演变成了相互独立和竞争的HR和IR领域。

- 在PM学派和ILE学派分手之前，产业关系能够大言不惭地宣称雇佣关系的所有方面都属于它的学术范围。但是到了20世纪60年代末，人们一般认为的产业关系范畴，已经缩小至工会和集体谈判的研究，加上居次要位置的特殊劳动力群体（如少数族群工人、老龄工人）雇佣问题的研究。这种收缩是多方面因素造成的：PM学派的离去，以及由此导致的ILE学派独霸产业关系领域；科学建构对学术界产生的学科专业化研究的压力，以及在此压力之下，无关集体谈判的问题分流进入其他的研究领域，这些领域都具备更成熟、更相关的理论体系。

随着各类学科的教研人员选择离开产业关系领域，该领域在会员人数和活跃度方面也呈明显的空洞化趋势。人们之所以离开，是因为有关组织和管理实践的研究不受重视，而他们又对劳资关系缺乏兴趣，或者对领域占主导的亲工会价值观抱有反感，或者相信最富有成果的研究机会存在于各个学科的内部，而不在跨学科的项目。

- 产业关系领域与工会和集体谈判研究相结合，再加上美国工会的密度和权力的下降趋势，造成该领域的组织和学术活力相应减退。这个过程始于20世纪70年代初，并在80年代加速。IR学术项目成为其中的一个牺牲品。学生的求学需求从集体谈判、IR理论、工会治理与管理（union government and administration）等传统的IR课程，转向薪酬、雇员遴选等HR课程。尽管大多数的IR学术机构都能通过加强HR方面的师资和课程，在短期内化解这一需求转移的问题，但它们的存续却因为以下的问题而阴云密布：IR标签的学术魅力和就业市场号召力降低；独立的、多学科的IR机构失去了存在理由；所在的地方和州不再为维护这些服务于工联运动的学术项目提供政治支持。尽管顶级水平的IR项目完好无损地挺过了80年代，但其他的项目或被废除，或被合并到商学院及管理学院的项目，或被冠以更像 HR 的名称。

• 产业关系领域与劳资关系（特指工会为一方的雇佣关系——译者注）研究之间的密切关系，也损害了 IR 研究的发展。20 世纪 60 年代以后，随着 IR 学者开始专门研究劳资关系和特殊劳动力群体的雇佣问题，而且常常是从劳动经济学的视角（包括制度视角和新古典视角），IR 研究的范围就日渐缩小。同时也相应出现了行为科学研究比重的下降，尤其是在组织和管理实践方面。由于劳资关系已经制度化，而非工会经济部门现已成为雇佣实践和政策的创新发源地，IR 研究还遭受着一定程度的思想平庸和僵化的困扰。

与上述相矛盾的是，行为科学学者对 IR 研究的参与，以及传统 ILE 导向的学者在研究上的质量和政策相关性，在 80 年代都有小小的提升。试图理解"去工会化"（deunionization）进程的原因和后果，至少在一定程度上推动了这些积极现象的产生。但我们有理由认为，如果工会经济部门继续下滑，学术界的研究人才和资源将逐渐从 IR（按照目前的定义）流失到其他更有前途的研究领域。

• 产业关系领域与劳资关系研究之间的密切关系，还对该领域的主要专业团体，即产业关系研究协会（IRRA）造成了伤害。IRRA 的本来宗旨是代表与雇佣关系相关的所有学科和问题领域。但从一开始，这个组织就被属于 ILE 学派的学者所控制，并服务于他们的利益。于是，协会的活动和研究项目始终由关注集体谈判问题的劳动经济学者和其他制度取向的学者主导；IRRA 出版物中的选题结构严重偏向于劳资关系；协会的意识形态主流一直是支持集体谈判及保护性劳工立法的新政体系。由于美国工会运动在成员人数和影响力方面的下降，IRRA 对传统劳资关系体系的持续关注和支持，已经让它在学术圈趋于孤立。IRRA 还因为试图让年会和出版物"善待实务人士"（practitioner-friendly），而损害了它对新一代理论导向的学者的吸引力。"善待实务人士"的目的是希望促进学术界和实务界之间的思想交流，但却以降低科学严谨性为代价，从而减少了科学建构的机会。

- 本书的第 8 章考察了产业关系作为一个研究领域的未来。其结论是，如果工会运动的会员人数和政治权力在整个 20 世纪 90 年代继续下降（情况看来可能如此），并且 IR 领域目前的结构和学术导向缺乏重大的改变，那么学术项目、学生、研究人员和教师的数量将极有可能进一步缩减。因此，维持现状对该领域及其主要机构来说不是一个可行的选择。根本性的改革势在必行。

- 改革的一个建议是以新名称替换"产业关系"（industrial relations）一词，比如更具包容性和时代气息的"雇佣关系"（employment relations）。另一个建议是重新界定该领域的学术范围与核心问题。这种界定应该遵循始终指导该领域教学和研究的两个维度：科学建构和解决问题。

在科学建构方面，该领域的重心应该放在雇佣关系及所有与工作世界（world of work）相关的制度、做法和结果。不过，在关于雇佣关系的教学和研究中，有一条学术分界线贯穿始终，正是这条线将雇佣关系问题分成人力资源（human resource）和产业关系（industrial relations）两个部分。HR 领域容纳的是内部主义者（internalist），即那些在个人和组织内部寻求对雇佣关系结果进行解释的学者。因此，HR 学者通常来自组织行为学、人力资源管理、工业和组织心理学、微观部分的社会学等学术领域，注重研究管理和工会内部的实践、组织的社会结构以及决定人类行为的心理和社会变量（如信任、不公平感、群体凝聚力）。

相反，外部主义者（externalist）通常来自经济学、法学、历史学、政治学和宏观部分的社会学等学术领域，着重从组织外部的因素来解释与雇佣相关的结果，这些外部因素包括产品和劳动力市场的经济条件；法律和司法意见体系（the body of law and judicial opinion）；当地社区或产业的人口、职业和城乡结构；一国占主导地位的意识形态、文化和社会规范等。

IR 和 HR 之间的这种分界具备几个优点。它意味着这两个领域是思考同一问题（雇佣关系）的两种不同方法，而不是通常所认为的两个独立的领域（即劳工关系对人力资源管理，labor relations versus human resource management）；它将 IR 问题从工会和集体谈判扩展到雇佣关系的所有方面，并通过这种扩展，让更多学科的研究人员积极参与到 IR 领域。不过，即使领域的研究问题和学科覆盖面扩大，外部视角仍然为学者们提供了创建兴趣共同体的基础（因为外部导向的各个学科间具有理论和方法上的互补性），而共同体的存在，将使参与该领域成为一种有益于思维活动的体验。

从解决问题的方面看，产业关系领域应该侧重于解决劳动问题和有助于提高工作场所的效率、公平和个人福利的方法、实践和政策。当今的产业关系对工会和集体谈判的关注，反映了ILE学派的一个长期信念，即这些制度（连同IR新政体系的其他部分）是实现上述三个目标（即效率、公平和个人福利——译者注）的核心。但是，社会经济的长期趋势已经削弱了这种问题解决方式的有效性和部分合理性，因此需要一个修正方案。正是这种修正方案，反过来决定产业关系领域在解决问题方面的范畴。我猜想，这个修正方案将突出几个主题，有些主题会与过去颇为相似，而有些主题则代表重心的重大转移。这些主题包括：继续关注工人与管理者的关系，注重工人的权益保护；更广泛地研究工作场所的治理体系，不仅包含传统形式的集体谈判，还包含雇员代表权的其他形式，如企业工会、工作委员会和自我管理的工作团队；继续关注劳资冲突产生的原因及其解决；更加重视通过IR和HR政策促进生产过程中的效率、竞争力和质量。

上面构想的产业关系领域并不具备统一的焦点问题和概念模型，而是代表该领域由科学建构和解决问题的兴趣所决定的一系列相互联系的主题。该领域的中心位于上述两个维度的交叉点：科学建构的维度即研究外部环境力量对工作的组织和绩效产生的影响，以及由此产生的雇主与雇员之间的关系；解决问题的维度即建立工作场所的治理体系，它要与上述的外部力量相适应，促进组织内部运营的效率，保护工人的公平利益，并为国家人力资源的发展和增长做出贡献。

结　论

过去 10 年发生的事情给美国产业关系领域造成艰难的处境，并提出了一个问题，即它在进入 21 世纪时是否会成为一个仅仅偏居边缘的教学和研究领域。以它现在的构造方式看，其未来前景相对黯淡。我不认为 IR 会走上"家政经济学"的道路，但如果没有重大变革，教师数量在未来一定会进一步缩减，IRRA 的组织活力和会员规模一定会进一步下降。

但这些事情也并非命中注定。我的估计有可能过于悲观，IR 领域也许会相对安然无恙地度过当前的动荡期。也有可能在 20 世纪 90 年代剩下的时间里，经济和政治会发生有利于该领域的变化。尽管我不希望危机降临这个国家，但该领域的历史明确表明，对雇佣关系的重大破坏，无论是以战争还是萧条的形式，都会吸引公众对雇主—雇员关系问题的关注，并促使学者更多地接触到雇佣实践和政策的真实世界，从而惠及产业关系领域。

然而，上述两种情况都不太可能出现。我认为，大量证据表明，该领域长期来说难以维持现状。我还认为，它也不可能指望通过一场经济或政治危机得到解救。从民众日益认识到国家正走向经济和社会的衰退这一点来判断，某种危机也许正在酝酿。但是，产业关系领域所认同的新政时代的政策措施，更有可能被视为问题的一部分，而不是解决的办法。因此，对产业关系领域而言，唯一真正具有希望的道路就是变革，包括学术和机构两方面的变革。

在变革的过程中,有两个方面对该领域的长期命运至关重要。一是对产业关系学术疆域和核心主题的重构。只有将产业关系开辟成为一个与特定的制度和做法(如工会和集体谈判)脱钩的不同学术研究领域,它的前途才有保证。我所提倡的方法是将产业关系界定为从组织外在环境的角度研究雇佣关系。这一定义不仅为该领域在社会科学中提供一个独特的位置,而且与ILE学派自20世纪20年代初至今所采取的问题研究方法一脉相承。

变革过程中的另一个方面也同样重要,即制定一个解决问题的方案,以改变雇佣实践和政策,促进实现效率、公平和个人福利提升的目标。产业关系学者已墨守成规太久,导致产业关系现在被视为一个被动的、不合时宜的领域,对解决20世纪90年代的雇佣问题没有多大意义。IR学者面临的挑战,是重新审视该领域依据的假设和价值观,保留仍然有效的部分,并在必要处加入新的成分,然后去发展和倡导一套既与该领域的学术基础相称,又适应雇主、工人和广大社会需要的措施和政策。

像所有对现状的挑战一样,这个过程也有失败的风险和发生冲突的可能。但是,如果IR学者能够成功地迎接这一挑战,产业关系领域的未来必将光明。

参考文献

Adams, Leonard P. 1967. "Research Note: Cornell University, New York State School of Industrial and Labor Relations." *Industrial and Labor Relations Review* 20 (Jul.): 730-33.

Adams, Roy. 1983. "Competing Paradigms in Industrial Relations." *Relations Industrielles* 38 (3): 508-29.

——. 1988. "Desperately Seeking Industrial Relations Theory." *International Journal of Comparative Labour Law and Industrial Relations* 4 (1): 1-10.

——. 1992. "All Aspects of People at Work: Unity and Division in the Study of Labour and Labour Management." In *Industrial Relations Theory: Its Nature, Scope and Pedagogy*, ed. Roy Adams and Noah Meltz. Melbourne: Longman Cheshire. Forthcoming.

Adams, Thomas S., and Helen L. Sumner. 1905. *Labor Problems*. New York: Macmillan.

Appelbaum, Eileen. 1979. "Post Keynesian Theory: The Labor Market." *Challenge* 21 (Jan. Feb.): 39-48.

Arensberg, Conrad D. 1951. "Behavior and Organization: Industrial Studies." In *Social Psychology at the Crossroads*, ed. John H. Rohrer and Muzafer

Sherif, 324-52. New York: Harper.

Arensberg, Conrad D., et al. 1957. *Research in Industrial Human Relations: A Critical Appraisal*. New York: Harper and Row.

Arensberg, Conrad D., and Geoffrey Tootell. 1957. "Plant Sociology: Real Discoveries and New Problems." In *Common Frontiers of the Social Sciences*, ed. Mirra Komarovsky, 310-37. Glencoe, Ill.: Free Press.

Argyris, Chris. 1954. "The Present State of Research in Human Relations in Industry: A Working Paper." New Haven: Labor and Management Center, Yale University.

——. 1957. *Personality and Organization: The Conflict between System and the Individual*. New York: Harper and Row.

Armstrong, Michael. 1988. *A Handbook of Human Resource Management*. New York: Nichols.

Aronson, Robert L. 1961. "Research and Writing in Industrial Relations—Are They Intellectually Respectable?" In *Essays on Industrial Relations Research—Problems and Prospects*, 19-44. Ann Arbor: Institute of Labor and Industrial Relations, University of Michigan and Wayne State University.

Ashenfelter, Orley, and George Johnson. 1969. "Bargaining Theory, Trade Unions, and Industrial Strike Activity." *American Economic Review* 50 (Mar.): 35-49.

Aspley, John C., and Eugene Whitmore. 1943. *The Handbook of Industrial Relations*. Chicago Dartnell.

Atherton, Wallace. 1973. *Theory of Union Bargaining Goals*. Princeton: Princeton University Press.

Baker, Helen. 1939. *The Determination and Administration of Industrial Re-

lations Policies. Princeton: Industrial Relations Section, Princeton University.

Bakke, E. Wight. 1946. *Mutual Survival: The Goal of Unions and Management*. New Haven: Labor and Management Center, Yale University.

——. 1950. *Bonds of Organization: An Appraisal of Corporate Human Relations*. New York: Harper and Row.

——. 1953. *The Fusion Process*. New Haven: Labor and Management Center, Yale University.

Bakke, E. Wight, Clark Kerr, and Charles Anrod. 1948. *Unions, Management, and the Public*. New York: Harcourt Brace.

Balderston, C. Canby. 1935. *Executive Guidance of Industrial Relations*. Philadelphia: University of Pennsylvania Press.

Barbash, Jack. 1979. "The American Ideology of Industrial Relations." In *Proceedings of the 1979 Spring Meeting, Industrial Relations Research Association*, 453-57. Madison: IRRA.

——. 1984. *The Elements of Industrial Relations*. Madison: University of Wisconsin Press.

——. 1986. "The New Industrial Relations." In *Proceedings of the 1986 Spring Meeting, Industrial Relations Research Association*, 528-33. Madison: IRRA.

——. 1989a. "Introduction." In *Theories and Concepts in Comparative Industrial Relations*, ed. Jack Barbash and Kate Barbash, 3-6. Columbia: University of South Carolina Press.

——. 1989b. "Equity as Function: Its Rise and Attrition." In *Theories and Concepts in Comparative Industrial Relations*, ed. Jack Barbash and Kate Barbash, 114-22. Columbia: University of South Carolina Press.

——. 1991a. "Industrial Relations Concepts in the U. S. A." *Relations Industrielles* 46 (1): 91–118.

——. 1991b. "John R. Commons and the Western Industrial Relations Tradition." In *Comparative Industrial Relations: Contemporary Research and Theory*, ed. Roy Adams, 21–36. London: HarperCollins.

Barkin, Solomon. 1950. "A Trade Unionist Appraises Management Personnel Philosophy." *Harvard Business Review* 28 (Sep.): 59–64.

——. 1957. "Human Relations in the Trade Unions." In *Research in Industrial Human Relations*, ed. Conrad Arensberg et al., 192–213. Madison: IRRA.

Barnard, Chester. 1938. *The Functions of the Executive*. Cambridge: Harvard University Press.

Barnes, William E., ed. 1886. *The Labor Problem: Plain Questions and Practical Answers*. New York: Harper and Bros.

Beaumont, Philip. 1990. *Change in Industrial Relations*. London: Routledge.

Beaumont, Richard A. 1962. "A Broadening View of Industrial Relations." In *Behavioral Science Research in Industrial Relations*, ed. Industrial Relations Counselors, 3–11. New York: IRC.

Becker, Gary, 1957. *The Economics of Discrimination*. Chicago: University of Chicago Press.

——. 1976. *The Economic Approach to Human Behavior*. Chicago: University of Chicago Press.

Beer, Michael, and Bert A. Spector. 1984. "Human Resources Management: The Integration of Industrial Relations and Organizational Development."

In *Research in Personnel and Human Resources Management*, vol. 2, ed. Kendrith Rowland and Gerald Ferris, 261-97. Greenwich, Conn.: JAI Press.

Begin, James P. 1987. "What's Actually Happening? The IR Academic Survey." In *Proceedings of the Fortieth Annual Meeting, Industrial Relations Research Association*, 467-73. Madison: IRRA.

———. 1990. "An Organizational Systems Perspective on the Transformation of Industrial Relations." In *Reflections on the Transformation of Industrial Relations*, ed. James Chelius and James Dworkin, 53-72. New Brunswick, N.J.: IMLR Press.

Behrend, Hilde. 1963. "The Field of Industrial Relations." *British Journal of Industrial Relations* 1 (Oct.): 383-94.

Bell, Daniel. 1947. "Adjusting Men to Machines." *Commentary* 3 (Jan.): 79-88.

Bendix, Reinhard. 1956. *Work and Authority in Industry*. New York: Wiley.

Bendix, Reinhard, and Lloyd Fisher. 1949. "The Perspectives of Elton Mayo." *Review of Economics and Statistics* 31 (Nov.): 312-21.

Berg, R. M. 1931. *Bibliography of Management Literature*. New York: American Society of Mechanical Engineers.

Bernstein, Irving. 1960. *The Lean Years: A History of the American Worker, 1920-1933*. Boston: Houghton Mifflin.

———. 1970. *The Turbulent Years: A History of the American Worker, 1933-1941*. Boston: Houghton Mifflin.

———. 1985. "The Emergence of the American Welfare State: The New Deal and the New Frontier Great Society." In *Proceedings of the Thirty eighth*

Annual Meeting, *Industrial Relations Research Association*, 237-42. Madison: IRRA.

Berridge, John, and John Goodman. 1988. "The British Universities Industrial Relations Association: The First Thirty five Years." *British Journal of Industrial Relations* 26 (Jul.): 155-77.

Blain, A. N. J., and J. Gennard. 1970. "Industrial Relations Theory: A Critical Review." *British Journal of Industrial Relations* 8 (Nov.): 387-407.

Bloomfield, Daniel. 1919. *Selected Articles on Employment Management*. New York: Wilson.

——. 1920. *Modern Industrial Movements*. New York. Wilson.

——. 1931. "Preventive Management: The Next Step in Industrial Relations." In *Preventive Management: Mental Hygiene in Industry*, ed. Henry B. Elkind, 3-22. New York: B. C. Forbes.

Bloomfield, Meyer. 1923. "Man Management: A New Profession in the Making." In *Problems in Personnel Management*, ed. Daniel Bloomfield, 3-15. New York: Wilson.

Blum, Solomon. 1925. *Labor Economics*. New York: Henry Holt.

Blumer, Herbert. 1948. "Sociological Theory in Industrial Relations." *American Sociological Review* 12 (Oct.): 271-78.

Boivin, Jean. 1989. "Industrial Relations: A Field and a Discipline." In *Theories and Concepts in Comparative Industrial Relations*, ed. Jack Barbash and Kate Barbash, 91-108. Columbia: University of South Carolina Press.

——. 1991. "The Teaching of Industrial Relations in Canadian Universities." Laval University, Sainte Foy, Quebec. Unpublished.

Bossard, James, and J. Frederic Dewhurst. 1931. *University Education for*

参考文献

Business. Philadelphia: University of Pennsylvania Press.

Bradley, Phillips. 1945. "Survey of Selected Labor and Management Educational Projects." In *Report of the Board of Temporary Trustees of the New York State School of Industrial and Labor Relations*, 63-113. State of New York Legislative Document, no. 20. Albany: Williams Press.

Brissenden, Paul. 1926. "Labor Economics." *American Economic Review* 16 (Sep.): 443-49.

Britt David, and Omer Galle. 1974. "Industrial Conflict and Unionization." *American Sociological Review* 37 (Feb.): 46-57.

Brody, David. 1980. *Workers in Industrial America: Essays on the Twentieth Century Struggle*. New York: Oxford University Press.

——. 1989. "Labor History, Industrial Relations, and the Crisis of American Labor." *Industrial and Labor Relations Review* 43 (Oct.): 7-18.

Brown, H. F. 1935. "IR Activities Survive Crucial Test." *Personnel Journal* 13 (5): 258-62.

Brown, J. Douglas. 1952. "University Research in Industrial Relations." In *Proceedings of the Fifth Annual Meeting, Industrial Relations Research Association*, 2-7. Madison: IRRA.

——. 1976. The *Industrial Relations Section of Princeton University in World War II: A Personal Account*. Princeton: Industrial Relations Section, Princeton University.

Cain, Glen. 1976. "The Challenge of Segmented Labor Market Theories to Orthodox Theory: A Survey." *Journal of Economic Literature* 14 (Dec.): 1215-57.

Calder, John. 1924. *Modern Industrial Relations*. London: Longman,

Green.

Caples, William G. 1958. "A Survey of the Graduate Curriculum in Industrial Relations." In *Proceedings of the Eleventh Annual Winter Meeting, Industrial Relations Research Association*, 224-36. Madison: IRRA.

Cappelli, Peter. 1985. "Theory Construction in Industrial Relations and Some Implications for Research." *Industrial Relations* 24 (Winter): 90-112.

———. 1990. *Economics and Organizational Behavior: Finding a Middle Path for Industrial Relations*. Department of Management Working Paper No. 001. Philadelphia: Wharton School, University of Pennsylvania.

Cappelli, Peter, and John Chalykoff. 1985. "The Effects of Management Industrial Relations Strategy: Results of a Survey." In *Proceedings of the Thirty Eighth Annual Meeting, Industrial Relations Research Association*, 171-78. Madison: IRRA.

Carpenter, O. F. 1926. "Instituting Employee Representation." In *Industrial Government*, ed. John R. Commons, 340-64. New York: Macmillan.

Cartter, Allan M., and F. Ray Marshall. 1967. *Labor Economics: Wages, Employment, and Trade Unionism*. Homewood, Ill.: R. D. Irwin.

Catchings, Waddill. 1923. "Our Common Enterprise." In *Problems in Personnel Management* ed. Daniel Bloomfield, 481-502. New York: H. W. Wilson.

Chamberlain, Neil. 1948. The *Union Challenge to Management Control*. New York: Harper.

———. 1960. "Issues for the Future." In *Proceedings of the Thirteenth Annual Meeting, Industrial Relations Research Association*, 101-9. Madison: IRRA.

———. 1963. "The Institutional Economics of John R. Commons." In *Institutional Economics: Veblen, Commons, and Mitchell Reconsidered*, 63–94. Berkeley: University of California Press.

Chapple, Eliot D. 1949. "The Interaction Chronograph: Its Evolution and Present Application." *Personnel* 25 (4): 295–307.

———. "Applied Anthropology in Industry." 1952. In *Anthropology Today*, ed. A. L. Kroeber, 819–31. Chicago: University of Chicago Press.

Chelius, James, and James Dworkin. 1990. "An Overview of the Transformation of Industrial Relations." In *Reflections on the Transformation of Industrial Relations*, ed. James Chelius and James Dworkin, 1–18. New Brunswick, N. J.: IMLR Press.

Chester, C. M. 1939. *Management's Responsibilities in Industrial Relations*. Personnel Series no. 36. New York: American Management Association.

Chinoy, Ely. 1952. "The Tradition of Opportunity and the Aspirations of Automobile Workers." *American Journal of Sociology* 57 (March): 453–59.

Clark, Kim B. 1984. "Organization and Firm Performance: The Impact on Profits, Growth and Productivity." *American Economic Review* 74 (Dec.): 883–919.

Coats, A. W. 1983. "John R. Commons as a Historian of Economics: The Quest for the Antecedents of Collective Action." In *Research in the History of Economic Thought and Methodology*, vol. 1, ed. Warren J. Samuels, 147–61.

Cochrane, James L. 1979. *Industrialism and Industrial Man in Retrospect*. Ann Arbor: University Microfilms International.

Commons, John R. 1909. "American Shoemakers, 1648–1895: A Sketch of Industrial Evolution." *Quarterly Journal of Economics* 24 (Nov.): 39-98.

——. 1911. "Organized Labor's Attitude toward Industrial Efficiency." *American Economic Review* 1 (Sept.): 463-72.

——. 1919. *Industrial Goodwill*. New York: McGraw-Hill.

——. 1920. "Management and Unionism." In *Proceedings of the Industrial Relations Association of America*, 125-30. Chicago: IRRA.

——. 1921. "Industrial Relations." In *Trade Unionism and Labor Problems*, ed John R. Commons, 1-16. 2d ser. New York: Augustus Kelley.

——. 1924. *Legal Foundations of Capitalism*. New York: Macmillan.

——. 1926. "The Opportunity of Management." In *Industrial Government*, ed John R. Commons, 263-72. New York: Macmillan.

——. 1934a. *Myself*. Madison: University of Wisconsin Press.

——. 1934b. *Institutional Economics*. New York: Macmillan.

——. 1950. *Economics of Collective Action*. New York: Macmillan.

Commons, John R., and John Andrews. 1916. *Principles of Labor Legislation*. New York: Harper.

Commons, John R., Sam Lewisohn, Ernest Draper, and Don Lescohier. 1925. *Can Business Prevent Unemployment?* New York: Alfred Knopf.

Cooke, William N. 1985. "Toward a General Theory of Industrial Relations." In *Advances in Industrial and Labor Relations*, vol. 2, ed. David Lewin, 223-52. Greenwich, Conn.: JAI Press.

Craig, David R., and W. W. Charters. 1925. *Personal Leadership in Industry*. New York: McGraw Hill.

Cross, John. 1969. *The Economics of Bargaining*. New York: Basic Books.

Cutcher-Gershenfeld, Joel. 1991. "The Future of Industrial Relations as an Academic Field: A Strategic Planning Approach." In *The Future of Industrial Relations*, ed. Harry C. Katz, 145-60. Ithaca: ILR Press.

Dalton, Dan, and William Todor. 1981. "Win, Lose, Draw: The Grievance Process in Practice." *Personnel Administrator* 26 (May-Jun.): 25-29.

Dalton, Melville. 1950. "Unofficial Union Management Relations." *American Sociological Review* 15 (Oct.): 611-19.

Daugherty, Carroll. 1936. *Labor Problems in American Industry*. 4th ed. Boston: Houghton Mifflin.

Davis, Keith. 1957. *Human Relations in Industry*. New York: McGraw Hill.

Denison, Edward F. 1985. *Trends in American Economic Growth, 1929-1982*. Washington, D.C.: Brookings Institution.

Derber, Milton. 1964. "Divergent Tendencies in Industrial Relations Research." *Industrial and Labor Relations Review* 17 (Jul.): 598-611.

——. 1967. *Research in Labor Problems in the United States*. New York: Random House.

——. 1968. "The Changing Patterns of Research." In *The Role of Industrial Relations Centers, Proceedings of a Regional Meeting of the International Industrial Relations Research Association*, 43-48. Madison: Industrial Relations Research Institute, University of Wisconsin.

——. 1982. "Comments." *Industrial Relations* 21 (Winter): 84-92.

——. 1987. *A Brief History of the Institute of Labor and Industrial Relations*. Champaign: Institute of Labor and Industrial Relations, University of Illinois.

Derber, Milton, et al. 1950. "An Inter-disciplinary Approach to the Study of Labor Management Relations." In *Proceedings of the Third Annual Meeting, Industrial Relations Research Association*, 250-96. Madison: IRRA.

——. 1953. *Labor Management Relations in Illini City*. Champaign: Institute of Labor and Industrial Relations, University of Illinois.

Dickman, Howard. 1987. *Industrial Democracy in America: Ideological Origins of National Labor Relations Policy*. LaSalle, Ill. : Open Court.

Doherty, Robert F. 1987. "Discussion." *Proceedings of the Annual Meeting, Industrial Relations Research Association*, 494-95. Madison: IRRA.

Dorfman, Joseph. 1959. *The Economic Mind in American Civilization*. Vols. 4 and 5, 1918-33. New York: Viking.

——. 1963. "The Background of Institutional Economics." In *Institutional Economics: Veblen, Commons, and Mitchell Reconsidered*, 1-44. Berkeley: University of California Press.

Douglas, Paul H. 1919. "Plant Administration of Labor." *Journal of Political Economy* 27 (Jul.) : 544-60.

——. 1921. "Shop Committees: Substitutes for, or Complements to, Trade Unions." *Journal of Political Economy* 29 (Feb.) : 89-107.

——. 1922. "Personnel Problems and the Business Cycle." *Administration* 4 (Jul.) : 15-28.

Douglas, Paul H. , Curtis N. Hitchcock, and Willard E. Atkins. 1925. *The Worker in Modern Economic Society*. Chicago: University of Chicago Press.

Drucker, Peter. 1954. *The Practice of Management*. New York: Harper and Bros.

Dubin, Robert. 1949. "Union Management Cooperation and Productivity."

Industrial and Labor Relations Review 2 (Jan.): 195-209.

——. 1960. "A Theory of Conflict and Power in Union Management Relations." *Industrial and Labor Relations Review* 13 (Jul.): 501-18.

Dubofsky, Melvin. 1985. "Industrial Relations: Comparing the 1980s with the 1920s." In *Proceedings of the Thirty Eighth Annual Meeting, Industrial Relations Research Association* 227-36. Madison: IRRA.

Dunlop, John T. 1944. *Wage Determination under Trade Unions*. New York: Macmillan.

——. 1950. "Framework for the Analysis of Industrial Relations: Two Views." *Industrial and Labor Relations Review* 3 (Apr.): 383-93.

——. 1954. "Research in Industrial Relations: Past and Future." In *Proceedings of the Seventh Annual Meeting, Industrial Relations Research Association*, 92-101. Madison: IRRA.

——. 1958. *Industrial Relations Systems*. New York: Holt.

——. 1977. "Policy Decisions and Research in Economics and Industrial Relations." *Industrial and Labor Relations Review* 30 (Apr.): 275-82.

——. 1984a. "Industrial Relations and Economics: The Common Frontier of Wage Determination." In *Proceedings of the Thirty Seventh Annual Meeting, Industrial Relations Research Association*, 9-23. Madison: IRRA.

——. 1984b. *Dispute Resolution: Negotiation and Consensus Building*. Dover, Mass.: Auburn House.

——. 1988. "Labor Markets and Wage Determination: Then and Now." In *How Labor Markets Work*, ed. Bruce E. Kaufman, 47-87. Lexington, Mass.: Lexington Books.

——. 1993. "Organizations and Human Resources, Internal and External

Markets." In *Labor Economics and Industrial Relations: Markets and Institutions*, ed. Clark Kerr and Paul Staudohar. Stanford: Stanford University Press. Forthcoming.

Dunlop, John T. , Frederick H. Harbison, Clark Kerr, and Charles A. Myers. 1975. *Industrialism and Industrial Man Reconsidered.* Princeton: Inter-University Study of Human Resources in National Development.

Dunnette, Marvin D. , and Bernard M. Bass. 1963. "Behavioral Scientists and Personnel Management. " *Industrial Relations* 3 (May) : 115-30.

Dworkin, James. 1988. " IR Graduate Study in Business Schools: The Case of Purdue University. " In *Proceedings of the Forty first Annual Winter Meeting*, *Industrial Relations Research Association*, 459-67. Madison: IRRA.

Ehrenberg, Ronald. 1990. "Do Compensation Policies Matter?" *Industrial and Labor Relations Review* (special issue) 43 (Feb.) : 3S-10S.

Eilbirt, Henry. 1959. "The Development of Personnel Management in the United States. " *Business History Review* 33 (Autumn) : 345-64.

Eisner, J. Michael. 1967. *William Morris Leiserson: A Biography.* Madison: University of Wisconsin Press.

Ely, Richard T. 1886. *The Labor Movement in America.* New York: Thomas Y. Crowell.

———. 1938. *Ground under Our Feet: An Autobiography.* New York: Macmillan.

Estey, J. A. 1928. *The Labor Problem.* New York: McGraw Hill.

Estey, Martin. 1960. "Unity and Diversity in Industrial Relations Education: The Report of the IRRA Survey. " In *Proceedings of the Thirteenth Annual Meeting*, *Industrial Relations Research Association*, 92-100. Madison: IRRA.

参考文献

Farber, Hank S., and Harry C. Katz. 1979. "Interest Arbitration, Outcomes, and the Incentive to Bargain." *Industrial and Labor Relations Review* (Oct.): 55-63.

Faunce, William A. 1967. "Research Note: Michigan State University, School of Labor and Industrial Relations." *Industrial and Labor Relations Review* 20 (Jul.): 737-38.

Feis, Herbert. 1923. "The Kansas Court of Industrial Relations: Its Spokesmen, Its Record." *Quarterly Journal of Economics* 37 (Aug.): 705-33.

Ferguson, Robert H. 1965. Review of Economics of Labor, 2d ed., by Richard Lester. *Industrial and Labor Relations Review* 18 (Jan.): 271-74.

Filene, A. Lincoln. 1919. "The Key to Successful Industrial Management." *Annals of American Academy* 85 (Sep.): 9-11.

Filley, Alan. 1968. "The Industrial Relations Graduate Programs." In *The Role of Industrial Relations Centers, Proceedings of a Regional Meeting of the International Industrial Relations Research Association*, 71-77. Madison: Industrial Relations Research Institute, University of Wisconsin.

Fiorito, Jack. 1987. "Political Instrumentality Perceptions and Desires for Union Representation." *Journal of Labor Research* 8 (Summer): 271-89.

——. 1990. "Comments: The Wider Bounds of IR Systems." In *Reflections on the Transformation of Industrial Relations*, ed. James Chelius and James Dworkin, 96-106. New Brunswick, N.J.: IMLR Press.

Fisher, Lloyd. 1953. *The Harvest Labor Market in California*. Cambridge: Harvard University Press.

Fleisher, Belton. 1970. *Labor Economics*. Englewood Cliffs, N.J.: Prentice Hall.

Follett, Mary Parker. [1925] 1942. "Business as an Integrative Unity." In *Dynamic Administration: The Collected Papers of Mary Parker Follett*, ed. Henry Metcalf and L. Urwick, 71-94. New York: Harper and Bros.

——. [1926] 1942. "Constructive Conflict." In *Dynamic Administration: The Collected Papers of Mary Parker Follett*, ed. Henry Metcalf and L. Urwick, 30-49. New York: Harper and Bros.

Form, William. 1979. "Comparative Industrial Sociology and the Convergence Hypothesis." *Annual Review of Sociology* 5: 1-25.

Fortune. 1946. "The Fruitful Errors of Elton Mayo." November, 181-83; 238-48.

Fossum, John A. 1987. "The Evolving Market for IR Professionals: Meeting the Needs." In *Proceedings of the Fortieth Annual Meeting, Industrial Relations Research Association*, 482-89. Madison: IRRA.

Foulkes, Fred. 1980. *Personnel Policies in Large Nonunion Companies*. Englewood Cliffs, N. J.: Prentice Hall.

Fox, Alan. 1974. *Beyond Contract: Work, Power, and Trust Relations*. London: Faber and Faber.

Franke, Richard H., and James D. Kaul. 1978. "The Hawthorne Experiments: First Statistical Interpretation." *American Sociological Review* 43 (Oct.): 623-42.

Franke, Walter. 1987. "Accommodating to Change: Can IR Learn from Itself?" In *Proceedings of the Fortieth Annual Meeting, Industrial Relations Research Association*, 474-81. Madison: IRRA.

Freeman, Richard B. 1988. "Contraction and Expansion: The Divergence of Private and Public Sector Unionism in the United States." *Journal of Econom-*

ic Perspectives 2 (Spring): 63-88.

Freeman, Richard B., and James Medoff. 1984. *What Do Unions Do?* New York: Basic Books.

Fried, Amy E. 1987. *Industrial Relations Research Institute: A Brief History*, 1947-1987. Madison: Industrial Relations Research Institute, University of Wisconsin.

Friedman, Milton. 1951. "Some Comments on the Significance of Labor Unions for Economic Policy." In *The Impact of the Union*, ed. David McCord Wright, 204-34. New York: Harcourt Brace.

———. 1953. *Essays in Positive Economics.* Chicago: University of Chicago Press.

Friedman, Milton, and Anna Schwartz. 1963. *A Monetary History of the United States:* 1867-1960. Princeton: Princeton University Press.

Furniss, Edgar S. 1925. *Labor Problems.* Boston: Houghton Mifflin.

Gallagher, Daniel G., and Cynthia Gramm. 1991. "Integrating Behavioral and Economic Perspectives of Strike Activity: Promise or Illusion?" James Madison University, Harrisonburg, Va. Unpublished.

Gallagher, Daniel G., and George Strauss. 1991. "Union Membership Attitudes and Participation." In *The State of the Unions*, ed. Daniel Gallagher et al., 139-74. Madison: IRRA.

Gardner, Burleigh B. 1946. "The Factory as a Social System." In *Industry and Society*, ed. William Foote Whyte, 4-20. New York: McGraw Hill.

Getman, Julius, Stephen Goldberg, and Jeanne Herman. 1976. *Union Representation Elections: Law and Reality.* New York: Russell Sage Foundation.

Ginsburg, Woodrow, E. Robert Livernash, Herbert Parnes, and George

Strauss. 1970. *A Review of Industrial Relations Research*, vol. 1. Madison: IRRA.

Goddard, John. 1992a. "Beyond Empiricism: Towards a Reconstruction of IR Theory and Research." In *Advances in Industrial and Labor Relations*, ed. David Lewin, David Lipsky, and Donna Sockell. Forthcoming.

——. 1992b. "Contemporary Industrial Relations Ideologies: A Study of the Values and Beliefs of Canadian Academics." *Relations Industrielles*. Forthcoming.

Golden, Clinton S., and Virginia D. Parker. 1955. *Causes of Industrial Peace*. New York: Harper and Bros.

Golden, Clinton S., and Harold J. Ruttenberg. 1942. *The Dynamics of Industrial Democracy*. New York: Harper and Bros.

Goldthorpe, John. 1984. *Order and Conflict in Contemporary Capitalism*. Oxford: Clarendon Press.

Gordon, Robert A., and James E. Howell. 1959. *Higher Education for Business*. New York: Columbia University Press.

Gouldner, Alvin W. 1954. *Patterns of Industrial Bureaucracy*. Glencoe, Ill.: Free Press.

Graham, Rev. Robert C. 1948. "The Industrial Relations Curriculum in Colleges and University." Master's thesis, Catholic University.

Gray, Wayne B. 1987. "The Cost of Regulation: OSHA, EPA and the Productivity Slowdown." *American Economic Review* 77 (Dec.): 998–1006.

Greenwood, Ronald G., and Charles D. Wrege. 1986. "The Hawthorne Studies." In *Papers Dedicated to the Development of Modern Management*, ed. Daniel Wren, 24–35. Norman Okla.: Academy of Management.

Gulick, Charles A. 1932. "Industrial Relations in Southern Textile Mills." *Quarterly Journal of Economics* 46 (Aug.): 720-42.

Haber, Samuel. 1964. *Efficiency and Uplift: Scientific Management in the Progressive Era* 1890-1920. Chicago: University of Chicago Press.

Haber, William. 1930. *Industrial Relations in the Building Industry*. Cambridge: Harvard University Press.

Haire, Mason. 1955. "Role Perceptions in Labor Management Relations." *Industrial and Labor Relations Review* 8 (Jan.): 204-16.

Hameed, Syed. 1982. "A Critique of Industrial Relations Theory." *Relations Industrielles* 37 (1): 15-31.

Hansen, Alvin H. 1922. "The Economics of Unionism." *Journal of Political Economy* 30 (Aug.): 518-30.

Harbison, Frederick H. 1946. "The Basis of Industrial Conflict." In *Industry and Society* ed. William Foote Whyte, 168-82. New York: McGraw Hill.

Harbison, Frederick H., and Robert Dubin. 1947. *Patterns of Unions Management Relations*. Chicago: Science Research Associates.

Hart, C. W. M. 1948. "Industrial Relations Research and Social Theory." *Canadian Journal of Economics and Political Science* 15 (Feb.): 53-73.

Harter, LaFayette G., Jr. 1962. *John R. Commons: His Assault on Laissez Faire*. Corvallis: Oregon State University Press.

Hausman, Leonard, Orley Ashenfelter, Bayard Rustin, Richard Schubert, and Donald Slaiman. 1977. *Equal Rights and Industrial Relations*. Madison: IRRA.

Hebert, Gerard, Hem C. Jain, and Noah M. Meltz. 1988. *The State of the*

Art in Industrial Relations. Kingston and Toronto: Industrial Relations Centre, Queen's University, and Centre for Industrial Relations, University of Toronto.

Heckscher, Charles. 1988. *The New Unionism.* New York: Basic Books.

Heldman, Dan, James Bennett, and Manuel Johnson. 1981. *Deregulating Labor Relations.* Dallas: Fisher Institute.

Heneman, Herbert, Jr. 1968. "Contributions of Current Research." In *The Role of Industrial Relations Centers, Proceedings of a Regional Meeting of the International Industrial Research Relations Association*, 49-58. Madison: IRRA.

——. 1969. "Toward a General Conceptual System of Industrial Relations: How Do We Get There?" In *Essays in Industrial Relations Theory* ed. Gerald G. Somers, 3-24. Ames: Iowa State University Press.

Heneman, Herbert, Jr., and John G. Turnbull. 1952. *Personnel Administration and Labor Relations.* New York: Prentice Hall.

Heneman, Herbert, Jr., et al. 1960. *Employment Relations Research.* Madison: IRRA.

Herman, Georgianna. 1984. *Personnel and Industrial Relations Colleges: An ASPA Directory.* 2d ed. Berea, Ohio: American Society for Personnel Administration.

Herzberg, Frederick, Bernard Mausner, and Barbara Snyderman. 1959. *The Motivation to Work.* New York: Wiley.

Hicks, Clarence J. 1941. *My Life in Industrial Relations.* New York: Harper and Bros.

Hicks, John R. 1932. *The Theory of Wages.* New York: Macmillan.

Hills, Steven. 1975. "Organizational Behavior and Theoretical Models of Industrial Relations." In *Proceedings of the Twenty eighth Annual Winter Meet-*

ing, *Industrial Relations Research Association*, 47-55. Madison: IRRA.

——. 1992. "Integrating Industrial Relations with the Social Sciences." In *Industrial Relations Theory: Its Nature, Scope and Pedagogy*, ed. Roy Adams and Noah Meltz. Melbourne: Longman Cheshire. Forthcoming.

Hirsch, Barry. 1991. *Labor Unions and the Economic Performance of Firms*. Kalamazoo, Mich.: W. E. Upjohn Institute.

Hoerr, John P. 1988. *And the Wolf Finally Came*. Pittsburgh: University of Pittsburgh Press.

Hoffstadter, Richard. 1963. *The Progressive Era: 1900-1915*. Englewood Cliffs, N. J.: Prentice Hall.

Holliday, W. T. 1934. "Employee Representation." *Personnel* 10 (May): 99-104.

Homans, George C. 1950. *The Human Group*. New York: Harcourt Brace.

——. 1954. "Industrial Harmony as a Goal," In *Industrial Conflict*, ed. Arthur Kornhauser, Robert Dubin, and Arthur Ross, 48-58. New York: McGraw Hill.

Homans, George C., and Jerome Scott. 1947. "Reflections on Wildcat Strikes." *American Sociological Review* 12 (Jun.): 278-87.

Houser, J. David. 1927. *What the Employer Thinks*. Cambridge: Harvard University Press.

Hoxie, Robert. 1915. *Scientific Management and Labor*. New York: Appleton.

——. 1917. *Trade Unionism in the United States*. New York: Appleton.

Hyman, Richard. 1975. *Industrial Relations: A Marxist Introduction*. London: Macmillan.

Industrial Relations Counselors. 1949. *Industrial Relations Work at Certain Universities*, pts 1-3. New York: IRC.

———. 1962. *Behavioral Science Research in Industrial Relations*. New York: IRC.

Industrial Relations Research Association. 1977. *Report of the Comprehensive Review Committee of the Industrial Relations Research Association*. Madison: IRRA.

———. 1988a. *Report of the IRRA Comprehensive Review Committee*. Madison: IRRA.

———. 1988b. *Recommendations from the IRRA Working Group on Winter and Spring Meetings*. Madison: IRRA.

———. 1990. *Membership Directory*. Madison: IRRA.

Industrial Relations Section, California Institute of Technology. 1939. *The Industrial Relations Section: An Initial Report of Progress*. Pasadena: California Institute of Technology.

Industrial Relations Section, Princeton University. 1930. *Selected Book List for the Office of an Industrial Relations Executive*. Princeton: Princeton University.

———. 1939. *Problems and Policies in Industrial Relations in a War Economy: A Selected, Annotated Bibliography*. Princeton: Princeton University.

———. 1986. *The Industrial Relations Section of Princeton University, 1922-1985*. Princeton: Princeton University.

Jacoby, Sanford. 1985. *Employing Bureaucracy: Managers, Unions, and the Transformation of Work in American Industry 1900-1945*. New York: Columbia University Press.

――. 1990. "The New Institutionalism: What It Can Learn from the Old." *Industrial Relations* 29 (Spring): 316-40.

Johnson, George. 1984. "Changes over Time in the Union Nonunion Wage Differential." In *The Economics of Trade Unions*, ed. Jean Jacques Rosa, 3-19. Boston: Kluwer Nijhoff.

Johnson, Harry, and Peter Mieszkowski. 1969. "The Effects of Unionization on the Distribution of Income: A General Equilibrium Approach." *Quarterly Journal of Economics* 84 (Nov.): 539-61.

Johnson, Robert W. 1949. "*Human Relations in Modern Business.*" *Harvard Business Review* 27 (Sep.): 29-55.

Jucius, Michael J. 1948. *Personnel Management*. Chicago: Irwin.

Justin, Bother F. S. C. 1949. "The Study of Industrial and Labor Relations in Catholic Colleges." *Industrial and Labor Relations Review* 3 (Oct.): 70-75.

Kanter, Rosabeth Moss. 1989. *When Giants Learn to Dance*. New York: Simon and Schuster.

Kassalow, Everett. 1985. "Trade Unionism: Once More into the Future." *Proceedings of the Thirty eighth Annual Meeting, Industrial Relations Research Association*, 1-13. Madison: IRRA.

Katz, Harry C. 1991. *The Future of Industrial Relations*. Ithaca: ILR Press.

Kaufman, Bruce E. 1988. "The Postwar View of Labor Markets and Wage Determination." In *How Labor Markets Work*, ed. Bruce E. Kaufman, 145-203. Lexington Mass.: Lexington Books.

――. 1989a. "Labor's Inequality of Bargaining Power: Changes over

Time and Implications for Public Policy. " *Journal of Labor Research* 10 (Summer): 285-98.

——. 1989b. "Models of Man in Industrial Relations Research. " *Industrial and Labor Relations Review* 43 (Oct.): 72-88.

——. 1991a. "Labor's Inequality of Bargaining Power: Myth or Reality?" *Journal of Labor Research* 12 (Spring): 151-66.

——. 1991b. "Research Expectations in IR/HR Units: The View from the Beebe Institute. " In *Proceedings of the Forty fourth Annual Winter Meeting Industrial Relations Research Association*, 502-9. Madison: IRRA.

——. 1993. "The Evolution of Thought on the Competitive Nature of Labor Markets. " In *Labor Economics and Industrial Relations: Markets and Institutions*, ed. Clark Kerr and Paul Staudohar. Stanford: Stanford University Press. Forthcoming.

Kaufman, Bruce E. , and Paula E. Stephan. 1987. "The Determinants of Interindustry Wage Growth in the 1970s. " *Industrial Relations* 26 (Spring): 186-94.

Kelly, Laurence. 1987. "Industrial Relations at Queen's: The First Fifty Years. " *Relations Industrielles* 42 (3): 475-99.

Kennedy, Dudley R. 1920. "The Future of Industrial Relations. " *Industrial Management*, March 227-31.

Kerr, Clark. 1950. "Labor Markets: Their Character and Consequences. " *American Economic Review* 40 (May): 278-91.

——. 1954a. "The Balkanization of Labor Markets. " In *Labor Mobility and Economic Opportunity*, ed. E. Wight Bakke, 92-110. New York: Wiley.

——. 1954b. "Industrial Relations and the Liberal Pluralist. " In *Proceed-*

ings of the Seventh Annual Meeting*, *Industrial Relations Research Association*, 2-16. Madison: IRRA.

——. 1978. "Industrial Relations Research: A Personal Retrospective." *Industrial Relations* 17 (May): 131-42.

——. 1983. "A Perspective on Industrial Relations Research—Thirty six Years Later." In *Proceedings of the Thirty sixth Annual Winter Meeting, Industrial Relations Research Association*, 14-21. Madison: IRRA.

——. 1988. "The Neoclassical Revisionists in Labor Economics (1940-1960) —RIP." In *How Labor Markets Work*, ed. Bruce E. Kaufman, 1-46. Lexington, Mass.: Lexington Books.

Kerr, Clark, John Dunlop, Frederick Harbison, and Charles Myers. 1960. *Industrialism and Industrial Man*. Cambridge: Harvard University Press.

Kerr, Clark, and Lloyd H. Fisher. 1950. "Effects of Environment and Administration on Job Evaluation." *Harvard Business Review* 28 (May): 77-96.

——. 1957. "Plant Sociology: The Elite and the Aborigines." In *Common Frontiers of the Social Sciences*, ed. Mirra Komarovski, 281-309. Glencoe, Ill.: Free Press.

Kerr, Clark, and Abraham Siegel. 1954. "The Interindustry Propensity to Strike: An International Comparison." In *Industrial Conflict*, ed. Arthur Kornhauser, Robert Dubin, and Arthur Ross, 189-212. New York: McGraw Hill.

——. 1955. "The Structuring of the Labor Force in Industrial Society: New Dimensions and New Questions." *Industrial and Labor Relations Review* 8 (Jan.): 151-68.

Keynes, John Maynard. 1936. *The General Theory of Employment Interest and Money*. New York: Harcourt Brace.

Keyserling, Leon. 1945. "Why the Wagner Act?" In *The Wagner Act: Ten Years Later*, ed. Louis Silverberg, 5-33. Washington, D. C.: Bureau of National Affairs.

Kleiner, Morris M., et al. 1987. *Human Resources and the Performance of the Firm*. Madison: IRRA.

Knox, John B. 1955. *The Sociology of Industrial Relations*. New York: Random House.

Kochan, Thomas. 1980. *Collective Bargaining and Industrial Relations*. Homewood, Ill.: R. D. Irwin.

——. 1992. "Teaching and Building Middle Range Industrial Relations Theory." In *Industrial Relations Theory: Its Nature, Scope, and Pedagogy*, ed. Roy Adamsand Noah Meltz. Melbourne: Longman Cheshire. Forthcoming.

Kochan, Thomas, and Thomas Barocci. 1985. *Human Resources Management and Industrial Relations*. Boston: Little Brown.

Kochan, Thomas, Harry Katz, and Robert McKersie. 1986. *The Transformation of American Industrial Relations*. New York: Basic Books.

Kochan, Thomas, Robert B. McKersie, and Peter Cappelli. 1984. "Strategic Choice and Industrial Relations Theory. *Industrial Relations* 23 (Winter): 16-39.

Kochan, Thomas, et al. 1979. *Dispute Resolution under Factfinding and Arbitration*. New York: American Arbitration Association.

Kornhauser, Arthur. 1948. "The Contribution of Psychology to Industrial Relations Research." In *Proceedings of the First Annual Meeting, Industrial Re-

lations Research Association, 172-88. Champaign: IRRA.

———. 1954. "Human Motivations Underlying Industrial Conflict." In *Industrial Conflict*, ed. Arthur Kornhauser, Robert Dubin, and Arthur Ross, 62-85. New York: McGraw Hill.

Kornhauser, Arthur, Robert Dubin, and Arthur Ross. 1954. *Industrial Conflict*, New York: McGraw Hill.

Krislov, Joseph, and John Mead. 1987. "Changes in IR Programs since the Mid Sixties." *Industrial Relations* 26 (Spring): 208-12.

Landsberger, Henry A. 1958. *Hawthorne Revisited*. Ithaca: Cornell Studies in Industrial and Labor Relations vol. ix.

———. 1967. "The Behavioral Sciences in Industry." *Industrial Relations* 7 (Oct.): 1-19.

Lange, W. H. 1928. *The American Management Association and Its Predecessors*. Special Paper no. 17. New York: American Management Association.

Lawler, Edward, III. 1986. *High Involvement Management*. San Francisco: Jossey Bass.

Lawshe, C. H., et al. 1953. *The Psychology of Industrial Relations*. New York: McGraw Hill.

Leiserson, William M. 1923. "Employee Management, Employee Representation, and Industrial Democracy." In *Problems in Personnel Management*, ed. Daniel Bloomfield and Meyer Bloomfield, 503-16. New York: H. W. Wilson.

———. 1929. "Contributions of Personnel Management to Improved Labor Relations." In *Wertheim Lectures on Industrial Relations*, 125-64. Cambridge: Harvard University Press.

——. 1935. "Collective Bargaining." In *Collective Bargaining*, 21-28. *Personnel Series* No. 19. New York: American Management Association.

——. 1959. *American Trade Union Democracy*. New York: Columbia University Press.

Lens, Sidney. 1974. *The Labor Wars*. New York: Anchor.

Lescohier, Don D. 1935. "Working Conditions." In *History of Labor in the United States*, 1896-1932, vol. 3. ed. John R. Commons et al., 51-396. New York: Macmillan.

United States, 1896-1932, vol. 3. ed. John R. Commons et al. 51-396. New York: Macmillan.

Lester, Richard A. 1941; 2d. ed., rev., 1964. *Economics of Labor*. New York: Macmillan.

——. 1946a. "Shortcomings of Marginal Analysis for Wage Employment Problems." *American Economic Review* 36 (Mar.): 63-82.

——. 1946b. "Wage Diversity and Its Theoretical Implications." *Review of Economics and Statistics* 28 (Aug.): 152-59.

——. 1947a. "Marginalism, Minimum Wages, and the Labor Market." *American Economic Review* 37 (Mar.): 135-48.

——. 1947b. "Reflections on the Labor Monopoly Issue." *Journal of Political Economy* 55 (Dec.): 13-36.

——. 1951. *Labor and Industrial Relations: A General Analysis*. New York: Macmillan.

——. 1952. "A Range Theory of Wage Differentials." *Industrial and Labor Relations Review* 5 (Jul.): 433-50.

——. 1954. *Hiring Practices and Labor Competition*. Princeton: Industrial

Relations Section, Princeton University.

———. 1973. "Manipulation of the Labor Market." In *The Next Twenty five Years of Industrial Relations*, ed. Gerald G. Somers, 47-55. Madison: IRRA.

Levitan, Sar, Wilbur Cohen, and Robert Lampman. 1968. *Towards Freedom from Want*. Madison: IRRA.

Lewin, David. 1987. "Industrial Relations as a Strategic Variable." In *Human Resources and the Performance of the Firm*, ed. Morris Kleiner et al., 1-41. Madison: IRRA.

———. 1988a. "The Industrial Relations (IR) Content of MBA Degree Programs in the U. S." In *Proceedings of the Forty first Annual Winter Meeting, Industrial Relations Research Association* 474-78. Madison: IRRA.

———. 1988b. Letter to IRRA Comprehensive Review Committee on the survey of the membership of the Industrial Relations Research Association.

———. 1991. "The Contemporary Human Resource Management Challenge to Industrial Relations." In *The Future of Industrial Relations*, ed. Harry C. Katz, 82-99. Ithaca: ILR Press.

Lewin, David, and Peter Feuille. 1983. "Behavioral Research in Industrial Relations." *Industrial and Labor Relations Review* 36 (Apr.): 341-60.

Lewin, Kurt, R. Lippitt, and R. White. 1939. "Patterns of aggressive Behavior in Experimentally Created Social Climates." *Journal of Social Psychology* 10 (May): 271-99.

Lewis, H. Gregg. 1951. "The Labor Monopoly Problem: A Positive Program." *Journal of Political Economy* 69 (Aug.): 277-87.

———. 1956. "Hours of Work and Hours of Leisure." In *Proceedings of the Ninth Annual Meeting Industrial Relations Research Association*, 192-206. Madison: IRRA.

———. 1963. *Unions and Relative Wages in the United States.* Chicago: University of Chicago Press.

Lewisohn, Sam A. 1926. *The New Leadership in Industry.* New York: E. P. Dutton.

Likert, Rensis. 1961. *New Patterns of Management.* New York: McGraw Hill.

———. 1967. *The Human Organization: Its Management and Value.* New York: McGraw Hill.

Lindblom, Charles. 1949. *Unions and Capitalism.* New Haven: Yale University Press.

Ling, Cyril C. 1965. *The Management of Personnel Relations: History and Origins.* Homewood, Ill. : R. D. Irwin.

McCone, John. 1920. "Organized Labor in Industry." In *Proceedings of the Industrial Relations Association of America*, 92-97. Chicago: IRAA.

McConnell, Campbell R. 1955. "Institutional Economics and Trade Unions." *Industrial and Labor Relations Review* 8 (Apr.): 347-60.

McGregor, Douglas. 1960. *The Human Side of Enterprise.* New York: McGraw Hill.

McGregor, Douglas and Irving Knickerbocker. 1941. "Industrial Relations and National Defense: A Challenge to Management." *Personnel* 18 (Jul.): 49-63.

Machlup, Fritz. 1946. "Marginal Analysis and Empirical Research." *American Economic Review* 36 (Sep.): 519-55.

———. 1951. *The Political Economy of Monopoly.* Baltimore: Johns Hopkins University Press.

McKersie, Robert B. 1990. "End of an Era: Industrial Relations Section Turns Fiftysomething." *Massachusetts Institute of Technology*. Unpublished.

McNulty, Paul. 1968. "Labor Problems and Labor Economics: The Roots of an Academic Discipline." L*abor History* 9 (Spring): 239-61.

——. 1980. *The Origin and Development of Labor Economics*. Cambridge: MIT Press.

Marshall, Alfred. 1920. *Principles of Economics*. 8th ed. London: Macmillan.

Marshall, Ray. 1987. "The Future of Private Sector Collective Bargaining." In *The Future of Industrial Relations*, University of California.

Maslow Abraham H. 1954. *Motivation and Personality*. New York: Harper and Row.

Mathewson, Stanley. 1931. *Restriction of Output among Unorganized Workers*. New York: Viking.

Mayo, Elton. 1925. "The Great Stupidity." *Harper's* 151 (Jul.): 225-33.

——. 1929. "Maladjustment of the Industrial Worker." In *Wertheim Lectures* on *Industrial Relations*, 165-96. Cambridge: Harvard University Press.

——. 1930. A *New Approach* to *Industrial Relations*. Cambridge: Harvard Business School.

——. 1933. *The Human Problems of an Industrial Civilization*. New York: Macmillan.

——. 1945. *The Social Problems of an Industrial Civilization*. Cambridge: Harvard School of Business.

Meltz, Noah M. 1988. "Why Are There Few Academic Industrial Relations Departments?" *Centre for Industrial Relations, University of Toronto*. Unpublished.

——. 1989. "Industrial Relations: Balancing Efficiency and Equity." In *Theories and Concepts in Comparative Industrial Relations*, ed. Jack Barbash and Kate Barbash, 109-13. Columbia: University of South Carolina Press.

——. 1991. "Dunlop's *Industrial Relations Systems* after Three Decades." In *Comparative Industrial Relations: Contemporary Research and Theory*, ed. Roy Adams, 10-20. Melbourne: Longman Cheshire.

Miles, Raymond. 1965. "Human Relations or Human Resources?" *Harvard Business Review* 43 (Jul-Aug.): 148-63.

Miller, A. Van Court. 1937. *Social Security and Industrial Relations*. Personnel Series no. 28. New York: American Management Association.

Miller, Delbert C., And William H. Form. 1951, 1964, 1980. *Industrial Sociology. An Introduction to the Sociology of Work Relations*. 1st ed., 2d ed., 3d ed. New York: Harper.

Millis, Harry A., and Royal E. Montgomery. 1938. *Economics of Labor*, vols. 1-2. New York: McGraw-Hill.

——. 1945. *Economics of Labor*, vol. 3. New York: McGraw Hill.

Mills, C. Wright. 1948. "The Contribution of Sociology to Studies of Industrial Relations." In *Proceedings of the First Annual Meeting Industrial Relations Research Association*, 199-222. Champaign: IRRA.

Mills, D. Quinn. 1981. "Management Performance." In *U.S. Industrial Relations, 1950-1980: A Critical Assessment*, ed. Jack Stieber et al. 99-128. Madison: IRRA.

Milton, Charles R. 1960. "*The Development of Philosophies of Personnel Administration.*" Ph. D. diss. , University of North Carolina.

Moore, Wilbert. 1951. *Industrial Relations and the Social Order.* Rev. ed. New York: Macmillan.

Morris, Richard. 1987. "The Early Uses of the Industrial Relations Concept." *Journal of Industrial Relations* 29 (Dec.): 532–38.

Myers, Charles A. 1955. "Conclusions and Implications." *In Causes of Industrial Peace under Collective Bargaining* ed. Clinton Golden and Virginia Parker, 46–54. New York: Harper and Bros.

Myers, Charles A. and George P. Shultz. 1951. *The Dynamics of a Labor Market.* New York: Prentice Hall.

National Industrial Conference Board. 1929. *Industrial Relations Programs in Small Plants.* New York: National Industrial Conference Board.

——. 1931. *Industrial Relations: Administration of Policies and Programs.* New York: National Industrial Conference Board.

——. 1933. *Collective Bargaining through Employee Representation.* New York: National Industrial Conference Board.

Nelson, Daniel. 1975. *Managers and Workers: Origins of the New Factory System in the United States*, 1880–1920. Madison: University of Wisconsin Press.

——. 1982. "The Company Union Movement, 1900–1937: A Reexamination." *Business History Review* 54 (Autumn): 335–57.

Nyman, R. Carter. 1949. *Foundations for Constructive Industrial Relations.* New York: Funk and Wagnall's.

Olson, Olivia. 1894. *Solution of the Labor Problem.* Chicago: Hornstein

Bros.

Osterman, Paul. 1987. "Choice of Employment Systems in Internal Labor Markets." *Industrial Relations* 26 (Winter): 46-67.

Pennock, George, A. 1930. "Industrial Research at Hawthorne." *Personnel Journal* 8 (5): 296-313.

Perlman, Mark. 1958. *Labor Union theories in America.* Evanston, Ill.: Row, Peterson.

Perlman, Selig. 1922. *History of Trade Unionism in the United States.* New York: Macmillan.

——. 1928. *A Theory of the Labor Movement.* New York: Macmillan.

Persons, Charles E. 1927. "Labor Problems as Treated by American Economists." *Quarterly Journal of Economics* 41 (May): 487-519.

Peters, Thomas J., and Robert M. Waterman. 1982. *In Search of Excellence.* New York: Harper and Row.

Peterson, Joyce Shaw. 1987. *American Automobile Workers, 1900-1933.* Albany: State University of New York Press.

Pfiffner, John M. 1949. "A Human Relations Reading List." *Personnel* 26 (Jul.): 133-45.

Phelps, Orme. 1955. *Introduction to Labor Economics.* 2d ed. New York: McGraw-Hill.

Rayback, Joseph G. 1966. *A History of American Labor.* New York: Free Press.

Reder, Melvin. 1982. "Chicago Economics: Permanence and Change," *Journal of Economic Literature* 20 (Mar.): 1-38.

Rees, Albert. 1976. "H. Gregg Lewis and the Development of Analytical

Labor Economics." *Journal of Political Economy* 84, pt. 2 (Aug.): 53-57.

——. 1989. *The Economics of Trade Unions*. 3d ed. Chicago: University of Chicago Press.

Rehmus, Charles. 1985. "The Changing Role of Universities in Industrial Relations raining." In *Proceedings of the 1985 Spring Meeting Industrial Relations Research Association*, 591-94. Madison: IRRA.

Reynolds, Lloyd. 1948. "Economics of Labor." In *Survey of Contemporary Economics*, ed. H. S. Ellis, 255-87. New York: Blakiston.

——. 1951. *The Structure of Labor Markets*. New York: Harper and Bros.

——. 1953. Review of *the Impact of the Union* by David McCord Wright. *American Economic Review* 43 (Jun.): 474-77.

——. 1955. "Research and Practice in Industrial Relations." In *Proceedings the Eighth Annual Meeting, Industrial Relations Research Association*, 2-13. Madison: IRRA.

——. 1957. "The Impact of Collective Bargaining on the Wage Structure." In *The Theory of Wage Determination*, ed. John Dunlop, 173-93. London: Macmillan.

——. 1988. "Labor Economics Then and Now." *In How Labor Markets Work*, ed. Bruce E. Kaufman, 117-43. Lexington, Mass.: Lexington Books.

Reynolds, Morgan O. 1984. *Power and Privilege: Labor Unions in America*. New York: Universe Books.

Rezler, Julius. 1968a. "The Place of the Industrial Relations Program in the Organizational Structure of the University." *Industrial and Labor Relations Review* 21 (Jan.): 251-58.

——. 1968b. "Administrative Arrangements in Industrial Relations

Centers." In *The Role of Industrial Relations Centers Proceedings of a Regional Meeting of the International Industrial Relations Association*, 1-11. Madison: Industrial Relations Research Institute University of Wisconsin.

Roberts, Benjamin C. 1972. "Affluence and Disruption." *In Man and the Social Sciences*, ed. William A. Robson, 245-72. London: London School of Economics and Political Science.

Robinson, Joan. 1933. *The Economics of Imperfect Competition*. London: Macmillan.

Rockefeller, John D., Jr. 1923. "Representation in Industry." In *Problems in Personnel Management* ed. Daniel Bloomfield and Meyer Bloomfield, 517-28. New York: H. W. Wilson.

Roethlisberger, Fritz J., 1977. *The Elusive Phenomena*. Cambridge: Harvard University Press.

Roethlisberger, Fritz J., and William J. Dickson. 1939. *Management and the worker*. Cambridge: Harvard University Press.

Ross, Arthur M. 1948. *Trade Union Wage Policy*. Berkeley: University of California Press.

——. 1961. "Introduction to a New Journal." *Industrial Relations* 1 (1): 5-7.

——. 1964. "Labor Courses: The Need for Radical Reconstruction." *Industrial Relations* 4 (Oct.): 1-17.

Ross, Dorothy. 1991. *The Origins of American Social Science*. Cambridge: Cambridge University Press.

Rothbaum, Melvin. 1967. "Research Note: University of Illinois Institute of Labor and Industrial Relations." *Industrial and Labor Relations Review* 20

(Jul.): 733-35.

Russell Sage Foundation. 1919. "Industrial Relations: A Selected Bibliography." *Bulletin of the Russell Sage Foundation Library* 35.

Ruttenberg Stanley H. 1958. "Appraisal of Education in Industrial and Human Relations." In *Proceedings of the Eleventh Annual Meeting Industrial Relations Research Association*, 243-47. Madison: IRRA.

Ryan, Frederick L. 1936. *Industrial Relations in the San Francisco Building Trades*. Norman: University of Oklahoma Press.

Sayles, Leonard, and George Strauss. 1953. *The Local Union: Its Place in the Industrial Plant*. New York: Harper.

Schatz, Ronald W. 1993. "From Commons to Dunlop: Rethinking the Field and Theory of Industrial Relations." In *Defining Industrial Democracy: work Relations in Twentieth Century America*, ed. Howell Harris and Nelson Lichtenstein. Cambridge: Cambridge University Press. Forthcoming.

Schlabach, Theron F. 1969. *Edwin E. Witte: Cautious Reformer*. Madison: State Historical Society of Wisconsin.

Schlaifer, Robert. 1980. "The Relay Assembly Test Room: An Alternative Statistical Interpretation." *American Sociological Review* 45 (Dec.): 995-1005.

Schnelle, Kenneth, and Harland Fox. 1951. "University Courses in Industrial Relations." *Personnel Journal* 20 (Sep.): 128-33.

Schriesheim, Chester. 1978. "Job Satisfaction Attitudes toward Unions and Voting in a Union Representation Election." *Journal of Applied Psychology* 63 (Oct.): 548-52.

Schultz, Richard S., and Mathias B. Lynaugh. 1939. "Cooperation of Men, Management, and Psychologists in Industrial Relations." *Journal of Ap-*

plied Psychology 23 (Dec.): 733-43.

Scott, Walter Dill, and Robert C. Clothier. 1923. *Personnel Management*. New York: A. W. Shaw.

Selekman, Benjamin M. 1947. *Labor Relations and Human Relations*. New York: Mc Graw Hill.

Selekman, Benjamin M., and Sylvia Selekman. 1950. "Productivity—and Collective Bargaining." *Harvard Business Review* 28 (Mar.): 127-44.

Sewell, William. 1989. "Some Reflections on the Golden Age of Interdisciplinary Social Psychology." *Annual Review of Sociology* 15: 1-16.

Sherer, Peter D. 1991. "The Future of Industrial Relations as an Academic Field: New Directions for Research in Industrial Relations." In *The Future of Industrial Relations*, ed. Harry C. Katz, 164-69. Ithaca: ILR Press.

Shultz, George P. 1964. "Labor Courses Are Not Obsolete." *Industrial Relations* 4 (Oct.): 23-28.

——. 1968. "Priorities in Policy and Research for Industrial Relations." In *Proceedings of the Twenty first Annual Winter Meeting, Industrial Relations. Research Association*, 1-13. Madison: IRRA.

Simon, Herbert. 1947. *Administrative Behavior*. New York: Macmillan.

Simons, Henry. 1948. "Reflections on Syndicalism." In *Economic Policy in a Free Society*, 121-59. Chicago: University of Chicago Press.

Singh, R. 1976. "Systems Theory in the Study of Industrial Relations: Time for a Reappraisal." *Industrial Relations Journal* 7 (Autumn): 59-71.

Slichter, Sumner, 1919a. *The Turnover of Factory Labor*. New York: Appleton.

——. 1919b. "The Management of Labor." *Journal of Political Economy*

27 (Dec.): 813-39.

———. 1920. "Industrial Morale." *Quarterly Journal of Economics* 35 (Nov.): 36-60.

———. 1928. "What Is the Labor Problem?" In *American Labor Dynamics in the Light of Post War Developments*, ed. J. B. S. Hardman, 287-91. New York: Harcourt Brace.

———. 1931. *Modern Economic Society*. New York: Henry Holt.

———. 1939. "The Changing Character of American Industrial Relations." *American Economic Review* 29, pt. 2 (Mar.): 121-37 (Suppl.).

Slichter, Sumner, James Healy, and E. Robert Livernash. 1960. *The Impact of Collective Bargaining on Management*. Washington, D. C.: Brookings Institution.

Smith, Adam. 1776. *The Wealth of Nations*. Edited by Edwin Cannan; with a preface by George J. Stigler. Chicago: University of Chicago Press, 1976.

Snyder, David. 1977. "Early North American Strikes: A Reinterpretation." *Industrial and Labor Relations Review* 30 (Apr.): 325-41.

Social Science Research Council. 1928. *Survey of Research in the Field of Industrial Relations*. New York: Social Science Research Council.

Sokolsky, George E. 1936. *Management's Industrial Relations Problems*. Personnel Series No. 22. New York: American Management Association.

Somers, Gerald G. 1961. "The Labor Market and Industrial Relations Research." In *Essays on Industrial Relations Research Problems and Prospects*, 45-72. Ann Arbor: Institute of Labor and Industrial Relations, University of Michigan and Wayne State University.

———. 1967. "Research Note: The University of Wisconsin Industrial Relations Research Institute." *Industrial and Labor Relations Review* 20 (Jul.): 739-41.

———. 1969. "Bargaining Power and Industrial Relations Theory." In *Essays in Industrial Relations Theory*, ed. Gerald G. Somers, 39-53. Ames: Iowa State University Press.

———. 1972. "The Integration of In Plant and Environmental Theories of Industrial Relations." In *International Conference on Trends in Industrial and Labor Relations*, 385-88. Jerusalem: Jerusalem Academic Press.

———. 1975. "Collective Bargaining and the Social-Economic Contract." In *Proceedings of the Twenty eighth Annual Winter Meeting, Industrial Relations Research Association*, 1-7. Madison: IRRA.

Somers, Gerald G., Edward Cushman, and Nat Weinberg. 1963. *Adjusting to Technological Change*. Madison: IRRA.

Spates, Thomas. 1937. *Industrial Relations Trends*. Personnel Series No. 25. New York: American Management Association.

———. 1938. *The Status of Industrial Relations*. Personnel Series No. 32. New York: American Management Association.

———. 1944. *An Objective Scrutiny of Personnel Administration*. Personnel Series no. 75. New York: American Management Association.

———. 1960. *Human Values Where People Work*. New York: Harper.

Stagner, Ross. 1948. "Psychological Aspects of Industrial Conflict, I: Perception." *Personnel Psychology* 1 (Jan.): 131-44.

Stein, Herbert. 1990. *The Fiscal Revolution in America*. Washington, D. C.: American Enterprise Press.

Stephenson, Geoffrey, and Christopher Brotherton, eds. 1979. *Industrial*

Relations: A Social Psychological Approach. New York: Wiley.

Stern, James. 1992. "Whither or Wither IRRA." In *Proceedings of the Forty fifth Annual Winter Meeting*, Industrial Relations Research Association. Madison: IRRA. Forthcoming.

Stewart, Bryce. 1951. "Development of Industrial Relations in the United States." Industrial Relations Counselors. Unpublished.

Stigler, George. 1942. *The Theory of Competitive Price*. New York: Macmillan.

——. 1947. "Professor Lester and the Marginalists." *American Economic Review* 37 (Mar.): 154–57.

——. 1949. *Five Lectures on Economic Problems*. London: Longmans, Green.

Stigler, George, and Gary Becker. 1977. "De Gustibus Non Est Disputandum." *American Economic Review* 67 (Mar.): 76–90.

Stockton, Frank T. 1932. "Personnel Management in the Collegiate School of Business." *Personnel Journal* 12 (Dec.): 220–27.

Stoll, Clarence G., et al. 1937. *Practical Industrial Relations*. Personnel Series no. 26. New York: American Management Association.

Stone, R. W. 1932. *Personnel Management: An Appraisal*. Personnel Series no. 14. New York: American Management Association.

Storey, John, ed. 1989. *New Perspectives on Human Resource Management*. London: Routledge.

Strauss, George. 1968. "Human Relations—1968 Style." *Industrial Relations* 7 (May): 262–76.

——. 1970. "Organizational Behavior and Personnel Relations." In *A Re-*

view of Industrial Relations Research, vol. 1. ed. Woodrow Ginsberg et al., 145-206. Madison: IRRA.

———. 1978. "Directions in Industrial Relations Research." In *Proceedings of the 1978 Annual Spring Meeting, Industrial Relations Research Association*, 531-36. Madison: IRRA.

———. 1979. "Can Social Psychology Contribute to Industrial Relations?" In *Industrial Relations: A Social Psychological Approach*, ed. Geoffrey Stephenson and Christopher Brotherton, 365-97. New York: Wiley.

———. 1984. "Industrial Relations: Times of Change." *Industrial Relations* 23 (Winter): 1-15.

———. 1989. Industrial Relations as an Academic Field: "What's Wrong with It?" In *Theories and Concepts in Comparative Industrial Relations*, ed. Jack Barbash and Kate Barbash, 241-60. Columbia: University of South Carolina Press.

———. 1990. "Toward the Study of Human Resources Policy." In *Reflections on the Transformation of Industrial Relations*, ed. James Chelius and James Dworkin, 73-95. New Brunswick N.J.: IMLR Press.

———. 1992. "Present at the Beginning: Some Personal Notes on OB's Early Days and Later." In *Management Laureates: A Collection of Autobiographical Essays*, ed. Arthur Bedeian. Greenwich, Conn.: JAI Press. Forthcoming.

Strauss, George, and Peter Feuille. 1981. "Industrial Relations Research in the United States." In *Industrial Relations in International Perspective*, ed. Peter B. Doeringer, 76-144. New York: Holmes and Meier.

Strauss, George, Raymond Miles, Charles Snow, and Arnold Tannenbaum. 1974. *Organizational Behavior: Research and Issues*. Madison: IRRA.

参考文献

Strauss, George, Daniel Gallagher, and Jack Florito. 1991. *The State of the Unions*. Madison: IRRA.

Tannenbaum, Frank. 1921. *The Labor Movement: Its Conservative Functions and Social Consequences*. New York: Putnam.

Tannenbaum, Robert, and Warren Schmidt. 1958. "How to Choose a Leadership Pattern." *Harvard Business Review* 36 (Mar-Apr.): 95-101.

Taylor, Frederick. 1895. "A Piece Rate System, Being a Step toward Partial Solution of the Labor Problem." *Transactions* 16: 856-83.

Tead, Ordway. 1921. "The Problem of Graduate Training in Personnel Administration." *Journal of Political Economy* 29 (May): 353-67.

———. 1929. *Human Nature and Management*. New York: McGraw Hill.

———. 1931. "Human Nature and Management." In *Preventive Management: Mental Hygiene in Industry*, ed. Henry B. Elkind, 23-52. New York: B. C. Forbes.

———. 1938. "Industrial Relations 1939 Model." *Personnel Journal* 17 (5): 160-67.

Tead, Ordway, and Henry C. Metcalf. 1920. *Personnel Administration: Its Principles and Practice*. New York: McGraw Hill.

———. 1933. *Labor Relations under the Recovery Act*. New York: McGraw Hill.

Teplow, Leo. 1976. "Industrial Relations Counselors at Fifty Years." In *People, Progress, and Employee Relations*, ed. Richard Beaumont, 3-8. Charlottesville: University of Virginia Press.

Thorndike, Edward L. 1922. "The Psychology of Labor." *Harper's*, June, 790-806.

Thurow, Lester. 1988. "Producer Economics." In *Proceedings of the Forty first Annual Meeting, Industrial Relations Research Association*, 9-20. Madison: IRRA.

Time Magazine. 1952. "Human Relations: A New Art Brings Revolution to Industry." April 14, 96-97.

Tolles, Arnold. 1958. "Discussion." In *Proceedings of the Eleventh Annual Meeting Industrial Relations Research Association*, 253-57. Madison: IRRA.

Trahair, R. C. S. 1984. *The Humanist Temper: The Life and Work of Elton Mayo*. New Brunswick: Transaction Books.

Tripp, L. Reed. 1964. "The Industrial Relations Discipline in American Universities." *Industrial and Labor Relations Review* 17 (Jul.): 612-18.

U. S. Congress. 1916. *Industrial Relations: Final Report and Testimony*. Vol. 1. Washington, D. C.: Government Printing Office.

U. S. Department of Labor. Bureau of Labor Statistics. 1921. *Personnel Research Agencies*. Bulletin No. 299. Washington, D. C.: Government Printing Office.

———. 1930. *Personnel Research Agencies*. Bulletin no. 518. Washington, D. C.: Government Printing Office.

Van Metre, Thurman W. 1954. *A History of the Graduate School of Business, Columbia University*. New York: Columbia University Press.

Verma, Anil. 1985. "Relative Flow of Capital to Union and Nonunion Plants within a Firm." *Industrial Relations* 24 (Fall): 395-405.

Voos, Paula, and Lawrence Mishel. 1986. "The Union Impact on Profits: Evidence from Industry Price Cost Data." *Journal of Labor Economics* 4 (Jan.): 105-33.

——. 1991. *Unions and Economic Competitiveness*. Armonk, N. Y.: M. Sharpe.

Walker, Kenneth, 1977. "Towards Useful Theorising about Industrial Relations." *British Journal of Industrial Relations* 15 (Nov.): 307–16.

Walter, Jack E. 1934. *Effect of the Depression on Industrial Relations Programs*. New York: National Industrial Conference Board.

Walton, Richard. 1985. "Toward a Strategy of Eliciting Employee Commitment through Policies of Mutuality." In *HRM: Trends and Challenges*, ed. Richard Walton and Paul Lawrence, 35 – 65. Cambridge: Harvard Business School Press.

Walton, Richard, and Paul Lawrence, eds. 1985. *HRM: Trends and Challenges*. Cambridge: Harvard Business School Press.

Walton, Richard, and Robert McKersie. 1965. *A Behavioral Theory of Labor Negotiations*. New York: McGraw Hill.

Ward S., A Wagner, E. Armstrong, J. Goodman, and J. Davis. 1975. "Rules in Industrial Relations Theory." *Industrial Relations Journal* 6 (1): 14–30.

Ware, Caroline F. 1946. *Labor Education in Universities*. New York: American Labor Education Service.

Warner, W. Lloyd, and Joseph Low. 1947. *The Social System of the Modern Factory*. Vol. 4, *The Strike: A Social Analysis*. New Haven: Yale University Press.

Watkins, Gordon S. 1922. *An Introduction to the Study of Labor Problems*. New York: Thomas Crowell.

——. 1928. *Labor Management*. New York: McGraw Hill.

Watkins, Gordon S., and Paul A. Dodd. 1940. *Labor Problems*. 3d ed. New York: Thomas Crowell.

Webb, Sidney, and Beatrice Webb. 1894. *A History of Trade Unionism*. London: Longmans, Green.

——. 1897. *Industrial Democracy*. London: Longmans, Green.

Webbink, Paul. 1954. "Methods and Objectives of Industrial Relations Research." In *Proceedings of the Seventh Annual Meeting, Industrial Relations Research Association*, 102-6. Madison: IRRA.

Weber, Arnold R. 1987a. "Understanding Change in Industrial Relations: A Second Look." In *Proceedings of the Fortieth Annual Meeting, Industrial Relations Research Association*, 10-23. Madison: IRRA.

——. 1987b. "Industrial Relations and Higher Education." In *The Future of Industrial Relations*, ed. Daniel J. B. Mitchell, 8-28. Los Angeles: Institute of Industrial Relations, University of California.

Weber, Arnold R., Frank H. Cassell, and Woodrow L. Ginsburg. 1969. *Public Private Manpower Policies*. Madison: IRRA.

Weiler, Paul C. 1990. *Governing the Workplace*. Cambridge: Harvard University Press.

Weiss, Leonard W. 1966. "Concentration and Labor Earnings." *American Economic Review* 56 (Mar.): 98-117.

Whalen, Charles. 1991. "Saving Capitalism by Making It Good: The Monetary Economics of John R. Commons." Hobart and William Smith Colleges, Geneva, N.Y. Unpublished.

Wharton School Industrial Research Unit and Labor Relations Council. 1989. *Report on Progress*. Philadelphia: Industrial Research Unit, Wharton

School, University of Pennsylvania.

Wheeler, Hoyt. 1985. *Industrial Conflict: An Integrative Theory.* Columbia: University of South Carolina Press.

——. 1988a. "A Proposal for Renaming Our Field of Study 'Employment Relations'", *UC Forum*, Newsletter of the University Council of Industrial Relations and Human Resource Programs. 1 (Spring Summer): 5.

——. 1988b. "Is There a Pattern? A Report on a Survey of Graduate IR Curricula." In *Proceedings of the Forty first Annual Meeting, Industrial Relations Research Association*, 445-51. Madison: IRRA.

Whyte, William Foote. 1944. "Pity the Personnel Man." *Advanced Management* 19 (4): 154-58.

——. 1948. *Human Relations in the Restaurant Industry.* New York: McGraw-Hill.

——. 1950. "Framework for the Analysis of Industrial Relations: Two Views." *Industrial and Labor Relations Review* 3 (Apr.): 393-401.

——. 1951a. "Social Science and Industrial Relations." *Personnel* 27 (Jan.): 258-66.

——. 1951b. *Patterns for Industrial Peace.* New York: Harper.

——. 1955. *Money and Motivation: An Analysis of Incentives in Industry.* New York: Harper.

——. 1959. *Man and Organization: Three Problems in Human Relations in Industry.* Homewood, Ill.: R. D. Irwin.

——. 1965. "A Field in Search of a Focus." *Industrial and Labor Relations Review* 18 (Apr.): 305-22.

——. 1987. "From Human Relations to Organizational Behavior: Reflections on the Changing Scene." *Industrial and Labor Relations Review* 40 (4): 487-500.

Wilensky, Harold L. 1954. *Syllabus of Industrial Relations: A Guide to Reading and Research*. Chicago: University of Chicago Press.

Williams Whiting. 1918. *Human Relations in Industry*. Washington, D. C.: U. S. Department of Labor.

——. 1920. *What's on the Worker's Mind*. New York: Scribner and Sons.

Williamson, Jeffrey G., and Peter H. Lindert. 1980. *American Inequality: A Macroeconomic History*. New York: Academic Press.

Willits, Joseph H. 1931. *What's Ahead in Light of Ten Years' Progress?* Personnel Series no. 13. New York: American Management Association.

Witte, Edwin. 1947. "The University and Labor Education." *Industrial and Labor Relations Review* 1 (Oct.): 3-17.

——. 1954. "Institutional Economics as Seen by an Institutional Economist." *Southern Economic Journal* 21 (Oct.): 131-40.

Wolman, Leo. 1932. "Industrial Relations." In *Encyclopedia of the Social Sciences*. 7: 710-17. New York: Macmillan.

Woods Donald. 1968. "Discussion." In *The Role of Industrial Relations Centers Proceedings of a Regional Meeting of the International Industrial Relations Association*, 87-90. Madison: Industrial Relations Research Institute, University of Wisconsin.

Wren, Daniel A. 1985. "Industrial Sociology: A Revised View of Its Antecedents." *Journal of the History of the Behavioral Sciences* 21 (Oct.): 310-20.

———. 1987. *The Evolution of Management Thought.* 3d ed. New York: Wiley. Wright, David McCord. 1951. *The Impact of the Union.* New York: Harcourt Brace.

Yoder, Dale. 1931. "Introductory Courses in Industrial Relations." *Personnel* 7 (Feb.): 123-27.

———. 1933. *Labor Economics and Labor Problems.* New York: McGraw Hill.

———. 1938. *Personnel and Labor Relations.* Englewood Cliffs, N. J.: Prentice Hall.

———. 1952. "What's in a Name?" *Personnel Journal* 30 (Mar.): 367-69.

———. 1958. "Research Needs for the Second Decade." *In Proceedings of the Tenth Annual Meeting, Industrial Relations Research Association,* 2-10. Madison: IRRA.

Yoder, Dale, Herbert Heneman, John Turnbull, and C. Harold Stone. 1958. *Handbook of Personnel and Labor Relations.* New York: McGraw-Hill.

后　记

　　本书原著出版于 1992 年，是研究美国产业关系领域学术发展史的一部经典名作，对产业关系领域的历史发展提供了富有独创性的洞见，并因此获得当年的理查德·莱斯特图书奖（Richard A. Lester Book Award，颁给劳动经济学与产业关系领域的最佳著作）。本书作者布鲁斯·E. 考夫曼（Bruce E. Kaufman）是美国著名的劳动经济学家、劳动关系学者，其研究跨越多个学科和领域，从经济学到管理学，从劳动关系到人力资源管理，从经济思想史到商业史与劳动史，纵横驰骋，广为涉猎，著述颇丰。这种研究的跨学科性，也正是本书得以产生的重要基础，甚至构成了必要条件。

　　产业关系作为一个学术领域，在 1920 年前后诞生于美国。但在本书之前，从未有人系统阐释过美国产业关系领域的发源和演进过程，更没有人从本质上论及该领域本来的使命、困境的由来和未来的发展路径等问题。作者的视线是历史的，也是前瞻的；是辨析的，也是批判的。正如托马斯·寇肯（Thomas Kochan）的评价所言，本书全面彻底地解析了产业关系作为一个学术领域的发展历程，发出了富有挑战性的、触及根本的追

后 记

问。而这种溯源性的追问，对于解答产业关系研究要达到哪些目的，要研究哪些根本问题，要用什么方法去研究，与其他相关学科要如何分工与合作，都具有极其重大且普适的意义，并不仅限于美国产业关系领域而言。

产业关系（劳动关系）领域在我国，可谓是一个新兴的前沿学科，处于借鉴、尝试和现实问题导向的阶段。现实的劳动关系实践和挑战，既有市场经济和转型经济的一般性，也有来自本身历史文化背景的特殊性。学界需要依据本土的实际状况，从根本上推动学科发展，不断进行理论创新和政策建议创新。因此，无论是构建学科，还是指导实践，必然不能照搬硬套西方现有的范式和理论，而是要追根问底，深入了解其之所以如此发展的来龙去脉，在此基础之上，为劳动关系进行学术定位，把握和解决劳动关系的问题。本书对美国产业关系领域发展路径的追本溯源，也许正吻合这一需求，不无启发和借鉴意义。

作为本书的译者，我们所设想的读者范围，将不仅与劳动关系专业有关，还包括相邻学科的广大群体。这是因为，本书的主题虽以劳动关系研究的历程为核心，但阐述的范围绝不限于劳动关系，而是在深层次上涉及多个相关学科，如人力资源管理、劳动经济学、社会学、法学等。正如本书作者考夫曼教授所说，研究不应局限于固有的学科和方法论，所谓学科的划分，或可认为是面对同一问题的不同方法，我们需要从问题本身出发，去深化学科间的相互理解和对话。

本书的翻译和出版，经历了一段较长的过程。在这期间，考夫曼教授与中国劳动关系学界的交流也日益深厚,其富有创见、扎扎实实的研究成果逐渐被引进到中国,影响了众多的学子和学人,并以其纯粹真诚的为人结交了很多中国朋友。本书译者之一的于桂兰曾在美国访学期间拜访过考夫曼教授,送给他夫人一条云锦丝巾,他们觉得太美,竟然装进镜框置于桌上,作为装饰品了。我们在翻译过程中与教授邮件往来时,教授也经常会掺杂一些汉语拼音,按照中国的习惯来称呼和致意,很是有趣。教授非常高兴本书能在中国出版,始终热心地给予帮助,在百忙之中回答我们提出的问题,让我们之间的联系快乐而又温暖。

译稿在最后的整理阶段,还请吉林大学商学院研究生郭峻铭、陈丽芳、高梦晨、谭雨桐、寇伟华、牛笑悦、邱迅杰、宋佳一、周承旭以及华侨大学的杨术老师,以第一读者的眼光审看和调整了部分文字,并帮助制作了书末英文参考文献的电子版本,在此一并致谢。我们在本意上力求忠实于原文,再现原文的笔调笔锋,但受到翻译水平的限制,未免生硬稚拙,也难保没有误译,还望读者批评指正。

另外,我们还要对本书的注释部分做一点补充说明。本书的注释很有特色,有些是传统意义上的注释,但更多的注释,实际上却提供了不亚于正文的价值,其中有私下交流的幕后故事,有常被忽视的"冷知识",还有意味深长的细节和评述,都只是为了不妨碍主干的铺陈,才屈就注释的位置。我们强烈推荐读者们也光顾一下这些注释。在原著当中,注释部分被统一放在了书末。而中译本在编辑过程中，分别安置在了各章之后，增加了阅读的方便。凡正文中已然出现的人名或组织机构名称等，在正文中做出英文标记的，均不在注释中重复，但注释先于正文出现时除外。

希望读者能够从中受益，借他山之石，琢己之玉。

于　楠　徐　扬　于桂兰
2024 年 3 月